世界 宗教 建築史
シリーズ

古代建築

専制王権と世界宗教の時代

中川武 編
溝口明則 著

丸善出版

「世界 宗教 建築史」シリーズ刊行にあたって

本シリーズのタイトルは、「世界宗教建築史」でも「世界・宗教・建築史」でもない。世界と宗教と建築史の間の微妙な間合いとは何か、という問題とそれを解くことが、シリーズのねらいである。具体的な目的は三つある。

一つ目は、名だたる宗教建築がなぜ生まれ、どのような工夫によってつくられ、どんな目的があったのか考察することである。『世界宗教建築事典』（東京堂出版、二〇〇一）を監修して改めて思ったことは、世界の名建築といわれるものはほぼ宗教建築であろうと予想はしていたが、その多様さ、多彩さに目を見張ったことだった。それらは驚きと面白さにあふれていた。その秘密をじっくりと考えてみたいと思っている。

二つ目は、二一世紀は、地球環境・経済のグローバリゼーション、そして文化・宗教におけるナショナルなものと人類史的なものとの交流、進展と葛藤によって「世界」はかつてないほど私たちの意識に迫りあがってきているように思われることである。二〇世紀における「戦争と平和」の問題が、今もなお、もっと複雑な様相のもとに引きずられており、私たち「建築」の分野も否応なく、現在の世界の問題に立ち向かわざるを得ないと思われる。

かつて、たとえばフレッチャー『世界建築史』（一九一九）では、人類の建築の歩みを、ヨーロッパからアジア、アフリカ、新大陸へと視線を広げながら、西洋文明の発展＝世界史への貢献として、おおよそ自信をもって記録され続けてきたものと考えられる。しかし、現在は、世界史の組立てや建築史の構想そのものが問われているのである。

「宗教もしくは宗教建築の発生」、そもそも人類は「世界」をどのようにつくり、その初源に何を見たのか、「古代文化と近現代を繋ぐ中世」という考え方は何を示唆するのか、近代の母胎となった西洋文化のさらなる母胎と考えられているキリスト教の、それら三者の劇から私たちは近代への新しい視軸を得ることができるだろうか。また、「宗教を無化する使命を担った近代の科学技術」がその膨大な進化発展によって、いつの間にか科学技術万能信仰に転化したように見えるが、その契機とは何か、等々を論じることにより、世界のいまに対して、できるだけ大きな射程で向き合いたいと願ったのである。

三つ目は、世界、宗教そして建築史の間の微妙な間合いにかかわることである。宗教建築も建築の種別の一つであるから、宗教的営為のための用途を備えた建築が宗教建築であることは間違いない。世界の名だたる古代建築の多くが宗教建築であることも、宗教は永遠性を希求し、代々の古代王権は宗教の後ろ盾を必要としたことから肯(うなず)ける。しかし、共同性が生きていた古代社会ならまだしも、宗教や共同体の支配から個人を救抜することが近代思想の中核であったはずなのに、なぜ近代においても宗教建築がそれなりの存在感をもち得ているのだろうか。共同性としての人間存在が本質的なものなのか、あるいは個人の自立のために共同性が必要なのだろうか。いずれにしろこれらの問いは、共同性を不可避とする宗教と建築の問題に行きつくと思われる。その意味で、すべての主要な建築は宗教建築であるといっても過言ではない。

だから素直に「世界宗教建築史」と書くこともできそうに思われる。しかし、私はここで、そのような宗教の用途的、機能的意味は否定しないが、もう一段、突き詰めてみたいと考えたのである。宗教建築の中に、驚くほど面白いものが多いのは、宗教的用途の特殊性のためばかりでなく、建築の表面的な造形や意匠だけでなく、素材、構造、環境設備など具体的な建築的構成の、イメージ、構想計画、限定のプロセスがその時代の人間の宗教的意識と近似した建築的表現意識によって運行されるため、その時代の建築の流れを引っぱり、上昇させる役割を果たすからだと考えられる。

宗教的意識は神の命令として、倫理的、義務的に絶対性として表現者に下ってくる。宗教建築が、現実ならざるものへの超越意識に支えられているのはこのためである。建築はどんな場合でも、現象空間として、感性的、体験的につくられ、享受される。その体験の反駁（はんばく）と繰り返しの中に理性的・悟性的認識が補強され、現象空間が超越性として感受される可能性が生まれる。しかし、現象空間は、実在としての「もの自体」の存在を否定するものではなく、表現者は「もの」の加工の体験によって、神からの至上の命令を自己の芸術的意識の絶対性へと駆けのぼらせ具体的表現へと赴くのだといえよう。芸術的意識と宗教的意識は紙一重の差であるといわれるのはこのためである。

このプロセスをやり遂げた者が宗教建築の表現者なのである。建築の超越的空間、すなわち建築的概念の成立が宗教建築から始まり、そこに、そのような性格が色濃く残るのはそのためである。超越空間の構築が建築技術としていったん創造されれば、宗教とは無関係に展開される可能性をもつが、その都度、時代の宗教との関係の持続もまた可能だったといえよう。多かれ少なかれ、現在、世界が疲弊していくように感じられることが多い中で、建築もまた、現代のもの自体の枠内のテクノロジー処理の技を競っている。建築に超越性が生まれた初心に戻り、私たちもまた、現代の建築と世界の閉塞した状況に打ち克つ新たな超越性を構築していきたいと思う。

以上三つの目的の他に心掛けたことは、執筆者五人と編者で集まり、シリーズ全体の構成から各巻の目次構成、考え方までできるだけ自由活発に議論し、本シリーズ全体としての底上げを図ったことである。『世界宗教建築事典』のときは、広い分野にわたるため多くの執筆者にお願いした。今回は執筆者を絞り、各々の分野で私が信頼する方々にお願いした。複雑かつ多岐にわたる難題を背負っていただいた各執筆者の方々と、二年以上にわたった厳しく、かつ楽しい議論に根気強く同伴いただいた編集の渡邊康治氏と萩田小百合氏には感謝の言葉もない。

宗教解釈と建築の発生にかかわる微妙な問題が多いため、編者と各巻執筆者の間で異なる見解の表示もある。編者のシリーズのねらいを越えた各巻執筆者の記述は、その問題の理解にふくらみをもたらす上で有意義と判断された場合には担保されている。これらも念入りな議論を経たものであることをご了解いただきたい。

ともあれ、本シリーズに目を通された方に、建築の面白さ、奥深さ、崇高さなどに想いを馳せていただきたい。そして本シリーズが世界の平和の礎に向けた小さな一歩とならんことを願っている。

「世界　宗教　世界史」シリーズ（中川武編）のうち、本巻『古代建築　専制王権と世界宗教の時代』は、底深く、広大な混沌の中から、文明の曙を創成した「古代建築」の成立、力、美を余すところなく解き明かす執筆者渾身の古代建築史論である。

二〇一八年 六月　中川　武

序文

宗教学の碩学は、「すべての寺院は聖なる山である」という。この意見は、宗教的象徴をみる立場から寺院建築を捉えたもので、一面の真実を言い当てているようにみえる。しかしこの意見は、蓄積された過去の結果を、現代から総括的にみた意見である。

歴史をみる立場は、もちろん現代の視点に立ってみる以外になく、そうでなければ意味をなさない。しかし過去にどのような価値観があり、どのような思考の過程が存在したのかを、できるかぎり復原的に捉える視点が必要である。このような視点は、私たちが現代の人間である以上、言うまでもなく限界を抱えている。とはいえ、現代の常識で過去の事象を即断することは、無自覚に歴史を歪曲することになりかねない。過去に存在した考え方、ものの見方を、可能なかぎり追尾し復原する努力を怠ってはならないであろう。

そのような視点でみれば、抽象的で漠然とした「聖なる山」というような捉え方は、おそらく過去には存在しなかった。過去の宗教的象徴は「オリンポス山」「崑崙山」「須弥山」など実在する、あるいはそのように信じられた具体的な存在であった。

とはいえ、ゼウスを祀ったギリシア神殿がオリンポス山の姿をとるわけではなく、クメール寺院のプラサート（塔状の中央祠堂）が、プラーナ文献に描写された須弥山を象っているわけでもない。宗教的文脈で捉えられた寺院と実際に建立された寺院とのあいだには、明らかな隔たりが存在している。建築の側からみれば、「聖なる山」を目指して寺院を構築しようとした、と受け止めることは難しいのである。宗教建築を考察するにあたって注意すべきことは、宗教と建築のあいだに確かな距離があり、どちらかが一方的に他方に影響を与えるようなものではなく、それぞれ独立した世界をもっていること、そしてその上で、相互に影響を与え合ってきたことを前提として考察を進めなければならないことである。

*

本書は「世界 宗教 建築史」シリーズのうち、「専制王格と世界宗教の時代の古代建築」を対象とする。この時代の範囲は、人類が定住生活を始めて以後、世界帝国が実現するまでの長い時代である。つまり、広く捉えた古代を対象に、地中海から東アジアにわたる文明のなかで、宗教建築のなりたちと確立期までの変遷を扱う。

古代を議論の対象とするとき最も問題になるのはその黎明期である。この時代はまだ、さまざまな観念が一体であり、後にここから分化してそれぞれの世界がかたちづくられていく前段階にある。したがってそこでは、宗教的象徴も混然一体とした状態に留まっており、宗教建築もまだ特別な施設として実現していなかった。

古代宗教は、この未分化な段階から自律した世界へと発展していく。建築技術は素朴な架構に始まって大きな変革と発達の時代を通過するが、宗教的観念や象徴もこれと並走するように進展していった。そのような過程を経て、ようやく冒頭に記したような、しかしもっと具体性を帯びた象徴が建築に重ねられていくのである。

問題はこればかりではない。本書がテーマとする古代は、もともと一体であった宗教と王権とが分離していった時代である。しかし両者は、時代を経て相互に独立しようとも、また相互の関係が大きく変質しようとも、互いに相手を必要とし常に強く結びついていた。一方、現在に残る古代の主要な遺跡は、例外なく当時の強力な王権がつくりあげている。したがって注意すべきことは、古代の主要な宗教と建築のあいだには、必ず王権が介在したという事実である。言いかえれば、古代の王権がその力量を存分に発揮してつくりあげた建築は、ごく一部の例外を除き、程度の差はあれすべてが宗教建築であった。したがって宗教建築を取り上げて考察を試みるとき、王権と宗教の関係に注目する視点は不可欠である。

古代の初期に一体となっていた宗教と王権が分離する過程は、王権の発達に付随したものである。人類の初期文明は、農耕に従事する定住生活から、小集落を経て発展した小国家が群立する前アジアの時代に始まる。ほぼそのままの体制が生き延びた世界もないわけではないが、これら小国家群が抗争の時代を経て統合されていくと、官僚機構を備えた中央集権的で強力な王権、専制国家の時代へと移行する。

共同体や国家の性格が大きく変質し発展していった古代では、宗教世界も一律のままであったわけではない。共同体の変質に伴い、神々は家族神から地縁的共同体の守護神へ、そして巨大な専制国家の王権を支持する国家守護神へと変貌する。さらに出生地から遊離する普遍的神格が生まれ、ついに国家を離れた救済の宗教が台頭する時代へ至る。そして、並行して進展していった建築の世界は、ある時期、専用の施設として宗教建築を生み出し、王権に対応した劇的な変化をみせつつ複雑な変遷を辿る。そこには共同体の発展の状況に呼応した、意匠と技術の壮大な発達が認められる。

＊

本書は、完成した古代の宗教建築を解説することを目指したものではない。それはすでに、古代建築史を扱った多くの書物がなしてきたことである。本書では古代の宗教建築がなぜ生まれ、どのようにデザインされ、どのような発展をみたのか、その生成と変遷をテーマとする。このテーマの中には、さまざまな設問が複合している。古代王権と古代社会、古代宗教の変遷、そして古代建築の意匠と技術、それらの発生と発達、相互の関係の変化などを含む設問である。

古代世界は平板ではない。曲折を経て現代に連なる文明の基幹を形成したこの時代を、相互に自律した王権、宗教、建築が交差し影響を与えあった時代として捉え、宗教建築の考察を進めたいと考えている。

＊

本書の構成を簡単に述べておきたい。第一章では、古代建築を検討するにあたり、まずもっとも基本となる、古代初期の建築材料とその性格に支配された架構の技術について概説する。さらに、原初から古代初期に至る宗教について概観し、新たに誕生した専制国家が何を求めて宗教建築を生み出したのかを検討する。第一章が扱う時代は、前アジア的な集落や都市国家群の台頭から専制国家の揺籃(ようらん)期であり、宗教的には、地縁的共同体の守護神から国家神が生まれていった時代である。

第二章は、専制国家が目指した建築の「記念性」について検討する。建築の「記念性」を三つに区分してそれぞれ検討を進めるが、とくに左右対称や四面相称という造形の基調となった、図像として構想された空間的な世界認識、つまり「世界像」の成立過程と伝播の様子について考察を試みる。この造形上の認識は、古代建築を強く特徴づけるとともに、その後も積極的に引き継がれて現在にも影響を与えている。第二章が対象とする時代は、ユーラシア大陸の各地に巨大な勢力が勃興する専制国家の発展期であり、宗教世界は、都市や国家の守護神の時代、多くの土地神が併存し混交、習合する多神教世界に該当する。

第三章では巨大国家の興亡が繰り返された時代を対象とする。エジプト、西アジア（メソポタミア、アナトリア半島、イラン高原など）、地中海東岸（シリア、イスラエルなど）、同北岸（ギリシア、ローマなど）、南アジア（インド、東南アジアなど）、東アジア（中国など）について、それぞれの地域ごとに国家と宗教、建築の様相と変遷を取り上げる。第二章では各地に共通する造形の原理を横断的に捉えようとするが、第三章はそれぞれの地域ごとの特徴に注目する。とくに各地域、各時代に現れた宗教の特質についてやや踏み込んだ考察を試みたい。歴史学、宗教学、哲学史などさまざまな分野が蓄積してきた成果を手がかりとして、私なりの考察に基づいた古代宗教の区分を試みる。このテーマは、「世界宗教」誕生の背景と必然、その性格などが王権と宗教の関係を大きく変容させ、建築の歴史を発展させる契機になったと考えるためである。この章で扱う時代は、専制国家から世界帝国の成立へ至る時代、国家神や普遍的神格を擁する多神教世界と、この中から救済の宗教が生まれ、世界宗教が成立していった時代である。

終章では宗教と王権の世界の変遷を整理し、それぞれの世界が重なり合うことで古代の宗教建築がどのように成立し、どのような変遷を辿ったのか、その過程の総括を試みる。

本書は宗教、王権、建築をそれぞれ独立した世界として捉え、相互の関係に注目する。しかしその主要な関心は、宗教建築の造形デザインとその基層を形成した古代的思惟にある。

目次

第一章　専制王権の成立と建築の誕生　1

1　新石器時代と初期文明の建築的断層　1

使い捨てる施設　2　／　恒久的な建築へ　4

2　群小国家時代の宗教と専制国家の宗教　5

宗教の起源　5　／　神人同形観　8　／　神像の誕生　10　／　多神教世界　12

3　古代専制国家の成立と建築の誕生　16

専制国家の誕生　16　／　王権の安寧と永続への希求　18　／　建築の記念性—巨大さ・恒久性・記念碑的形状　20

第二章　建築の記念性の成立　23
1　巨大施設をどのようにつくるか　23
2　恒久性の確保　26
瓦の発明　26　／　石造「柱・梁」構造の発生　28　／　木造建築のテクノロジー　29
3　記念碑的形状の基調　31
3・1　造形の対称性と方位観　31
3・2　古代エジプトの四方位　36
天体観測・暦法・王権の世界像　41　／　ピラミッド　43　／　ピラミッド・テキスト　45　／
ホルスの四人の息子　48　／　四方位と中心の成立　50
3・3　メソポタミアの方位観　51
「四方世界の王」　52　／　神像と聖域　54　／　メソポタミア建築の記念性　58
3・4　古代インドの方位観　59
バラモンの聖典　59　／　仏典　63　／　ヒンドゥー教の聖典　66　／　中心の明示と中心のタブー　71
3・5　古代中国の方位観　73
甲骨文字　73　／　初期の王墓　75　／　宮室遺址　77　／　書経　78　／　淮南子・地形訓　80　／
史記・孝文本紀　82
3・6　四方位の発生と古代世界　84
4　初期文明の王権と宗教建築の始原　86

第三章　世界帝国と世界宗教　建築の展開　89

1　世界宗教へ　89
専制国家の神々　89／古代の新宗教　93
2　世界宗教の成立と建築の変遷　95
2・1　エジプトと西アジア　95
エジプト建築の柱と梁　95／西アジアの国家と宗教　99／ジグラトの発展　102／
アケメネス朝ペルシアの宗教建築　103／ササーン朝ペルシアの宗教と建築　110／ミトラ教　115
2・2　地中海　116
i　東　岸　116
シナゴーグ　116／ユダヤ教からキリスト教へ　120
ii　古代ギリシア　121
都市国家群　121／古代ギリシアの宗教　124／木造神殿の誕生と発展　127／石造神殿へ　133／
石造化と洗練の過程　136／イオニア式の柱頭　138
iii　古代ローマ　139
世界帝国ローマの成立　139／混交するローマの宗教　142／ローマの建築　145／
ミトラ教の秘儀の空間　151／初期キリスト教建築　153
2・3　南アジア　159
バラモン教　159／仏教　161／サーンチーの仏塔　166／仏陀の図像化　168／

仏教伽藍の原形的構成 169 ／ ヒンドゥー教の建築 174 ／ 祠堂のシルエットと宗教的象徴 179 ／
インドの木造建築と石造化 180 ／ 意図された非対称 181 ／ 南アジアの宗教と建築 188
2・4 東アジア 189
王権の宗教 189 ／ 礼制建築 193 ／ 恒久化へ向かう木造建築 195 ／ 瓦の発明以後 200 ／
東アジアの記念建築 204
2・5 イスラム 205
イスラム教の成立 206 ／ イスラムの建築 207 ／ イスラム建築の記念性 213
3 古代建築の記念性の展開 214
終 章 古代の国家・宗教・建築の変遷 219
注 229
あとがき 249
索 引 254

第一章　専制王権の成立と建築の誕生

1　新石器時代と初期文明の建築的断層

最近の研究では、農耕の萌芽は二万年を遡ると捉えられつつある。そしてメソポタミアを嚆矢とする本格的な農耕は一万年から八〇〇〇年前に始まったと考えられている。地域によって時間差があるが、世界各地に現れた穀物栽培の技術は、それぞれ土地に結びついた定着生活を促した。[*1]

農耕の発達は食糧の備蓄を可能にし、生活を安定させていく。牧畜もほぼ同時期に始まったと考えられているが、牧畜の従事者も半定着の生活を営み、集落の定住生活と家畜を追う移動生活とを定期的に繰り返すようになる。さらに、大河の周囲など恵まれた環境では、天水農業の地域と比べて桁違いの穀物収穫量を得ていたため、短期間のうちに人口が増加して労働力の確保が容易になり、耕地面積の拡大を促すという循環が始まった。

人々は、火炉などの簡易な施設を伴う素朴な居住空間を工夫し、集落を形成して集団生活を営むようになる。集団が成長すると、集落の生活や労働力の効率的な運営のために役割分担が始まり、共同体のなかの組織化が始まる。人々がそれぞれに異なる臨時の役割を担ううちに役割は徐々に固定していき、階級の分化を促す素地となった。さらに血縁から地縁への共同体の移行と集落の空間的拡大が小さな国家が生まれる契機を整えていった。

使い捨てる施設

本格的な農耕が始まる時代は、およそ新石器時代の始まる時期に合致している。磨製石器を道具として農作業に従事し、居住のための素朴な施設をつくろうとした時代である。居住施設は、当然のことだが生活圏の中で容易に入手できる材料を用いてつくられた。木材が豊富な地域ではこれを加工して柱や梁に用い、その上に小屋組を載せた。一方、樹木の乏しい乾燥地帯では泥を固めて壁をつくるか、あるいは泥の塊を日に干し乾燥させて重ね、その空隙をさらに泥で埋めて壁を仕上げた。

木材を用いた地域では、柱を確実に立てる方法として例外なく大地に穴を穿(うが)って柱根を埋め、周囲の土を突き固める掘立柱(ほったてばしら)の構法がみられる。また柱と柱、柱と桁や梁のあいだを塞ぎ屋根を覆うために、土や樹葉などを用いた。これらの構築物が長期間の使用に耐えられないことは容易に想像できる。樹木が繁茂し木材が手軽に入手できる環境は「木材腐朽菌」も容易に繁殖する環境であり、比較的長期の使用に耐えるようにみえる柱材や梁材も、条件がそろえば驚くほどの短期間で腐朽する。

乾燥地域では泥のレンガで壁を構築する工夫に辿り着くが、小さなピースを重ねた壁体に開口部を穿つことや屋根を架けることは意外に難しい課題であった。壁体に開口を穿つもっとも簡単な方法は、開口の上辺に梁を架けることである（図1）。また、壁体の間に梁を架けわたせば容易に屋根を構築できる。しかしその梁に適した木材が容易に手に入らない地域もある。この結果、ブロックを水平に積む「迫出構造」（図2）やブロックを円弧状に積む「アーチ構造」が工夫され、さらにアーチに奥行きを与えて空間を覆う「ヴォールト」が発明された（図3は古代エジプト新王国時代の泥レンガ造ヴォールト。古代エジプトは半世紀にわたってメソポタミアを支配し、短期間その構法を取り入れた）。泥レンガ＝日乾レンガは乾燥が続くあいだは意外なほど強く長期の使用に耐えるが、一度の雨や洪水で容易に溶けてしまう脆弱さをもっていた。

右記の二つの材料以外にも、おそらく葦を束ねてつくるような簡易な施設が存在したであろう。しかしこれらの構築物は、壁画などから類推される例外的な場合を除いてほとんど痕跡を残さない。このため、具体的にどのような施設であったか不明な点が多い。しかしこれらの施設も長期間の耐性をもつものではないから、短期間で使い切られ繰り返し建て替えられた。

図1　梁架けの構造

図2　迫出構造

図3　ヴォールトの屋根

木材や泥レンガを用いた人類史最初期の構築物は、いずれも長期の使用に耐えるものではなく、使い切っては建て替えを繰り返す施設であった。その寿命はおそらく数か月から数年、例外的に長くとも十数年ほどである。そしてこの時代は、後の時代にみられるような、長期の使用に耐える建築を要する必然も存在しなかった。建築史の黎明期は、あり合わせの材料で模索を繰り返しながら、以上のような施設を工夫し生み出していった時代である。

新石器時代は、身近な材料を用いてその都度施設を組み立てる、ブリコラージュを繰り返す時代であった。したがって材料や構法にさまざまな組み合わせが考えられないわけではない。しかし、先に述べた二つの形式、木造に由来する柱と梁を組み合わせた構築物と、日乾レンガを用いて壁体を積み上げる構築物は、混交する場合もありうるが、建築の歴史を通じて繰り返された二つの典型的な建築構造である。これらはそれぞれ柱・梁構造（lintel structure）、壁構造（wall structure）とよばれ、現在でも建築構造の主要なモデルとして機能している。

恒久的な建築へ

私たちは数千年前につくられた遺跡、一〇〇〇年をはるかに超えて使い続けられている建築を知っている。そして一方、述べてきたような短期間で使い切られ、建て替えられる施設があった。短命の施設と長寿の建築、これら二様の相違を歴史的にみれば、小さな部族国家が群立していた時代、そして、それらの国家群が統合され、強力な王権と官僚機構が成立を始めた専制国家の時代にそれぞれ該当すると考えられる。

専制国家の成立以後、日乾レンガや簡易な木造部材は、焼成レンガや石材に置き換えられていった。壁構造の建築は、およそそのままの姿を残しながら規模の拡大などの傾向が顕著である。木造の建築も石材の柱や梁に置き換えられ、加えて焼成レンガを各所に用いた例も多い。これは世界的な傾向であった。しかし東アジアだけはこの傾向の外にあり、木造建築のまま耐用年限を延ばす工夫を繰り返した。この工夫は、紀元前一〇〇〇年に遡る瓦の発明に始まり、その後の一〇〇〇年を超える時間をかけて基本形式が完成したものである。これらの工夫が長期の耐用年限を実現できたことは、たとえば建立後一三〇〇年を経て、なおその機能を十分に維持している法隆寺金堂などをみればおのずから明らかである。

木造建築の耐用年限を延ばそうとする世界の趨勢は、木造部材を石材に置き換えていくことであったが、その過程は材料の性質の違いによる困難な道程であった。しかし、木造建築の躯体をそのまま用いて耐用年限を延ばす工夫は、石造化とは異なった一段と困難な課題を克服したものである。このように、建築の耐用年限を延ばす工夫は二つの方法に分かれてそれぞれの発達過程を辿ったが、これらの発達を促した契機は専制国家が成立したことにあった。

2　群小国家時代の宗教と専制国家の宗教

宗教の起源

使い捨てる素朴な施設が恒常的な建築へ変容していく時期、宗教世界も確かな存在へと移行しつつあった。古代の宗教建築を考える上で、宗教の起源とそこから初期文明の宗教世界の成立へ至る過程について、簡単なパースペクティヴを与えておきたい。とくに宗教の起源は難解なテーマだが、古代宗教を考える上でいったん考察を加えておくべき課題である。

文化人類学の分野では一九世紀後半から、各地の「未開」文明で人格をもつ不可視の霊的存在を信奉する風習のあることが報告され、この種の考え方を「アニミズム」とよんだ。英国の文化人類学者エドワード・タイラーが提唱したこの概念は、人格神と宗教の起源とみなされ一神教へ至る出発点と考えられた。当初想定された一神教を最終形態とする宗教の発達過程は早い時期に否定され、またアニミズムの概念そのものを疑問視する意見もある。[*2] しかし、宗教的な思惟や儀礼の萌芽の様相を考えるうえで、現在でも有用な手がかりだと思われる。

一方、タイラーの弟子ロバート・マレットは、人格をもたない霊的存在を信奉する民族が存在するとして「アニマティズム」という概念を提唱した。この概念はアニミズムに先行する段階に位置づけられ、マナイズム、バイタリズムなどともよばれている。したがってアニマティズムとアニミズムの相違は、霊的存在に「人格」が認められるか否かの相違とともに歴史的段階の相違を含んでいる。[*3] 本節では、アニマティズムとアニミズムという二つの概念を手がかりに、初期の宗教的心性とその様相について素描したい。

たとえば奇岩、奇石など特別な自然石を対象とした信仰は各地にみられ、通例は霊力をもつが人格のない存在と認められている。[*4] しかしその宗教的な受け止め方は一様ではない。たんに霊的存在とみなす場合から、「要石（かなめいし）」などのように二つの世界を結ぶ霊力を認めるあり方、人格ある神霊の依代（よりしろ）である琉球の「境界石」や磐座（いわくら）のようなあり方など、いずれも他所から来訪する、人格のある神霊を留めるものとして機能する場合がある。ここでは当該の自然石が特別な霊力を宿していることが、人格ある神霊の宿る条件として働いている。したがってアニマティズムとアニミズムは、重層的に共存する状況のあることがわかる。

同様の性格は、世界各地に痕跡を残す聖樹信仰にも認めることができるであろう。聖樹はそれ自体が霊的存在であり信仰の対象であるが、同時に神霊の依代となりうる。霊的存在とみなされた湖や泉なども同様である。身近な存在では、たとえば火や竈（かまど）などがあった。原初の火は人格をもたない霊的存在とみられたようで、祭礼において他の人格神を媒介する存在であったと思われる。

アニマティズムとアニミズムが重層する性格は、世界各地に残る霊魂観にもみることができる。霊魂は複数あり、一つは気息などに起源をもつ生命観、霊魂観に由来する「生命を維持する霊魂」、いま一つは「人格を有する精神活動のもととなる霊魂」である。たとえば古代エジプトの主たる霊魂であるカー（生命力）とバー（個体を支える人格のある霊魂。カーと統合されてアクとなる）、古代中国の「魂魄」の魂と魄がそれぞれ示すものなどである。これらの霊魂観も、アニマティズムとアニミズムの概念に対応すると考えてよいであろう。

さて、非人格的な霊的存在を想定するアニマティズムの時代が先行したとして、この観念が人格をもつ霊的存在を認めるアニミズムの状態へ変貌していく過程は、どのような道筋が想定されるであろう。

この過程は、人格をもつ霊的存在に明快なモデルが存在したと捉える必要があるように思われる。このモデルは現実に生を送る過程を目撃された死後の人間以外にはありえず、身近な存在であった祖先がもっとも強く意識されたであろうことも疑う余地がない。新石器時代の西アジアでは、遺体から頭骨を外し石膏やプラスターを用いて復顔を行う行為、住居の地下に遺体を埋葬する慣例などが指摘されている。[*5]定住生活は死者を身近な存在として敬意や信仰を促し、これを保ち続ける契機となった。死者は残された生者の間で家族や血縁の集団を守護する存在とみなされた。これら祖霊信仰の背後には、霊魂が肉体から分離し、人格をもつ霊として死後も存続することが観念されている。

神人同形観

初期王朝時代（およそ前二九〇〇～前二三五〇年）以後のメソポタミアの神々は、いわゆる「神人同形観」とよばれる特徴があることが指摘されてきた。つまり神と人間は、すがたかたちも性格も相同であり、両者の相違はただ「不死」であるか否かにあるとみなされた。[*6]

神々の発生については以下のように考えられてきた。すなわち、森羅万象を構成する多様な存在や法則（回帰する季節や天体の規則的な運行など）に気づいた古代人が、それらの背後に観念の存在を想定し、ここに超越的な意思や人格（神格）を重ねた結果、人間と相同の超越者を創出した、という意見である。そしてまた、いわゆる「神人同形観」に辿り着く過程は、たとえば「古代人は他との関係を〈われ〉と〈なんじ〉の関係として捉える傾向があるため、さまざまな事象の中に人格を見出してしまう」などの解釈である。[*7]しかし具体的にどのような過程を経れば、たとえば実体としての太陽から人格ある「神人同形」の太陽神へ至ることになるのだろう。先に述べたように、始原における宗教的認識は事物や観念に対し、ここに直接的に人格を見出すという過程を辿ったとは考え難い。

定住生活が始まり家族を単位とする小さな集落がつくられるようになると、これら家族を中心とした共同体を守る守護神として祖霊への信仰が生まれたことは疑いない。血縁を核とした守護神は、複数の家族が集合し集落が拡大する過程で、共同体全体の守護神であり定住地の土地神という地縁的な性格を強めていったと考えられる。[*8]その過程はおそらく多種多様であったであろうが、有力な家族や氏族の守護神が拡大した共同体の守護神、土地神に昇格する、という過程がもっとも理解しやすいであろうか。そしてこの過程は守護神の超越的な性格を推進させるものでもあった。

私たちは、小さな村落共同体が群立していた時代の神観念の成立について、有力な手がかりをほとんどもっていない。神々の様子は、すでに家族神であった頃の気配を消失し、都市神や宇宙論的な性格を帯びて以後、文字や遺物として残されているためである。しかし例外的な記録がある。旧約聖書の『出エジプト記』の中に、シナイ山で神（あるいは神の使い）がモーセに向かい、「この神はアブラハムの神、イサクの神、ヤコブの神である」と述べ、神の名がヤハウェであることが明かされる箇所である。アブラハム以下三代の名が続くことから、本来、名前などない家族神と思われる存在が、特定の神名をもって大集団（旧約聖書は、モーセの率いたエジプト脱出者が、壮年男子だけで約六〇万人と記す）を率いる神へと昇格する場面が記録された稀有な事例と思われる。[*9] そしてこの神は、後に述べるように唯一神へと変貌していった。

祖霊は家族や小さな血族集団を守る神から、より大きな共同体の守護神へと昇格してく。そしてこの人格ある神を核として、ここにたとえば太陽を象徴する力が後から重ねられていった。したがって、太陽に直接人格を見出して神としたものではなかった。人格ある神の観念を核として自然の力などが重ね合わされていった過程を想定することで、ようやく「神人同形観」が生まれた過程を自然な事態として受け止めることができる。[*10]

以上の考察は、すべての超越的存在が家族神から派生したと主張するものではない。家族神とは別種の霊的存在や超越者の存在がイメージされるようになっても、そのイメージは、結局、祖霊や家族神という人格をもつ霊的存在をモデルとし、このイメージに強く支配された可能性が高いであろうことを主張するにすぎない。「人型」のイメージは、有力な神々の描写の基礎となり、[*11]「神人同形観」が成立していったと考えられる。そしてメソポタミアでは、この過程を経て神像がつくられるようになる。

神像の誕生

考古学の分野では、現在まで神像が発見されていないため、メソポタミアに神像は存在しなかったとする意見もある。[*12]しかし楔形文字の記録、円筒印章、旧約聖書、ヘロドトスの記録などから、神像はたしかに存在しこれを対象に祭礼が執行されていたこと、都市間の抗争では都市神の神像を強奪し、また奪還が繰り返されたことが明らかになっている。[*13]とはいえ、神像がいつ頃つくられるようになったのかは明らかではない。

図4　前13世紀アッシュル出土レリーフ

史料は、ウル第三王朝（前二二世紀～前二一世紀頃）の頃までには神像が成立していたことを示している。

一方、前一三世紀のアッシュルの神殿址から出土した石造祭壇のレリーフには、祭壇とその上の簡易な図像、そして祭壇の前面に、それぞれ王笏をもった立ち姿と膝をついた二人の人物が描かれている（図4[*14]）。これは、同一人物が祭壇に向かい行っている、礼拝の二つの挙動を描写したものだと考えられている。その礼拝の対象は、具体性のある神像ではなく簡単な形象である。

上部両端に「耳」のついた祭壇の上に縦長の矩形が載り、この矩形の中央には、先細の柱のような形が描かれている。人物について細部まで描写されていることから、祭壇上の形象もきちんと写されたものであろう。これはおそらく神の依代（よりしろ）を描いたものである。したがって、必ずしも神像ばかりが祀られていたのでは

図5　神輿に乗る神像（前8世紀ニムルド出土レリーフ）

なかった。これは神像が発明される以前の様相を残すものともみえ、神像がつくられるようになっても並行して祭礼の対象とされたものであったのかもしれない。しかし、この簡易な図が礼拝の対象であること以外、詳らかではない。

図5はアッシリアの兵士が略奪した神像を運ぶ様子を描いた、と解釈されたレリーフである。神輿に乗せるようなリアルな神像が、たしかに存在していたことを示している。[*15]

メソポタミアの神像は、もちろんそれ自体が神とみなされたわけではない。神像は不可視の霊的存在や神霊を宿す存在、依代として意味をもったのであり、肉体から離れた祖霊を現世に留めようとした、頭骨の復顔の風習などと共通の背景をもつと考えられる。

神像は、ある物質に特別な霊力が存在するという捉え方と人格のある神霊がその物質に宿るとする、アニマティズムとアニミズムの二重性の上に成立している。神像はもちろん、旧約聖書が記すようにただの木材や石材などでつくられた工作物にすぎない。しかし、寄進された豪華な装飾品や衣類を身につけ、日々食事の供応や祈祷を受けるなど神官によって生者のように扱われる。つまり「生命を維持する霊」であるかのような対応を受け続けることで、人工物にすぎない神像は霊的存在となり、このことによって神の依代、座所として機能したのである。

具体性をもつ人格神の描写は、神話や神像を問わず後世の西欧世界において揶揄の対象ともなってきた。しかし、非人格的な霊的存在から人格をもつ霊的、神的存在の生成を経て、ついに神像の成立に至る過程は、本書ではきわめて重要なことと捉えている。初期文明にとって、神を表すシンボルや神像に向けて日々執行される神官の祭礼は、都市に精神的かつ物質的な中心を与え、それまで存在しなかった特別な施設、神殿を生み出す契機となったためである。

多神教世界

古代エジプトでは、先王朝時代から存在した小国家群が上エジプトに二二、下エジプトに二〇のノモス(州)となって専制王権の統治下に置かれた。それぞれのノモスの中心的な町の神々が土地神として生き延びており、後に述べる王権神話（ヘリオポリス神話）に現れる有力な神々もそれぞれの出生地をもっている。

たとえばセト神は、先王朝時代から続く第五ノモスの町オンボス（ネベト）の神であり、王朝時代の少し前に上エジプトを代表する神になる。隼頭のホルス神は、上エジプト第三ノモスの町ヒエラコンポリス（ネケン）の都市神であり、有力になるにつれて他の地域の隼神と同一視されていった。同じ第三ノモスの町アル＝カーブ（ネケブ）は禿鷲の神ネクベトの出身地である。下エジプトを代表する女神ウアジェトは、下エジプト第六ノモスの町ブトの出身である。この女神はコブラの姿をもつウラエウスでもあり、その形象はファラオの力の象徴としてその額に付された。牝牛の姿をしたハトホル神は上エジプト第六ノモスの町デンデラの出身で、他の牝牛の姿をもつ神々と習合した。下エジプト第五ノモスの都サイス（ザウ）出身のネイトは先王朝時代から存在し続けた狩猟の女神であり、弓矢を携えた人の姿をとっている。[*16]

古代エジプトの神々は、人の姿ばかりでなく頭部などを動物の姿で表すことも多い(図6)。しかしこれを、単純な動物崇拝と捉えることは難しい。

図6　エジプトの神の図像（右：アトゥーム神、中：セト神、左：セルケト神）

たとえば人体に隼の頭を載せたホルス神は、ときに人（子供）の姿をとる。ハトホル神は牝牛の姿をとることも、人頭に牛角を付けた姿をとることもある。つまり、特定の動物のもつ力を象徴するとしても、性格も図像も人の延長に位置づけられている。女神セルケトは、人の姿をとってその頭上に蠍（さそり）を載せることで図像的アイデンティティを保っている。これは、人の胴体の上にイヌ科の動物らしい頭を載せるセト神、顔だけをスカラベ（甲虫）として描くケプリ神であっても同様で、神々を描き分け識別できるよう工夫された図像表現としての性格も考慮に入れなければならない。つまりこれらの表現も、「神人同形観」の延長に位置づけるべきものである。さらに、この種の図像表現は、よく似た姿の神々を強く習合させる契機にもなったであろう。しかしいま注目しておきたいことは、古代エジプトの神々も、習合する以前、王権神話に組み込まれ整理される以前は、それぞれ出生地をもちこれを守護する土地神であったことである。

シュメールでは、家族神から共同体全体の守護神へ至る発達の延

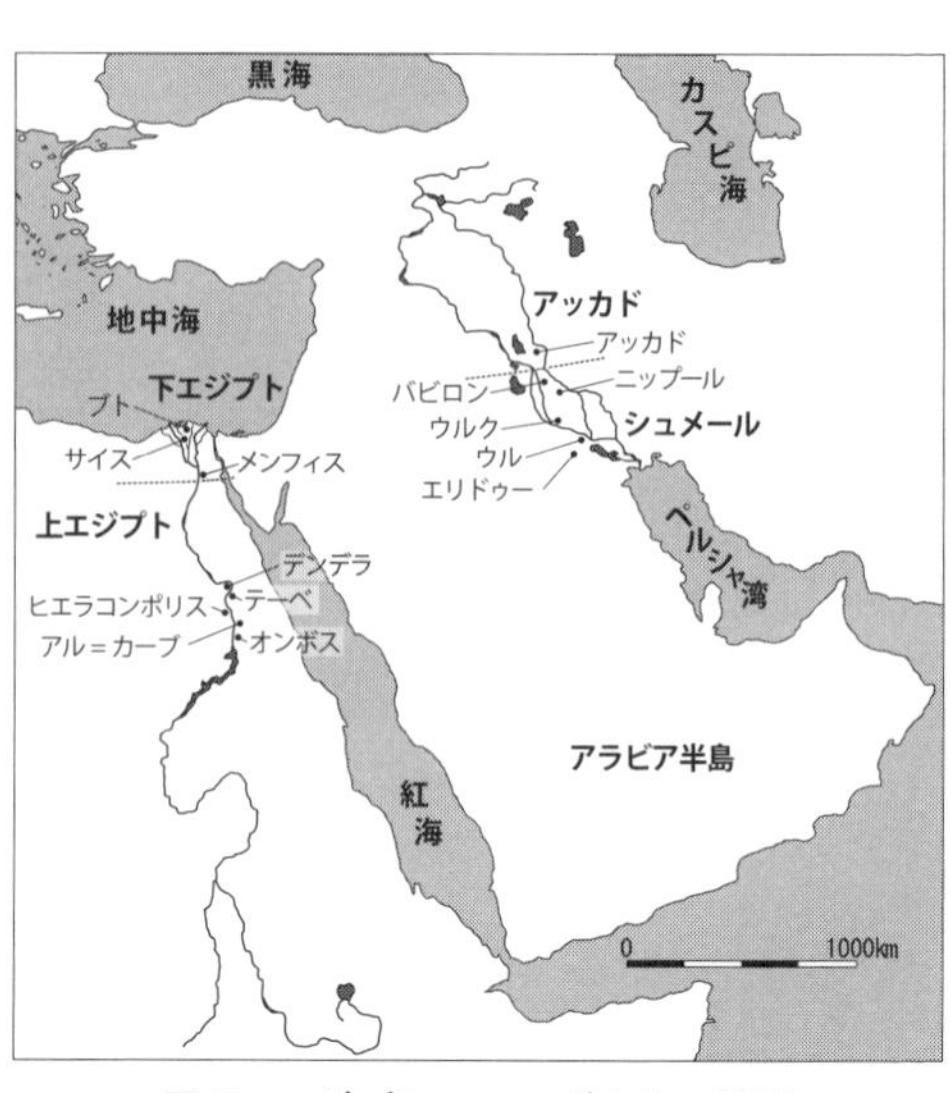

図7　エジプト、メソポタミア地図

長に、都市神相互の明確な役割分担も現れるようになった。たとえば、有力な都市国家ウルクの神アン（アヌ）を天空の神、その北西の都市ニップールの都市神エンリルを（天と地の間の）空間を司る神とし、ウルクの南方に位置するエリドゥの都市神エンキ（エア）を地下の深淵の神とする。世界を構成する天界、地上世界、地下界の三つの主要な要素が、当時有力であった三つの都市の神々に割り振られたと考えられる。これはこの時代の国家間の連携の様子や力のバランスを反映したものに違いない。図7にメソポタミアとエジプト諸都市の地図を掲載する。

　メソポタミア研究の顕学ジャン・ボテロは「宇宙の機能の分野において、基本的メタファー（暗喩）となっていたのは、この地の王権と政治支配と体制である」と述べている。[*17] 神格に多様な意味や価値が付与される過程は一定の自由度をもち恣意的な性格があるとしても、その時代の集落や都市相互の社会関係を強く反映して生み出されたものであった。これは結局、祖霊のイメージを核として成長した都市神の観念に、天空を司るなどの役割が付与されていったことを示している。

　こうして各地の家族神がそれぞれ都市国家の守護神へと成長する過程をみれば、古代の宗教世界が多神教世界をつくりあげていったことはほぼ自明のことといえる。多神教世界は、外の世界から俯瞰すれば夥しい神々が共存する世界である。しかし、その世界の住人たちにとっては、それぞれの家族神以外には、自分の住む地方や都市の有力な神、その配偶神や家族神など、限られた神々を信仰の対象としていたと考えられる。遠方の都市神などは信仰の対象とはみなされなかったであろう。

多神教の世界についていくらか留意点をあげておきたい。まず、多神教の世界が形成される過程は歴史的にみて必然的な過程であり、有力な神々はいずれも特定の土地に根づいた守護神、土地神（都市神）という性格をもっていた。土地神は小部族国家内の結束のための精神的支柱、紐帯として機能し、首長はその土地神の子孫として、あるいは当該の神に特別に認められた者として祭祀の執行権を有したと考えられる。神との交感や卜占などを手がかりに神意を問うことが国事の主な内容であったためである。したがって初期の小規模な国家では祭祀と政治とが一体であり、巫祝王ないし祭祀王を頂点に戴く社会階層が成立していたと考えられる。

しかし、都市国家群から専制国家の段階へ移行すると、国家が広大な領域を支配するようになり、有力な守護神は王権を擁護する国家神へと位置づけられる。そして統一国家としての領土が拡がり、多様な民族が接触し混交する頻度が劇的に増えることで、神々は、それぞれの民族のよく似た神に翻訳されることなどを通じて習合や同一視が促される。そして、発祥の地から遊離する神々が現れる。世俗の王権は、守備範囲を大きく拡げた神々に対する祭祀権を掌握し、よりいっそう権限を集中させるという過程を辿った。多神教の歴史は一様ではない。地縁的共同体の守護神であり土地神という性格を強く残している段階、広大な領土の守護神である国家神に位置づけられた段階、そして後述するように、土地から遊離して各地で信仰の対象となって以後の段階などに区分して検討する必要があると思われる。

3　古代専制国家の成立と建築の誕生

専制国家の誕生

人類は、ある時期から恒久的な施設を求めてさまざまな工夫を行うようになる。なぜこのような状況が生まれたのか、そしてその内容がどのようなものであったかを考えるために、まず、小さな集落を中心とした共同体が発展し、巨大な古代国家を構築するに至った過程を簡単に整理しておきたい。

新石器時代、各地に定住を始めた小さな集落は、環境が許す範囲で人口増加と耕地面積の拡大の過程を経て集落を発展させ、小国家を形成していった。古代エジプトではナイル河の定期的な氾濫によってつねに肥沃な耕地が保証され、耕地面積は容易に拡大していった。メソポタミアでは灌漑工事を繰り返すことで耕地面積の拡大を図った。人口の増加と集落の拡大、耕地面積の拡大は、いずれの地域でも並行して進展した現象である。

拡大を繰り返す耕地は、いずれ同様に拡大しつつある隣接する共同体の耕地と接触し、土地を巡る紛争を喚起する。この状況は耕地の拡大に制限のある地形、ナイルの谷の中（上エジプト）で、おそらく最初に発生した。耕地の奪い合いは各所で局部的な紛争を起こし、小国家群が統合される事態へ至る。[*18] いったん始まった統合はいくつもの小国家を呑み込み、比較的短期間のうちに巨大な国家を生むことになった。一方、下エジプトの湿地帯に点在する小国家群でもおそらく同様の事態が起こっていたが、さらに、上エジプトの統合国家に対抗するために急速に統合されていった可能性が高い。そして古代エジプト王朝は、この二つの国家がさらに統合することで成立した。およそ前三一〇〇年から前三〇〇〇年頃のことである。いったん統一された国家は、現在に残る神話から推論されたように一時期上下エジプトの覇権争いを経たようで、紀元前二七〇〇年頃になって安定した統一国家に落ち着いたと考えられている。以後三〇〇〇年近く、エジプトのファラオ（大王）の称号は「上下二つのエジプトを統べる王」であり続けた。

メソポタミアでは、耕地は複数の大河に沿う広大な沃地を開墾することによって拡がり、また灌漑工事を進めて大河から離れて用水を引き込むことで耕地面積の拡大を図った。したがって河川に沿って分布する小国家群の耕地が拡大し、相互に接触して起こる深刻な事態は、エジプトに比べて後の時代に下る。シュメールのいわゆる初期王朝時代（前二九〇〇～前二三五〇年頃）は、小規模な集落から発達したウルク、ニップール、エリドゥなどの有力な都市国家が成立していた。これらの都市国家はそれぞれ独立した国家として主権を保ち、「一種の「隣保同盟」を結びつつ、地域に共通する生活様式、宗教を保持した」[*19]と考えられている。とはいえ居住地を市壁で囲み、密度の高い都市を形成していった過程は、武力による都市間の抗争が存在したことを示している。そして前二四〇〇年を過ぎると、ウルのルガルザゲシ（ルガルは王の意）がシュメールの統一を実現しようとする。拡大する耕地は、灌漑工事によって大河から徐々に離れ、おのずから拡大の限界を迎えつつあった。

この事情は、シュメールの北方で発展していたアッカドの都市国家群においても同様であった。ルガルザゲシがウルクを新たな首都としてシュメールを統一した直後、アッカドの都市国家群を統合したサルゴン王がこれを併合する。このときシュメールとアッカドは、都市国家の集合体とは異なる一つの領域国家へと移行した。前二三五〇年頃のことである。メソポタミアの専制国家はこの時代に至って成立する。

古代の専制国家は、多くの都市国家群の主権を取り上げて一地方として統治下に置き、この支配を軍事力や官僚機構をもって維持する。多数の旧国家群の上に君臨する王権も、もとは一つの都市国家の王権にすぎないから、機会さえあれば他の都市国家が王権の簒奪を試みるかもしれない。メソポタミアではアッカド、ウル、バビロンなど、王権が時代によって入れ替わる歴史を経験している。この不安定な体制は、三〇〇〇年のあいだ大きな変化がなかったようにみえる古代エジプト王朝でも原理的に変わらない。したがって専制王権は、あらゆる機会をもって王権の正当性、不可侵性、永続性を印象づける努力を繰り返した。

王権の安寧と永続への希求

多数の群小国家のなかから一つの国家が突出し、群小国家を束ねて統治する契機は、軍事力や経済力の強弱はもちろん、国家間の地理的な位置関係、偶発的な事件への関与のあり方など、さまざまな要因の結果である。したがってそこには、特定の部族国家が他の国家群を統治する権利に対し、真に正当な理由は存在しない。連合王国と異なる専制王権の統治は、群小国家を束ねてそれぞれの主権を取り上げてしまう。このため、その行為の正当性の獲得は切実な問題であった。

世界各地の専制国家は、その王権の正当性の根拠を、超越的な神の末裔であるとしたり、世界の主宰神に認められた神の代理であると主張するなど宗教世界の権威に求め、王権に有利となる宗教的文脈を整えようとした。したがって専制王権は、どの文明においても宗教的性格を強く帯びることになった。これは群小国家の時代の祭政一体の状態とは異なり、宗教世界と世俗の王権とが分離して後、あらためて両者が結びつくという状況である。

古代エジプトのヘリオポリス神話は、原初の神アトゥーム直系のホルス神を祖とする系譜にファラオを位置づけ、メソポタミアでは、地方の農耕神にすぎなかったマルドゥク神がバビロンの都市神となり、さらにメソポタミア全域を支配したウル第三王朝の時代に、国家神となって王朝の正当性を保証しようとした。また古代中国の天子は、北天の周極点（北辰）に座して世界を支配する上帝ないし天の代理者であるとして、世界に号令をかける権利を正当なものとした。古代インドの場合はやや特殊である。統一国家を実現したマウリヤ王朝は、伝統的な祭祀階級の宗教であるバラモン教と距離を保ち、仏教や他の新興の宗教を積極的に擁護した。この事件は、仏教が世界宗教として成立する決定的な契機となったが、とりわけ初期仏教は多神教世界の宗教とは異質である。仏教やキリスト教など、おそらくゾロアスター教を嚆矢として古代の最終段階に現れた一連の宗教については、第三章にてあらためて検討したい。

これら王権の正当性の説明は、群小国家が乱立していた時代の宗教的枠組みの延長に位置づけられるもので、巫祝王や祭祀王が保っていた権威を、壮大な規模の国家と世俗の王権、新しい統治システムのもとで実現しようとしたものである。そしてこれは、潜在的な脅威である地方の勢力や民衆へ向けたアピールであった。したがって専制国家の王権は例外なく宗教的であり、王権が構築した施設は、程度の差はあれ宗教建築であったといってよい。それは、宮殿建築のように一般に世俗建築とみなされるものでも、多少とも宗教的な性格を帯びたものであったことを意味する。

専制国家がピラミッドや皇帝陵などの壮大な王墓、あるいはアメン神殿やバベルの塔など巨大な神殿を実現した意図は、小国家群を集め、やや不安定な結びつきによって成立している専制国家の宿命、つまり、王権のもつ原理的な脆弱さに起因する。このため、王権の力量を示しその永続性への保証を得ようとしたものである。建築や都市は、この段階で王権の力量を示す「記念性」を帯びることになった。意図されたデザインが実現したことをもって、これを「建築」の誕生と捉えることもできる。

建築の記念性―巨大さ・恒久性・記念碑的形状

群小国家から専制国家の成立へ至る過程は、宗教も建造物も大きな変貌を遂げた時代である。個々の土地神は、有力な神ほど王権を支持する神話の中に居所を得て、国家の守護神へと成長した。王権は宗教的権威をもってその正当性を主張し、専用の宗教建築を生み出す。宗教建築は王権の力を示し、それ以前の時代には萌芽として存在したとしても明確な性格をもつまでに至らなかった「記念性」を現している。そしてこれは、明確な三つの特徴をもって実現された。

第一の特徴は巨大さである。巨大な施設を構築してみせることは国家の力量を直截に示すわかりやすさをもっているが、たんに膨大な資材を集め労働力を結集させる力を示すばかりでなく、それらを組織化し、計画に合わせて運用し実現する高度な能力があることを象徴する。

第二の特徴は恒久性、理念としての永続性である。一〇〇〇年を超えて現在に残る施設は、ピラミッドのように石材ブロックを重ねた構築物から日本古代の木造寺院まで広範囲にわたるが、いずれも長期間の使用に耐えることが求められた。この目標へ向けて、石材や焼成レンガを積み重ねた構築物も、木造架構を石造へ置き換えていった施設も、木造のままさまざまな工夫が重ねられた建築も、いずれも前アジアの時代の短命で素朴な施設とは次元の異なる高度な架構の組織化によって構築された。

第三の特徴は、その記念碑的な形状、左右対称や四面相称の形状を獲得したことである。このような形状は専制国家の時代に生まれたもので、その影響は私たちの時代にも引き継がれている。

これら三つの特徴を基層として成立した専制国家の建築は、再生産を繰り返す経験を経て形式美を洗練させていった。この経緯は、前時代には存在しなかった高度な美的均衡を内包する、精緻で整った造形美を実現する。この三つの特徴の背景と意味について、次章にて個別に検討を加えよう。

第二章　建築の記念性の成立

専制国家の出現は、建築のあり方を決定的に変えることになった。それ以前、建築は数年から十数年という短期間で使い切り建て替えることを前提とし、特別に耐久性を追求する必然性もなかった。しかし専制国家が成立すると、いわゆる「記念性」をもつ建造物が構築されるようになる。古代的「記念性」を実現した建築は、前時代の建て替えを繰り返す建築と対比すると顕著な特徴が認められた。「巨大さ」「恒久性」「記念碑的形状」である。これら三つの特徴について順に検討していこう。

1　巨大施設をどのようにつくるか

世界各地に誕生した専制国家は、いずれも初期の段階で度量衡（どりょうこう）の制定を行っている。長さ（度）、体積（量）、重さ（衡）のそれぞれに基準を与えてこれを法的に保護している。とくに度制（公定尺の制度）は建築の生産に深くかかわる事件であった。

長さに基準を与えてこれを手がかりとして事物を生産する行為は、専制国家が生まれるはるか以前から成立していた。基準として用いたものの多くは指幅、掌幅、人さし指と親指を広げた長さ、中指の先端から肘までの長さ、両腕をいっぱいに広げた長さなどいずれも身体の一部、とくに手の回りに集中している。製作の途上で行われる便宜的、慣習的な計測の手段が製作者のもっとも身近にある手の周辺に集中することは、ごく自然なことであった。身体の一部を計測の基準とすることを総じて「人体尺」というが、人体尺は製作者それぞれの身体的差違をもつため、個人の製作の範囲に限って基準として意味あるものになる。しかし、専制国家が成立し巨大な王墓や神殿を造営する時代になると、個々の製作者に依存しない普遍的な長さの基準が求められる。ここで使われたものが、基準の長さを表すことだけを目的として発明された器具、「ものさし」である。

専制国家が実施した度量衡の制定は、本来、税の徴収における公正性と明確化のための方策であった。下位の部族共同体間に不平等が生じないよう平準化を目指したものである。これらの基準を前提として文字と計算による記録を蓄積し、確かな公正性を実現しようとする。普遍的な基準を設けることは、国家の安定した運営にとって必要不可欠なことであった。

長さの基準は公定尺として国家の管理下に置かれる。基準の長さを体現したものさしと簡単な計算を用いることで、だれもが同じ大きさ、長さをもつ製作物をつくることが可能になる。この結果、ものの生産に確実な再現性が与えられた。公定尺に従って「書記（官僚）」が行った計算と記録をとる技術は、計画を忠実に実現することを可能にし、巨大施設を実現するための基礎となった。

施設の規模を決定し各部位・部材の基本計画を整えると、材料の調達や部材加工にかかる人員と時間を算出するなど施設の設計計画・工事計画の策定が可能になる。ここでは計画通りの施設が実現できること、そしてどの製作者が担当しても同じ結果が実現できること、つまり再現性の保証がもっとも重要な関心事であった。したがって専制国家の建築は、初期のものほど確実に再現できる平易な幾何学的（と私たちが受け止める）形状に限定されることになる。建築の荘厳のために複雑な彫刻などを施す場合、これらの部位は平易な形状の躯体と分けられ、躯体の表面に限定して付け加えるようになっていく。

揺籃期の専制国家は、直線（実際には張力をかけた縄など）や円など、容易に再現できる限られた形状に基づいて基本となるデザインを展開した。こうして実現した古代エジプトのピラミッドは、確実な再現性を求めて考え出された姿を鮮明に現している。「幾何学」はエジプト古王国時代（およそ前二六五〇～前二一八〇年）にすでに存在したと捉え、ピラミッドのデザインはこれを応用したもののように解釈されることもあったが、これは再現性を目指した結果であり、二〇〇〇年後に生まれたピタゴラス学派の幾何学とは直接の関係は何もない。[*1]

ピラミッドを実現した個々の加工技術は、前アジアの時代の技術と異なるものではない。青銅の鋸で石材を切り、一つひとつの石材ブロックをその場に合わせて石器や鑿で整形し積載する。前アジアの時代との決定的な相違は加工技術そのものにはなく、技術を効果的に結集させる組織化と管理の能力である。そしてこの能力は、確実に再現できる形状に限定したことと製作者個人に依存しない普遍的な長さの基準である公定尺の存在に支えられている。巨大施設はこのような背景をもってはじめて実現できたのである。

2　恒久性の確保

建築の恒久性、理念としての永続性の獲得についてみてみよう。ピラミッドは石材ブロックを重ね、ジグラトの基壇は焼成レンガと瀝青(タール)で日乾レンガの壁体を被覆した。ここにみられる耐久性を得ようとする初期の努力は、前時代から続く木造施設についても適用されるようになる。降雨の多い地域では、木造建築の耐用年限を延ばそうとする努力は早い時期からその萌芽がみられるが、とくに瓦の発明が契機となって方向性が定まり、進展することになった。

瓦の発明

瓦の起源は不明な点が多い。現在の時点で最古と判断できる瓦は、中国中原で出土している。およそ前一一〇〇年から前一〇〇〇年に遡る、周王室の宮室あるいは廟(びょう)と考えられた遺跡、「鳳雛宮室基址(ほうすうきゅうしつきし)」の瓦である。屋根形状について複数の復原案があるが、図1はその一例である。稜線や谷が各所に現れる複雑な屋根のため、焼成瓦はおそらく植物系材料を葺いた屋根の大棟(おおむね)や降棟(くだりむね)、谷に限定して用いた。雨水の侵入しやすい部位に葺くことで防水上の弱点を補強しようとしたと考えられている。[*2] ここで使われた瓦は、円筒を四半割りとしたような湾曲した板状の姿をもっている。そして、西周後期から東周初期（前八五〇〜前七五〇年）には屋根全体を瓦で覆った例が現れる。これらの瓦も同様の形状をもっていた。ゆるく湾曲する「平瓦」を敷き詰めて屋根面を覆い尽くし、平瓦の繋ぎ目に、やや細い別の形（半円筒など）の瓦、「丸瓦」を被せる。

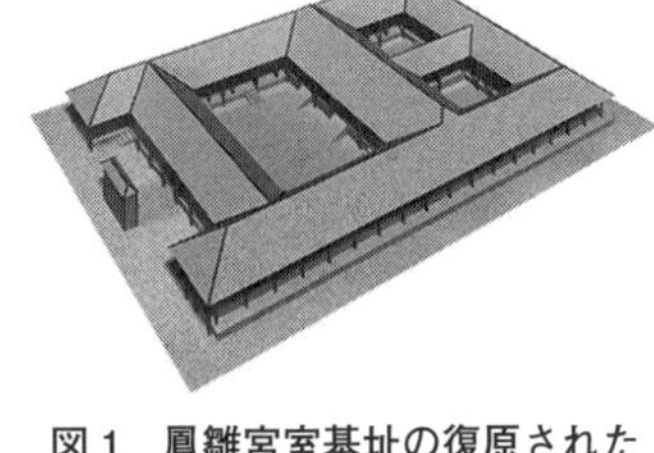

図1　鳳雛宮室基址の復原された屋根（前1100～前1000年）

図2　日本古代の本瓦葺の瓦（8世紀頃）

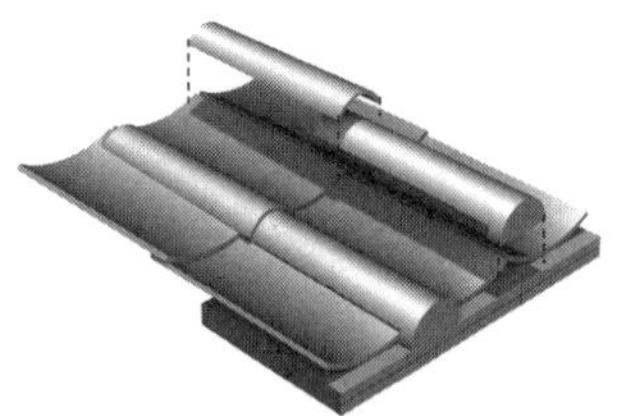

図3　アルテミス神殿の瓦（前650～前620年）

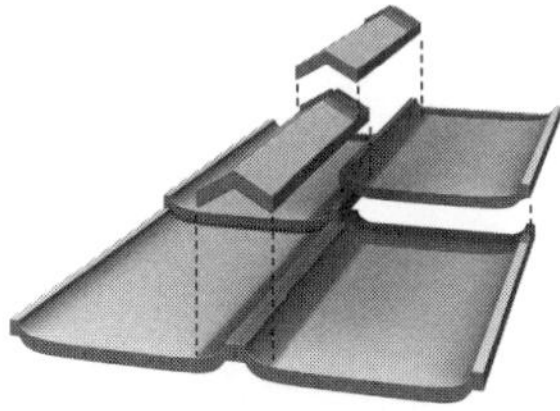

図4　パルテノン神殿の瓦（前440年頃）

図2は日本古代の「本瓦葺（ほんがわらぶき）」を現したものである。軒先の丸瓦（軒丸瓦（のきまるがわら））の先端には、雨水などが入らないよう円盤形の「瓦当（がとう）」を接続している。前七五〇年頃に生まれた半円状の瓦当である「半瓦当（はんがとう）」から円形の瓦当に変化したのは、前二〇〇年から前一〇〇年頃、前漢の時代であった。

幅の異なる二種類の瓦を用いて屋根面全体を覆うというアイデアは、古代ギリシア神殿にもみられる。前六五〇年頃に遡るギリシア神殿の瓦は、中国の瓦とよく似た円筒を半割りした形状とともに半瓦当がみられる。図3は、復原されたスパルタのアルテミス神殿（前六五〇～前六二〇年）の瓦である。ほぼ同時代のオリンピアのヘラ神殿においてもよく似た形式の瓦が出土している。しかし、前六五〇年以前から、コリント地方では、ほぼ平板の「平瓦（pan tile)」と一回り細く中央がわずかに起（むく）った板状の「丸瓦（cover tile)」が使われていた。これは、前五〇〇年代の早い時期から現れる、平板の両端を屈曲させた「平瓦」と三角形の断面をもつ「丸瓦」の原形であったと考えられている。[*3] コリント地方の瓦の発展型は、アテネのパルテノン神殿（前四三八年竣工）に使われている（前頁図4）。

瓦葺の発明は、耐水性の高い焼物の板によって屋根面を覆うことで木造建築の寿命を劇的に延ばす可能性を切り開いた。瓦の発明と伝播については現在でもよくわかっていないが、このアイデアは世界各地で受け入れられた。木造建築にとって革命的な出来事であったが、一方、屋根荷重の増加が躯体に深刻な影響を与えるようになる。以後、東アジアの木造建築はこの大きな重量のもとで雨水に耐えるさまざまな方策を実現していくのである。

石造「柱・梁」構造の発生

瓦の発明が引き起こした屋根荷重の増加は、その重量で桁（けた）を押し下げ、柱間の中央部に垂下するような変形を与えることになった。これを抑制しようとして柱頂と桁の接合面をより大きく取る工夫がなされた。「柱頭（ちゅうとう）」という、柱よりも幅のある別部材をつくり柱頂に載せる工夫である。ここまでの技術的な発達は、おそらく古代中国建築も古代ギリシア建築も大きく異ならない。いずれの文明も同様の工夫を実現した。ただ、古代中国建築と古代ギリシア建築は桁と梁（はり）の上下が相違する。これが原因となって、古代ギリシアでは比較的簡単な形状の柱頭に終止したが、古代中国では斗（ます）と肘木（ひじき）を組み合わせる複雑な形状に辿り着く。そしてここから両者は発展の方向を分かち、古代ギリシアの木造建築は石造化の方向へ向かった。それは、軒先を支える外周柱の柱頭（capital）と柱基（ちゅうき）（base）など、雨に弱い部位を石材に置き換え、次に柱身（ちゅうしん）（shaft）を石材でつくるようになり、ここから建物の内側に向かって順に石造に置き換えるという過程を辿った。古代ギリシア神殿の石造化の過程については、あらためて第三章で詳述する。

木造建築のテクノロジー

一方、東アジアの初期文明では、木造建築のまま耐用年限を延ばすことを目指した。これは、一五〇〇年ほどにわたりゆるやかだが一貫した発達をみせる。まず、軒先から落ちる雨水から躯体を守るために高い基壇を設け、基壇の外まで軒を延ばすことを試みた。単に柱頭として機能していた斗と肘木を縦横に、複雑に組み合せて「組物（くみもの）」を発明し、丸桁（がぎょう）（もっとも外にあって軒を支える桁）を外周の柱（側柱（がわばしら））の上からさらに外に送り出そうとした。丸桁を梯出（ていしゅつ）させた長さだけ軒を深く取ることができるためである。この時点で組物はたんなる柱頭ではなくなり、複合した目的をもつ世界に類のない仕組みに変貌している。軒先では、細身の垂木を二重に重ねてさらに軒先を伸ばそうとする「二軒（ふたのき）」が工夫された。柱は掘立柱（ほったてばしら）を廃して基壇上に据えた礎石（そせき）の上に載せる。礎石上にただ載せられた柱は横架材で相互に強く結びつけることで安定するから、横架材と柱の組み合せ方も接合方法も、従来の木造より一段と複雑なものになった。さらに、浸透した水分が抜け難く腐朽しやすい木材の木口（こぐち）一つひとつを金物や瓦当に似た垂木先瓦（たるきさきがわら）そしておそらく黄土や鉛白などで被覆し、木造躯体には液体金属（丹（に）。硫化第二水銀）を塗布する。

次頁図5は、創建の唐招提寺金堂（七七〇～七八〇年）の立面図と金堂の一部を切り取った図である。瓦葺とともに、いま述べた各種の技法は、この図の中にすべて見出すことができる。さまざまな試行を経て整理されたこれらの工夫と発達の過程については、あらためて第三章で詳述したい。

大荷重の瓦屋根を支持しながら自立しない柱を安定させ、柱筋より外に丸桁を送り出すという工夫は、躯体にかかる雨水を遠ざけるため、大きく延び出す軒を実現しようとしたものである。これらの工夫は、木造の建築を石造に置き換えることを目指した世界では、みることのない独特の工夫であった。

図6は、平等院鳳凰堂・中堂（一〇五三年）とパルテノン神殿（前四三八年竣工）とを比較した図である。パルテノン神殿では「周柱（外周を巡る柱）」の外にごく短い軒がみられる。[*4] 雨に曝（さら）されても構わないよう躯体を石造化したため、周柱の外に深い軒を必要としなかったのである。一方、木造建築である鳳凰堂・中堂は、深い軒をもつとともにこれを支持する複雑な仕組みがみられる。両者のシルエットの相違は、木造建築を出発点としてその寿命を延ばそうとする共通の問題に向かって、それぞれの文明が辿った道すじの相違を表している。

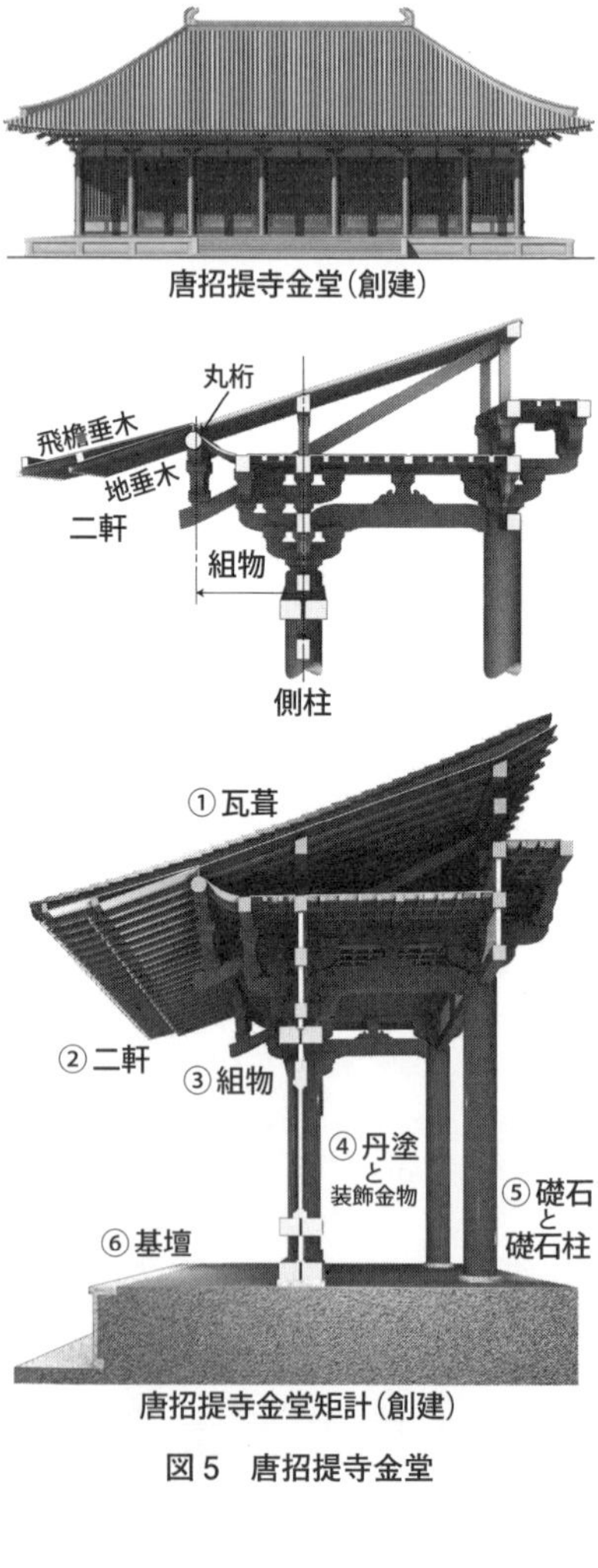

唐招提寺金堂（創建）

唐招提寺金堂矩計（創建）

図5　唐招提寺金堂

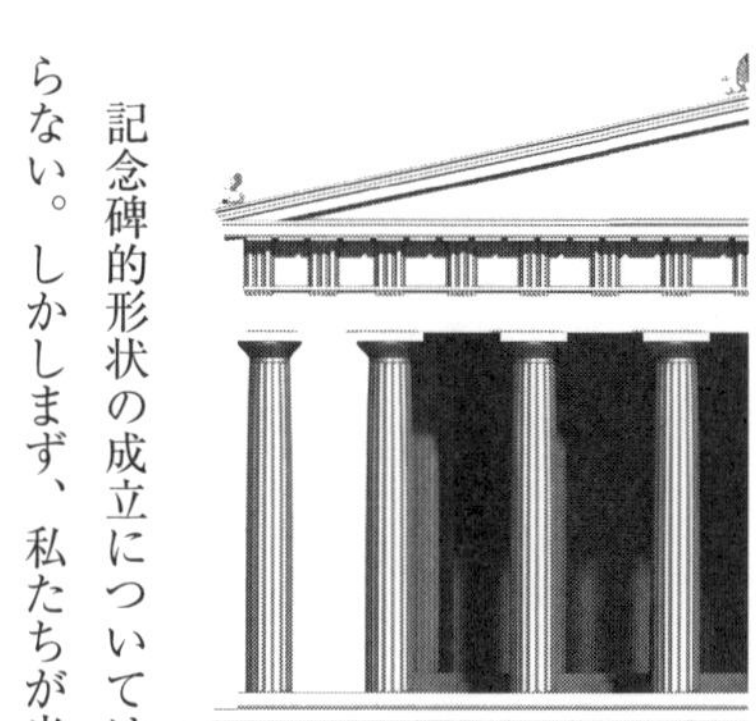

図６　パルテノン神殿と平等院鳳凰堂

３　記念碑的形状の基調

古代的記念性をかたちづくる第三の特徴である「記念碑的形状」は、現在の私たちがみてもそれとわかる明確な特徴、左右対称や四面相称ないし四方相称、いわゆるシンメトリーの形状をもっている。私たちが古代建築のシルエットに記念碑的な性格を見出すことができることは、古代に成立した記念碑的形状が現在に至るまで決定的な変化がなかったことを意味し、今もって造形を理解する際の重要な手がかりの一つであることを意味している。このような造形を生み出す基調の考え方、そしてその考え方を支える背景は、一体どのような過程を踏んで成立したのであろう。

３・１　造形の対称性と方位観

記念碑的形状の成立については、古代エジプトにおける「方位観」の発達をみることから始めなければならない。しかしまず、私たちが当然のことと受け止めている、東西南北で構成された「四方位」に対する捉え方について、以下の二つの意見を比較するところから始めよう。

……上下も左右も、それぞれ別の意味と仕方ではあるにせよ、ともかく変わりうるものである。その点でこれらは相対的な空間秩序と呼べるかも知れない。

これに対して東西南北という方位はいかなる意味においても変わりえないものであり、万人が一様にこれに準拠するという点で絶対的な空間秩序であると言ってよい。

中埜肇『空間と人間　文明と生活の底にあるもの』[*5]

今日のわれわれの生活は、東西南北という四方の観念をもとにして成り立っている。方位とか方角という場合、まずわれわれが基準にするのが東西南北であることを、日常の生活からもよく知っている。しかし、このような東西南北の観念が人類の歴史が始まったときから存在していたとは、とても考えられないし、現に世界の諸民族をみると、別の原理にもとづいた方位観が最近まで、あるいは今日でも使われてきたのである。

大林太良『北方の民族と文化』[*6]

両者の「四方位」に対する捉え方は対照的であり、その相違は歴然としている。哲学者である中埜は、万人が準拠する「絶対的な空間秩序」と捉えており、文化人類学者である大林は「東西南北の観念が人類の歴史が始まったときから存在していたとは、とても考えられない」としている。私たちは、「四方位」が絶対的な存在であるとする中埜の意見を当然のもののように受け止めてきたが、これは大変な誤りである。方位観は、大林が指摘するようにきわめて多様な捉え方がある。

たとえば一部のネイティヴ・アメリカンやメコン川流域の人々のように、「川上」と「川下」を機軸とした方位観は世界の各所で確認されている。また古代日本の記録は、古い方位観が後に導入された四方位の概念に置き換わる過程とそこで起きた混乱を垣間みせている。当初、古語では「北・南」を「背面(そとも)・影面(かげとも)」と称したが、古語の「影」は光の意であり、本来は単に日が当たる面、当たらない面を指した言葉である。これらの言葉が、新来の方位を意味する言葉である「北」と「南」の翻訳語として使われた。また「日縦(ひのたて)」と「日横(ひのよこ)」という東西軸と南北軸を意味する用語が、それぞれ「東」と「西」を指す言葉として誤用された例もみられる。[*7] これらの事例は、我が国においても四方位の概念が知られていなかったこと、この概念が飛鳥時代頃に大陸から導入されたものであることを示している。

図７　バリ島

以上のやや曖昧な事例に比べ、バリ島の事例は一段と明快である。バリ島ではヒンドゥー教とともに入った四方位の概念のうち「北・南」の軸が、南の平野部の集落では古来の「山・海」の対(つい)がつくる軸と重なっている。人口の八割が集まる島の南の平野部では、北方に東西に走る二〇〇〇m級の山々やその東端に三〇〇〇mを超えるアグン山が連なる。このため地理的に矛盾を起こさない（図７）。しかし山脈を越えた島の北部では、あたかも南北が逆転するような表現が現れる。[*8] 海岸は火葬を行う穢(けが)れた場所、山頂は集合した祖霊が住まう清浄な地と捉えるため、南部の平野では、南北の方位が後述する双分制の対立的価値を示している。集落は、海側に建つ死の寺院（プラ・ダルム）と山側に建つ祖霊を祀る寺院（プラ・プセ）に挟まれて構成される。

つまり方位のもつ価値、神話的な世界像が集落の配置の機軸を形成している。[*9]

一方、「東・西」はそれぞれ「右・左」を意味する言葉があてられる。南の平野部では祖霊の住まう山の方向、つまり北を向くとき、右は東を左は西を示す。可変性があるともみえる左右の概念は、島の南部では「山」に向かうことで固定した方位の意味を担っている。ところがこの概念は、日の出の方向が正の価値をもつ「右」、日没の方向が負の価値をもつ「左」として固定し、島の北部でも変化がない。

バトゥール山頂のカルデラ湖（バトゥール湖）畔の集落では、「山・海」の対がつくる軸は、南北方向から離れた「山頂・湖畔」の軸が代替している。[*10] この事例を手がかりに、一般に「北」の概念とされる「山」の意味をあらためて確認してみると、南の平野部でもそれぞれの集落が認識する「山」は、視認する範囲でもっとも目につく山頂の方向を意味するようで、ここには厳密な「北」の意味が含まれていないことがわかる。したがって「山・海」の軸は、本来、南北や四方位の概念とは何のかかわりもないものであったと判断できる。一方、一見して可変とみえる「右・左」の軸は、日の出と日の入の方向を意味して固定しており、もとから「東・西」の意味を一部含意しているらしい。したがって、「山・海」の対と「右・左」の対がつくる二つの軸は、もとはそれぞれ別なカテゴリーの概念であり、四方位のようにセットであったり直交する軸線の意味などは含まれていなかった。しかしここに、後になってインドから四方位の概念が導入され、近似する意味をもつ言葉で翻訳されることになった。バリ島の事例は、後になって四方位の概念が重なったことで複雑な様相を示すが、丁寧に観察すれば固有の方位観を残していることがわかる。

このように、それぞれの土地、具体的な環境に密着した固有の方位観を「民俗方位」とよぶ。集落を中心とした生活空間から実見できる視野の中で、自己の相対的な位置を理解するための指標として機能する。したがってオリエンテーリングのための機能を含むが、そればかりでなく、対立する意味や価値が付与された「宇宙観」あるいは「世界像」を形成している。

「未開文明」を支配する思考形式の捉え方として、「双分制（dualism）」ないし「象徴二元論」による世界認識が存在することが指摘されてきた。[*11] 対立しながらも相互に補完しあう対概念をもって世界を理解しようとする思考形式である。具体例を挙げると「明・暗」「右・左」「上・下」「高・低」「清浄・不浄」など、一方の概念が他方の概念を支えながらも表面で対立しあう。これらの対概念をもって認識や判断の基準とする考え方、世界の捉え方である。歴史的な概念として双分制を受け止めれば、前アジアの時代に位置づけることができるであろう。

バリ島の事例のように、民俗方位は双分制を内包している場合が多い。たとえば東と西は対立する存在であり、東は正の価値、西は負の価値をもって相互に反対項を形成する。日の出が「誕生」や「明」を、日没が「死」や「闇」を連想させるためで、各地の民俗方位に共通する普遍性をもっている。しかしここにみられる東や西の概念は、私たちの概念と同じものではない。私たちは東西の指標を、天文学の成果に支持された春分点や秋分点に求め、また簡易にコンパスの南北に直交する軸線の延長に位置づける。つまり「真東」や「真西」を指標として成り立っている概念である。しかし彼らの「東」や「西」の概念は、このような背景をもたない場合が多いであろう。似たような概念であっても、背景が異なることに注意する必要がある。

大林は多様な「民俗方位」の存在を指摘しているから、その背景には対概念を手がかりとした世界の捉え方など、たんなるオリエンテーリング以上に奥行きのある内容を伴うことが承知されていたであろう。方位観は絶対のものなどではなく多様性があること、そして四方位については注意深く見直すべき対象であることを指摘したものである。

双分制を造形上の問題として捉え直してみよう。この典型はおそらく誕生仏の姿である（図8）。仏陀は誕生直後に右手で天（上）を、左手で地（下）を指した。天＝右＝正、地＝左＝負という価値観が造形として現れたものであるから、左右を非対称とする姿は必然的なものである。この姿が意味することは、対概念による双分制の思考形式は造形上の対称性を生み出す契機にはなりえない、ということであり、同時に、左右対称の造形については、その成立の時期、過程を歴史的に捉える必要があることを意味している。

図8　誕生仏

太古から絶対の存在であったかのように捉えられてきた四方位に対する認識は、その発生と必然、そして発達の過程があったことを念頭において捉え直さなければならない。この作業は、造形の対称性の発生とその必然を考察するために必要な過程である。

3・2　古代エジプトの四方位

四方位の概念を、歴史を超えた絶対のものとみなしてきた視点は、東西南北の概念が明確に現れる古代エジプトの方位観についても当然のこととみなし、ほとんど問題として認識されることがなかった。しかし、例外的な研究だが重要な指摘を含んだ議論がある。[*12] 少し長いが、以下に引用する。

エジプト人は自己の生命の源である、ナイル河によって自己の位置づけをした。彼らはその方角からナ

> イル河が発している南に顔を向けた。〈南〉に該当する語の一つは、同時に〈顔〉という語でもある。〈北〉に該当する語は、〈後頭〉を意味する語とたぶん起源を同じくしている。エジプト人の左には東があり、彼の右には西があった。〈東〉と〈左〉という語はまったく同じであり、さらに〈西〉と〈右〉という語も同一である。
>
> エジプト人の定位は南であったと述べたのは、術語的には不正確であって、いっそう精確には、エジプト人はナイル河の源の方向に面して、南を基準とした事物の位置・方位の確定をした、というべきである。エジプト人がその最も重要な方位を、太陽の昇る国、彼らが〈神の国土〉と呼んだ地域である東にとらなかったことは意味深い。……（中略）……組織的に述べられた神学は東を強調した。しかし、神学がまだ明確な形に纏められなかった先史時代にたち帰ると、当時はちょうどエジプト語の諸名辞が形成されつつあった時期にあたるが、ナイル河の住居者は、この土地の年ごとの再肥沃化の源である南に対（むか）って顔を向けたのであった。神学の上で太陽の優位は、したがってもっと後に発達したものであるらしい。
>
> H・フランクフォート他『古代オリエントの神話と思想　哲学以前』

これは一九四〇年代に遡る議論であり、民俗方位についてよく理解したうえの議論ではないようだが、古代エジプトの四方位システムを、結果的であれ民俗方位の一つとして捉えようとしている。この結果、古代エジプトに四方位の観念が生まれる契機を考察することに繋がっている。

バリ島の例と比較すれば、南北が反転するものの、左右という言葉の方位への転用など、よく似た見方が認められることも興味深い。さらに、ここには世界各地の大河の流域にみられる「上流」「下流」という水

> 流の方向を機軸とした方位観と同じ内容も認められる。
>
> 　われわれは方向に対する二つの異なった探求を扱っているのかもしれない。ナイル河がこの国土の顕著な特徴としてはっきりと南から発している上エジプトの谷では、注意の羅針盤はさっと南を指した。広々とした拡がりが、方向についてまったくそうした磁針をもたなかったナイルの三角州では、東に太陽が昇ることがもっと重要な現象であった。太陽崇拝は、かくておそらく北部においていっそう重要だったのであって、やがて北部による南部の史前時代に行われたどれかの征服によって、おそらく国家神学としてエジプト全土に伝えられるに至ったのであろう。
>
> 同書

古代エジプト王国には、ナイル河の長い谷で形成された南部の「上エジプト」とナイルが地中海に注ぐ平坦な湿地帯で統合された「下エジプト」という二つの勢力があった。紀元前三一〇〇年から前三〇〇〇年頃、初期王朝から第二王朝の時代までに、この二つの勢力が一つの国家として統合されたと考えられている。この王朝の歴史を念頭に置いた立論である。ここでは、南北の対概念と東西の対概念がそれぞれ上エジプト、下エジプトに起源をもつ別な存在であった可能性を、ややためらいつつ指摘している。ここに引用した議論は、これを参照して述べるイー・フー・トゥアンによって一段と先鋭的にまとめられた。[*13]

ナイル川の流路は、エジプト人の方向感覚に強い影響を及ぼした。「北へ行く」という言葉はまた、「下流へ行く」という意味でもあり、「南へ行く」という言葉は、「上流へ行く」、すなわち流れにさからうということを意味した。……（中略）……南の方向はナイル川の住人の世界を支配していた。……

エジプト人の宗教の歴史における主要な流れは、太陽とナイル川という、二つの大きな自然現象の間の競合として跡づけることができる。原始時代の下エジプトの三角州では、ナイル川の網状水路は扇の骨ように広がっていた。それらはもはや、単一の目立つランドマークを形成しておらず、方向の指標としても役立っていなかったのである。三角州の広く平坦な表面上では、何も目にとまらなかった。このような環境での主要な特徴は、毎日、空の軌道を横切る太陽であった。そこでの初期の居住者が、方向を太陽によって定め、太陽神話を発達させたのは、驚くべきことではない。下エジプトの太陽の神話は、上エジプトのナイル川の神話と重ね合わされた。東西の軸が、南北の軸と交差して張られたのだ。

イー・フー・トゥアン『トポフィリア　人間と環境』

イー・フー・トゥアンの論述が先に引用した議論の影響下にあるのは明らかである。しかし、「南」と「北」の概念は上エジプト、「東」と「西」の概念は下エジプトに起源をもつ、というためらいのある考察をごく簡略に受け止め、両者が重なって四方位の概念が成立したと素朴に捉えている。南北の方位が強く認識された原因が、ナイル河と上下二つの王国にあったことは明らかである。しかし、具体的なナイル河の流れが抽象的な南北の観念に置き換わるには、歴史の段階を超える過程が含まれていたと考えなければならない。

北へ行くことがナイルの下流へ行く意味をもち、南に行くことが上流へ行く意味をもつ、という指摘は、帆を張った船、帆を畳んだ船の形象をもつエジプト文字（ヒエログリフ）を指して述べたものである。ナイル河は地中海からつねに強風が吹き込んでおり、帆を張ることでナイル川を遡航し、帆を畳むことで流れに乗って下ることが可能であった。このためこのような文字が生まれたと考えられている。したがってこれらの文字は、川の流れる方向を手がかりとした「民俗方位」の捉え方のわかりやすい事例の一つと考えられる。つまり、私たちが理解するような直線的な軸や南北の意味は、もともと含まれていなかったと考えてよい。さらに、ナイルの谷は古代エジプトの東と西の世界、つまり生の世界と死の世界とを切り分ける役割を果たしている。そして同時に、ナイル河は「上エジプト」と「下エジプト」という二つの世界を繋ぐ動脈でもある。

さて、下エジプトの湿地帯では、ナイル河は扇状に広がり幾本もの支流に分かれている。それらは南北の方位とかかわりなく集落に沿った流れに従い、それぞれに上流と下流の対概念による民俗方位を成立させていたであろう。したがって「日の出・日没（後の東・西）」の対が表す概念と「上流・下流（後の南・北）」の対が表す概念は、もとはそれぞれ別個のカテゴリーの概念として、上下エジプトの区別なく存在していたと捉えるべきである。つまり、引用した議論が指摘するような上エジプトと下エジプトがそれぞれ分担するような概念とは考え難い。

東西の対は生死の対立する価値を帯びており、また、河川に従った民俗方位の価値観は、通例は上流が下流より高い価値をもっている。大河の場合は判然としないが、生活水を念頭に置いてみれば、流れる水は上流に遡るほど清浄であり下るほど汚染されるためである。生活に根ざしたこの種の価値観は、私たちが無自覚に使っている価値の程度を表す「高い・低い」や「上・下」などの表現の遠い起源である。ただ、エジプトの場合、個々の民俗方位が形成されていった時代と上下エジプトの二つの勢力が成立して以後の時代では、上流・下流のイメージも大きく異なったであろうから、状況は一段と複雑なものであったであろう。

以上の検討から、四つの方位を等価値とみなす四方位の考え方が成立していく状況は、イー・フー・トゥアンが主張するような簡単なものではなかったと考えられる。それでは、対立的な価値をもつ「民俗方位」から四方位の概念が成立する過程をどのように捉えればいいだろう。

天体観測・暦法・王権の世界像

群立する村落共同体は、当然のことだが農耕を基盤とした共同体である。この事情は、巨大国家へ統合されて初期の専制国家が成立した後も変わりはない。農耕の制御にとって最大の関心は天候や季節の変化の予知である。季節の変化は太陽の周期に依存するから、正確な太陽暦の編纂は古代文明にとって最重要課題の一つであった。

文明の初期の暦法は、月の満ち欠けというわかりやすい指標に依存する太陰暦である。楕円軌道を描いて運行する月の朔望月（満ち欠けの周期）は、一カ月の単位に半日ほどの変動があり、朔望月の整数倍（一二ヶ月）は一太陽年に一〇日を超える相違がある。たとえば三月三日というように、私たちが日々に名称を与え特定する行為は暦があってこそ可能である。日々それぞれにまだ名称がなかった時代、人々は日々の特定を、平易な指標である月の変化、満ち欠けに求めた。したがってまず太陰暦が生まれたことは必然である。しかし月の周期は太陽の周期とはかみ合わず、農耕の制御の指標にはならない。このため古代の各地の文明は、例外なく正確な太陽暦をつくることを目指した。古代エジプトに限らず、古代インドや古代中国などいずれの文明も天文台を造営し、天文官という役職を置いた理由である。

新石器時代から天体への関心は高く観測の蓄積もあったと想像されるが、組織化された天体観測が始まれ

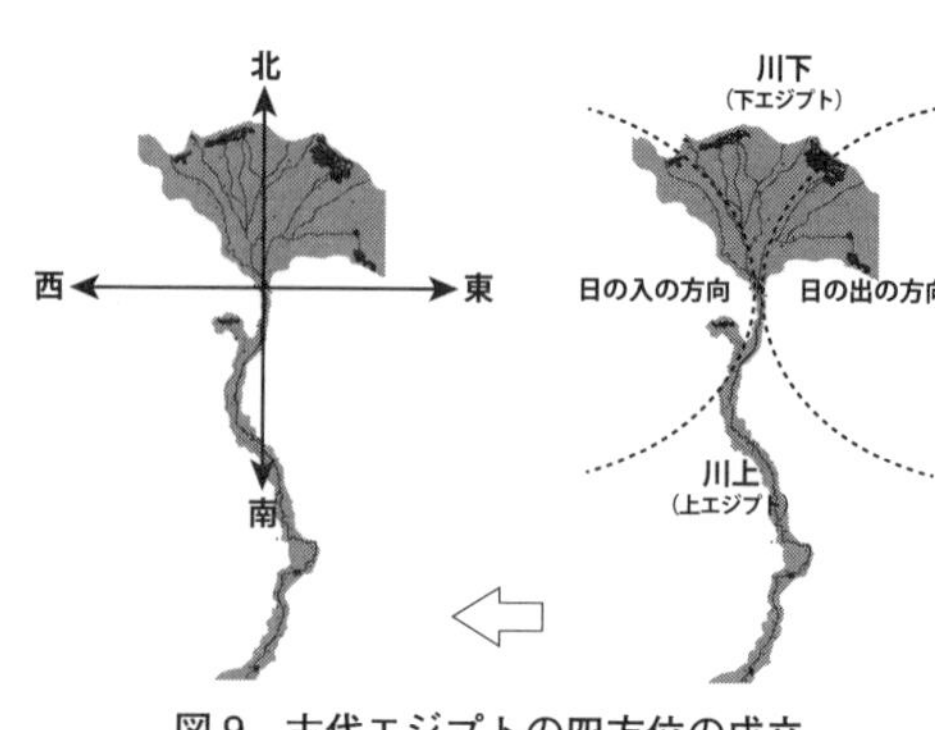

図9　古代エジプトの四方位の成立

ば、北半球では天球（星々）が北天にある中心（周極点）を巡っていること（地球の自転により、地軸の延長の北天に見かけの上で固定した中心があるようにみえる）、日の出と日没の位置が日々移動し、数十度の視野の範囲（日本の緯度では六〇度ほど）を一年をかけて往復すること、その両極（夏至と冬至の日の出、日没の位置）や中点（真東と真西）が季節の節目になることなど、主要な天体の基本的挙動は、地道な観測を通じて精度の高い理解をもたらしたであろう。

天体の運行から導かれた方位観は、北天の不動の周極点（古代エジプトの時代は、りゅう座の胴に位置するアルファ星が合致していた）と、北半球では視認できないが容易に想像し得る、相対する地平線下の南の周極点をもって南と北を定義した。東と西についても、地平線の日の出の中点（春分、秋分の日の出の位置）をもって再定義する。これら四つの方位は、同一のカテゴリーに属するシステムとして組み立てられ、民俗方位の局所性を超えた普遍的（グローバル）な方位の指標に位置づけられた。巨大な版図を抱える専制国家にとって、局所的で多様性のある民俗方位に置き代え、四方位による方位観を採用することは必然のなりゆきであった。

古代エジプトの古い世界像、つまり、ナイル河で分断される日の出の側と日の入りの側の二つの領域、そして南方の上エジプトと北方の下エジプト、ナイル河の上流と下流で構成された民俗方位は、いまや天体の運行を手がかりとした二つの軸線と四つの極を組み合わせたシステムに置き換わる（図9）。

しかし四方位の「発明」は、オリエンテーションの指標という機能については二義的であった。[*14] このことよりも、地の果ての四つの極によって間接的に世界に「中心」が存在することと、二つの軸線の交点によってその「中心」の位置が指示されること、四方位に含意されたこの二つの意味こそが重要であった。東を優位、西を劣位とする民俗方位の対立的な価値は、「中心」と「周縁」の対立に置き換えられた。四つの方位は「周縁」として相互に等価値に扱われ、「中心」こそが至高の価値をもつものと位置づけられた。こうして、理念上の全世界を統治する王権の居所、世界の「中心」が表出されるのである。

天体観測に基づいた新しい方位観は、巨大な専制王権のために組み立てられた新しい「世界像」の機軸として機能することになった。

ピラミッド

方位観が組み換えられた時期は一体いつであろう。ピラミッドの変遷を観察することで、およその時代が理解できる。第三王朝のジョセル王のピラミッドは、当初、マスタバとよばれる低い台のような姿の王墓であったが、宰相イムホテプによって四段重ねの記念碑に増築された。そして、さらに拡大工事が加えられ、最終的に六段構成のいわゆる「階段ピラミッド」が実現した。私たちが知る最古のピラミッドである。マスタバをもとにつくられたため、東西に長い矩形の平面をもち、やや斜方位をとっている。斜方位をとった理由は、当時のナイル河の流れに合わせたとも考えられているが明確ではない。このピラミッドの建設が始まったのは、ジョセル王の在位が前二六八八年から前二六四九年と考えられているから、前二六〇〇年代の早い時期であろう。

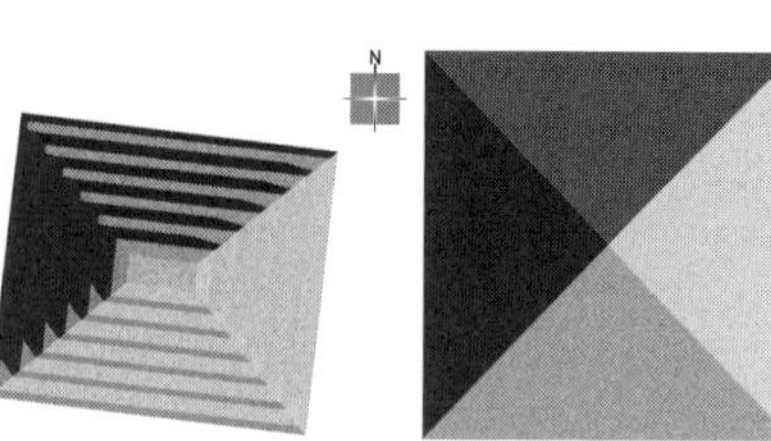

図10　メイドゥムの「崩壊ピラミッド」(右)とジョセル王のピラミッド（左)

一方、第三王朝の最後の王であるフニ王は、メイドゥムに「崩壊ピラミッド」として知られるピラミッドを建設した。このピラミッドは、フニ王の息子で第四王朝の最初の王であるスネフェル王の時代に至って完成する。当初、階段ピラミッドとしてつくられたが、いったん拡大された後、最終的に四角錐の姿のピラミッドとして完成した。完成直前ないし直後に崩壊したと考えられたが、最近の研究では、崩壊に時間がかかったとする反論もある。[*15]

いわゆる「真性ピラミッド」の最初の例であるこのピラミッドの注目すべき特徴は、正方形の平面をもち、四方位に正しく面している点である。直前のジョセル王のピラミッドの時代には、おそらく東西と南北の二つのカテゴリーは、一つの四方位の概念に統合されつつあったと考えられるが、横長の平面をもつ最初のマスタバを構築した時点で斜方位をとっており、まだ民俗方位の影響下にあることを示している。一方、四方位に正しく対面する正方形平面の「崩壊ピラミッド」の成立は、方位観が組み換えられ、天体観測に基づいた四方位の概念が成立したためだと考えるほかはない（図10。右図は崩壊前の姿)。

フニ王の在位は、前二六三七年から前二六一三年である。「崩壊ピラミッド」は当初の階段ピラミッドの計画の時点で、すでに四方位に正しく対峙した正方形平面をもっていた。新しいファラオが誕生すると、すぐにピラミッドの建設が計画されたと考えられているから、正確な四方位による世界の捉え方は遅くともこの王の治世の初期であり、第三王朝の最後の時期、前二六三〇年頃に成立していたとみてよいであろう。[*16]

第四王朝の王たちのピラミッドが並ぶギザ台地では、三つのピラミッドがそれぞれ四方位に正確に対峙し、その正方形平面の対角線上に並ぶように配置されている。これらは北東から南西へ向けて、クフ王、カフラー王、メンカウラー王のピラミッドで、この順に建造された。カフラー王のピラミッドは、クフ王のピラミッドの南西に、最下二段を岩盤から削り出してつくられている。おそらくクフ王のピラミッドと高さを揃えようとして岩盤を切削しているが、この立地を選択した理由は、ピラミッド相互の四方の面を重ね合わせないためであったと思われる。つまり、四方位のどちらからみてもピラミッドの全貌が見渡せること、ピラミッドどうしが重なることなく、それぞれ四方の地の果てまで見通せることが、世界の「中心」に位置することを表す要件と考えられたためであろう。なお、メンカウラー王のピラミッドは、クフ王、カフラー王のピラミッド対角線の延長線からわずかに踏み出しているが、規模が小さいため他のピラミッドと重なる位置ではない（図11）。

図11　ギザ台地のピラミッド群

ピラミッド・テキスト

第五王朝末期に下ると、ピラミッドの玄室に文字テキストが現れる。ウナス王（在位、前二三七五～前二三四五年）のピラミッド玄室に刻まれたピラミッド・テキストである。その中に、次頁に掲載したような表現が含まれている[*17]（W一五〇）。

ラー・アツームは、ヘリオポリス神話の創世神アツーム（アトゥーム）と太陽神ラーが習合した古王国時代の最高位の神格であった。ウ唱えよ。ラー・アツームよ！ ウナスが不滅の精霊たる汝のもとに来た。汝の息子が汝のもとに来た。御身らは闇に集まり共に空を駆ける。御身らは地平線の好みの場所に現れる。

セトとネフチスよ！ 南の神々に、彼らの精霊に、不滅の精霊ウナスがくることを告げよ。ウナスが御身らの死をのぞむならば、御身らは死ぬであろう。ウナスが御身らの生をのぞむなら、御身らは生きるであろう。

ラー・アツームよ！ ウナスが不滅の精霊たる汝のもとに来た。汝の息子が汝のもとに来た。御身らは闇に集まり共に空を駆ける。御身らは地平線の好みの場所に現れる。オシリスとイシスよ！ 走れ！ 北の神々に、ナイルの賞賛者として不滅のウナスがくることを告げよ。水の精霊たちはナイルを賞賛する。ウナスが、かくかくのものの生をのぞむなら、かくかくのものは生きるであろう。ウナスがかくかくのものの死を望むなら、かくかくのものは死ぬであろう。

ラー・アツームよ！ ウナスが不滅の精霊たる汝のもとに来た。汝の息子が汝のもとに来た。御身らは闇に集まり共に空を駆ける。御身らは地平線の好みの場所に現れる。トトよ！ 走れ！ 西の空に、彼らの精霊に、西の山の主たるアヌビスが心臓をかぞえ、それを奪うときのように、頭を飾って、不滅の精霊ウナスがくることを告げよ。ウナスが生きよと望むものは生きるであろう。……

ラー・アツームよ！ ウナスが不滅の精霊たる汝のもとに来た。汝の息子が汝のもとに来た。御身らは闇に集まり共に空を駆ける。御身らは地平線の好みの場所に現れる。ホルスよ！ 走れ！ 東の魂たちに、その精霊たちに、不滅の精霊ウナスがくることを告げよ。ウナスの望むものは……

ラー・アツームよ！ 汝の息子が汝のもとに来た。ウナスが汝のものにきた！ 汝にむかってウナスを立たしめ、汝の腕でウナスをかかえよ！ これこそ永遠に汝の骨肉の息子である！

ピラミッド・テキストW一五〇

ナス王の魂は、東西南北各地の神々に対し生殺与奪の権利をもつことを宣言するが、各地への伝達は南にセトとネフティス、北にオシリスとイシス、西に月にかかわる神であるトト、東に太陽神と習合したホルスが当てられている。しかし英語訳では「北の神々」を「ナイルの谷の神々」と訳しており、原文では「デルタの神々」、「南の神々」を「ナイルの谷の神々」と訳しており、原文ではそれぞれ上エジプトと下エジプトを示した言葉であった。[*18] とはいえ東西の対とともに併記されていることから、「デルタの神々」「ナイルの谷の神々」が方位としての北と南を意識して記されたことに違いはなく、ここに四つの方位が揃って記されていることが注目される。

ヘリオポリス神話では、天空神であ

り女神であるヌトと大地の神であるゲプは、二人の父である（天地の狭間の）空間と風の神であるシュウによって引き裂かれ、三六〇日と考えられていた一年のいずれの日も子を生んではならないとされた。知恵の神トトは月と賭けをして勝ち、先の一年に五日を加える。これは古い暦法（正確に適合していないが太陰暦。六を進法の単位としたメソポタミア暦の影響も指摘されている）が、太陽暦に置き換えられた史実を反映していると考えられている。

ヌトは五日のうちに次々に子を生む。オシリス、イシス、ネフティス、セトは五日のあいだに生まれた兄弟神である。五番目の神はハロエリス（成人のホルス）、あるいはソプドゥなど錯綜したヴァリエーションがあるがこの神話には積極的に登場しない。

王であったオシリスを謀略をもって殺害し、王位を簒奪しようとしたセトに対し、オシリスとイシスの息子であるホルスは、継承権の正当性を主張して王権を取り戻そうとする神であり、古王国の王統の直接の祖先に位置づけられている。したがってヘリオポリス神話は、現実世界の王権の正当性を神話として表明しようとしたものだが、セトは上エジプト、オシリスは下エジプトの古い神であるため、初期王朝から第二王朝の頃の事件、いったん統一を果たした古代エジプトの王権を、上エジプトの勢力が簒奪し

おお、イシスにネフテュスよ。共に来れ。
共に来れ。合一せよ。合一せよ。
このウナスは来る。
神々を〈悩ます〉もの、不滅の魂をもつもの（は）。
地上にある西の民はこのウナスがものなり。
このウナスは来る。
神々を〈悩ます〉もの、不滅の魂をもつもの（は）。
地上にある東の民はこのウナスがものなり。
このウナスは来る。
神々を〈悩ます〉もの、不滅の魂をもつもの（は）。
地上にある南の民はこのウナスがものなり。
このウナスは来る。
神々を〈悩ます〉もの、不滅の魂をもつもの（は）。
地上にある北の民はこのウナスがものなり。
このウナスは来る。
神々を〈悩ます〉もの、不滅の魂をもつもの（は）。
下天に（住む）ものどもはこのウナスがものなり。
このウナスは来る。
神々を〈悩ます〉もの、不滅の魂をもつもの（は）。

ピラミッド・テキストW一五一

ようとした史実が反映していると考えられている。

ウナス王のピラミッド・テキストは、ヘリオポリス神話に現れる重要な神格をすべて四方位に配当している。当時の世界像が東西南北の四つの領域で構成され、四つすべてが揃えば、不足なく全世界を意味すると捉えられていたことを示している。

イシスとネフティスはともに女神、姉妹であり、謀略で殺された長兄オシリスを鳶に変身して復活させた。オシリスは復活後に冥界を司る神となり、ミイラである死者と同一視される。ピラミッド・テキストW一五一では、[*19]死後のウナス王がオシリスと同一視され、「神々を〈悩ます〉」不滅の魂をもつものとして復活し、東西北南（古代エジプトの慣用の順）それぞれの民、そして下天も加えた全世界を支配下に置く存在であることを表明する。

ホルスの四人の息子

ピラミッド・テキストの中には、「ホルスの四人の息子」についてたびたび言及がある。息子たちイムセティ、ハピ、ドゥアムテフ、ケベフセヌエフの四柱の男神は、四つのカノプス壺それぞれの守護神であった。カノプス壺は、ミイラから取り出した四つの内臓をそれぞれ別個にミイラ化して収めた壺である。これらはカノプス棺に収められ、本体の棺の近くに安置される。おそらく中王国時代（前二一世紀中〜前一八世紀頃）までには、これらの神は四方位と結びつけられていたようである。つまりイムセティは南、ハピは北、ドゥアムテフは西、ケベフセヌエフは東に、それぞれ配当される。[*20]

一方、ホルスの四人の息子たちはそれぞれ四柱の女神の庇護を受けている。[*21]これらの女神は下エジプト第五ノモスの女神であるネイト、出身地の詳細は不明だが上エジプトの神と考えられているセルケト、そしてイシスとネフティスである。ネイトとセルケトは出身地に合わせてそれぞれ北と南に配当された。また、オシリスを復活させる際、オシリスの遺体を、頭を東に足先を西に向けて横たえ、その枕元にネフティス、足下にイシスが位置して鳶に変身し復活の儀を行った。このため、イシスは西にネフティスは東に配当される。

さて、この二組の方位神は、世代として祖母と孫の関係にある。そして先に述べたように守護者（祖母）と被守護者（孫）の関係にある。その関係はネフティス（東）がハピ（北）を、ネイト（北）はドゥアムテフ（西）を、イシス（西）はイムセティ（南）を、セルケト（南）はケベフセヌエフ（東）を、それぞれ守護するという関係である。それぞれのペアは、奇妙なことに方位によってまとめられたものではなく担当する方位が食い違っている。

この事情は、新王国時代第一八王朝のツタンカーメン王（前一三三四〜前一三二五年）のカノプス棺をみれば一目瞭然である（図12）。四方位に正確に合わせて置かれたほぼ立方体のカノプス棺は、その中に四つ

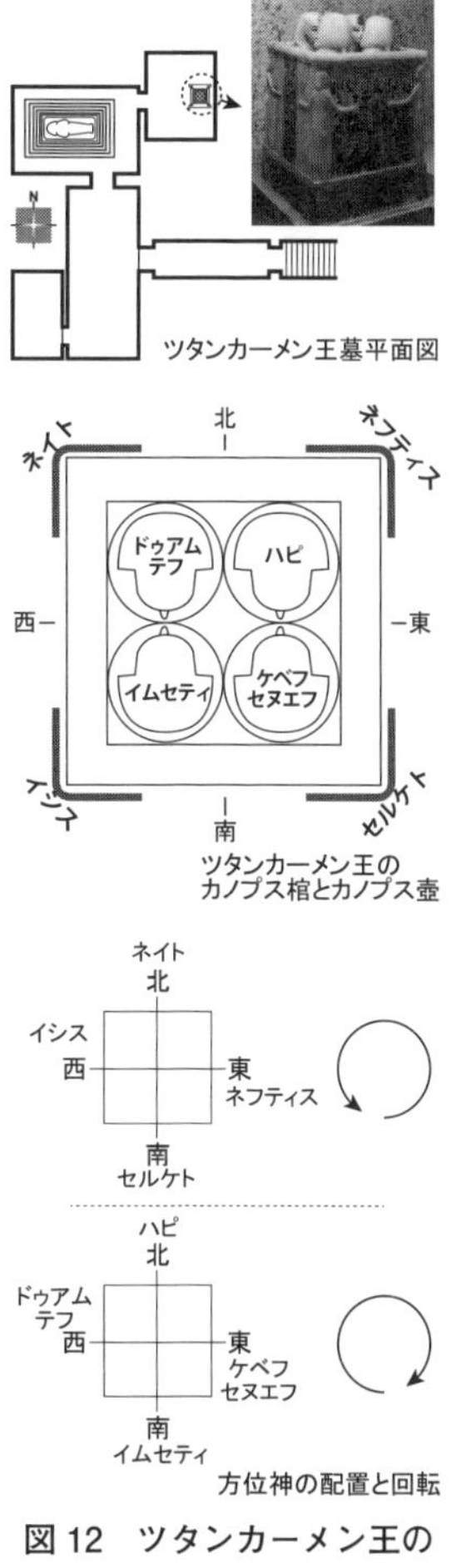

図12　ツタンカーメン王のカノプス壺の配置

のカノプス壺を隙間なく収めている。円形の平面をもつカノプス壺は配当された方角から必然的に45度回転し、それぞれカノプス棺の四隅に収まっている。一方、カノプス棺の外面では、その四つの角に四柱の女神がそれぞれ両腕を広げた姿のレリーフとして配置される。両腕を広げることで棺の内のカノプス壺を抱き、庇護することを現しているのであろう。このとき内のカノプス壺と外のレリーフとが、逆方向に回転したような配置をとることで、先のような守護と被守護の関係が実現している。

この逆方向の回転と守護、被守護の関係は、もしカノプス棺底面の対角線を四方位軸に合わせていれば現れることのなかった事態である。しかしカノプス棺は、その四面を四方に正対するように置かれている。この原因は、世界が四つの領域で構成されているから、その姿を正方形としてと捉えていたことに起因している。そして、四方位の概念が精度を上げ、漠然とした領域から軸線のイメージへと成長したことによって、新たな領域として「四維」（北東、北西、南東、南西）の概念が生まれつつあったことを暗示するものだと考えられる。つまり、たとえば「東」と「北」を合わせて「北東」として方角を示そうとすることと同様の事態が起きている、と考えることができる。

四方位と中心の成立

民俗方位は、視野に収まる具体的な世界の中に指標を見出し、これをもとに世界のイメージを組み立てる。したがって前アジアの時代の集落や都市それぞれが、生活の場の地形や視界に合わせて多様な方位観を組み立てていた。このような特殊個別な方位観に対し、専制国家の成立は、人の視野をはるかに超えた広大な領土を対象に、観念としての全世界のイメージを構築する契機となった。

古代エジプトでは紀元前二六三〇年頃を境に、個別の民俗方位を凌駕するグローバルな四方位の考え方が成立したと考えられた。この方位システムは、世界に「中心」が存在することとその位置を明らかにし、死後神となった王の力を示そうとして王墓のデザインに採用された。この方位システムは、結局、王権が（現実は限られた領土だが）理念として全世界を統治し、君臨することを視覚的に示そうとするのである。

正確に四方位に合わせたピラミッドは、第三王朝末期になって現れたが、第四王朝以後のピラミッド葬祭殿は必ずピラミッドの東辺中央に接続して構築された。生者が死者を祀る行為は、生者の側から死者の方向を向く、つまり東側に位置して西を向くことと考えられたためであろう。このような考え方は、新しい四方位の概念の中に前代の民俗方位がもつ対立的な価値観が複合し、生き延びたことを示している。

そしてまた、新王国時代のテーベ（ルクソール）につくられたハトシェプスト葬祭殿は、ここでは南西から北東へ流れるナイル河を挟んでアメン神殿と同一の軸線上で対面しており、具体的な環境に従ったローカルな方位軸ともいうべきものの存在を示している。四方位の概念が確立しても、前時代の方位観が容易に消失しなかったことにも注意しておきたい。

3・3　メソポタミアの方位観

メソポタミアの四方位の観念は、古代エジプトに比べてたしかな記録が現れるまでに長い時間がかかっている。前二一五〇年頃になって四方位の手がかりが現れるが、古代エジプトのように明確な例が少ない。そして後述するように、四方位による方位観が与えた都市や建築への影響は限定されたものであった。

メソポタミアに統一王朝が生まれる以前（～前二三五〇年頃まで）、シュメール人とアッカド人は、チグリス・ユーフラテス河の下流と上流に住み分けていた。灌漑事業を発明したことで経済的に安定したそれぞれの部族共同体群は、相互に独立した都市国家、つまり規模を拡大した前アジア的な共同体として長く併存する状態にあった。メソポタミアでは、古代エジプトの谷のように耕作面積に限界をもつ地形ではなく、灌漑事業によって耕作地を拡大することが比較的容易であった。このことが、長いあいだ都市間の深刻な衝突に至らなかった原因であろう。それぞれの都市は、守護神を祀る神殿をもち、前章で述べたように、相互に他の神々を認め、役割分担もみられる多神教世界をつくりあげていた。

「四方世界の王」

しかし、前三〇〇〇年期の後半に入ると、都市国家群どうしが覇権を争う闘争の時代へと徐々に移行していく。前二三五〇年頃に至り、シュメールとアッカドを含む多くの都市はサルゴン王によって統合され、イラン東部から小アジアにまたがる巨大な専制国家、アッカド王朝（前二三三〇〜前二一〇〇年頃）が成立した。この王朝は、第四代の王ナラムシン（在位、前二一五五〜前二一二〇年頃）の時代になって一挙に版図を拡大し、イラン高原、ペルシャ湾、地中海沿岸、アナトリア地方までを支配下に収める。ナラムシンは、自身を「アッカドの神」（アッカド支配下の全土の神の意）と称するようになり、王の称号を、それ以前に例のない「四方世界の王」とした。[*22] この称号は、それまでの称号であった「全土の王」（原意はシュメール地方とアッカド地方を合わせた意であろう）と比較したとき、アッカドからみてすべての方角の土地を統治する大王の意、と捉えることができる。四つの世界が揃って全世界となることを含意しているとみられるから、ここには四方位が示す世界像が潜在していると考えられる。したがってこの称号は、ナラムシンが単なる王ではない「大王」であることを示そうとしたものである。巨大な専制国家となったアッカド王朝の王権にふさわしい、理念として全世界を統治する権力を示す称号として考え出されたことを示している。この称号は、四方位の概念とこれによって組み立てられた世界像を間違いなく含んでいると考えられるが、古代エジプトの四方位の概念が明らかになった時代（前二六三〇年頃）に比べて五〇〇年程遅れて現れている点に注意しておきたい。

またメソポタミアでは、前二〇〇〇年紀（したがって遅くとも前一〇〇〇年以前）の制作と考えられた、前後左右に合計四つの顔をもつ小振りの神像が出土している。この神像については詳細がよくわかっていない。しかしこの姿も、四方位の概念がたしかに存在していたことを暗示している。私たちが知る代表的な四面像は梵天（ブラフマー神）像である。四面の像の意味については第三章の古代インドを扱う項であらためて取り上げよう。

ナラムシンの称号に現れた「四方世界」は、東西南北の四つの世界がすべて揃うことによって、欠けることのない全世界になることを意味し、周縁が指し示す世界の「中心」に王の居所があることも含意している。そして巨大国家の大きさとこれを統べる大王の力を象徴している。しかしこの称号は、アッカド王朝の終焉以後ほとんど使われた形跡がみられない。次に現れるのは、アケメネス朝ペルシアの時代に下ってからである。

前五三九年に新バビロニア王国を滅ぼしたアケメネス朝ペルシアの王キュロス二世（在位、前五五九〜前五三〇年）は、バビロニア式の円筒印章を残している。この円筒印章は、メソポタミアで使われたいくつもの王の称号をキュロス二世の称号として並べている。もっともよく使われた称号は「諸王の王」とする直接的な名称であったが、それらの称号の中に「四方世界の王」が併記されている。理念としての全世界を統べる大王のイメージは、たしかにペルシア帝国に引き継がれたのである。

古代ギリシアの壺に描かれた図像に、ギリシアの戦士に打ちのめされたペルシア兵の姿が描かれている（図13）。このペルシア兵がもつ軍旗は、正方形ともみえる矩形の旗に二本の対角線を描いたものである。正方形を四つに区分したこの旗の意味は、この時代のペルシアが「四方世界」すなわち全世界を統治する存在であることを図像化したものとみられる。

図 13　ペルシア軍旗

神像と聖域

チグリス・ユーフラテス河は、平坦な大地を流れている。自然の集落から発達していったメソポタミアの都市は、幾度もこの大河の氾濫にみまわれた。ひとたび洪水が発生すれば大地はごく浅い海と化し、建物は足下の日乾レンガが溶解して崩れ、水に浸って泥土に戻る。こうして泥土が堆積し、その上に再び構築された都市は、洪水のたびにさらに泥土を堆積させる。このサイクルが「テル」とよばれる半人工的な丘陵を形成する。都市は堆積した泥土の上に繰り返しつくり直され、徐々に高度を上げていった。

都市住宅の再建は、洪水による溶解を免れて地下に残った建物の基礎を再利用し、高さを増してその上に再構築することを積極的に繰り返した。[*23] 建物基礎の再利用は法的に推奨されたが、洪水のたびに敷地境界線を巡る揉めごとがたえなかったためである。この結果、都市の地割は自然発生した集落当時の状態を踏襲することになり、都市の輪郭と道路網は、不規則で複雑な様相を長く維持することになった。この様子は、前一五〇〇年頃の粘土板に描かれたニップール市街の簡略な地図によく示されている（図14）。

神域では限られた敷地の中で、堆積した泥土を積極的に神殿の基壇として利用し、拡大を図り高さを増していった。また都市によっては基壇上の神殿の数が増加する傾向もみられる。拡大した基壇の輪郭には、比較的明確な規則性がみられるようになるが、神殿群の配置は不規則で、継時的変化とみえるものが多い。

初期王朝時代（前二九〇〇年頃～前二三五〇年）の前半は、祭祀と王権が一体であり、祭祀王が君臨していたと考えられる。都市神は都市を所有し、都市の主宰者として市民を支配する存在とみなされた。市民たちは、王も含めて都市の主宰神へ奉仕するために存在する。神への最大の奉仕である祭祀を司ることが、王の特権であり義務であった。神殿では神像に向けて日々豪華な料理を供え、決められた期日に祭礼を行った。このため神殿は、竈や炉をもつ部屋を付属させるものが多い。

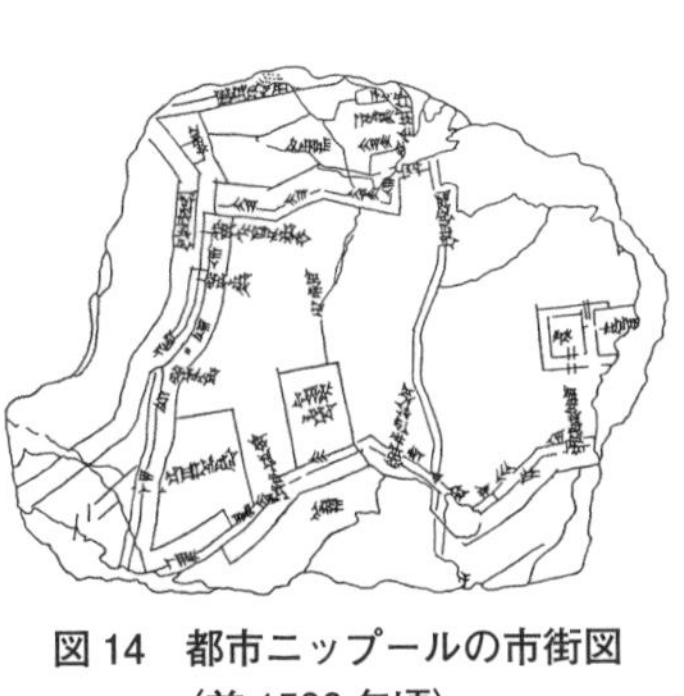

図14　都市ニップールの市街図（前1500年頃）

神室は細長い平面をもち、最奥に神座を配置し、やや離れて祭壇を設けている。神座と祭壇は離れており、いったん祭壇に備えた供物を、神官が神像まで運びながら日々の儀式を執行したようである。前章で述べたように神像の出土例はないが、史料から推察される内容は、神像のために装飾品や衣類などを準備し、祭礼に合わせて着せ替えていたことなどである。都市間の戦争では勝利した側が敗者の神像を「人質」としてもち帰り、また神像を取り返そうとして報復が繰り返された*24（一一頁図5）。これは都市の主宰者を奪って人質にとることを意味し、したがって勝利の証になり

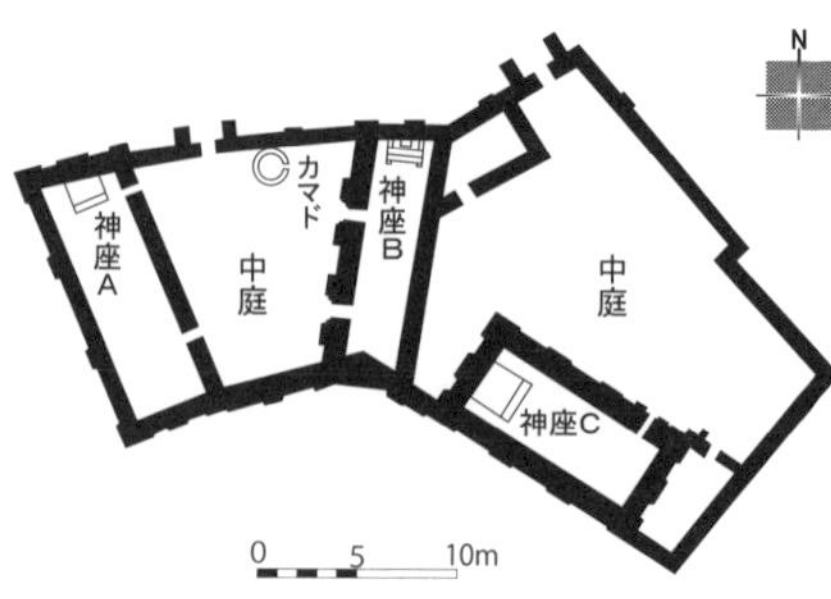

図15　ニンテゥの神殿（前2750年頃）、カファジャ

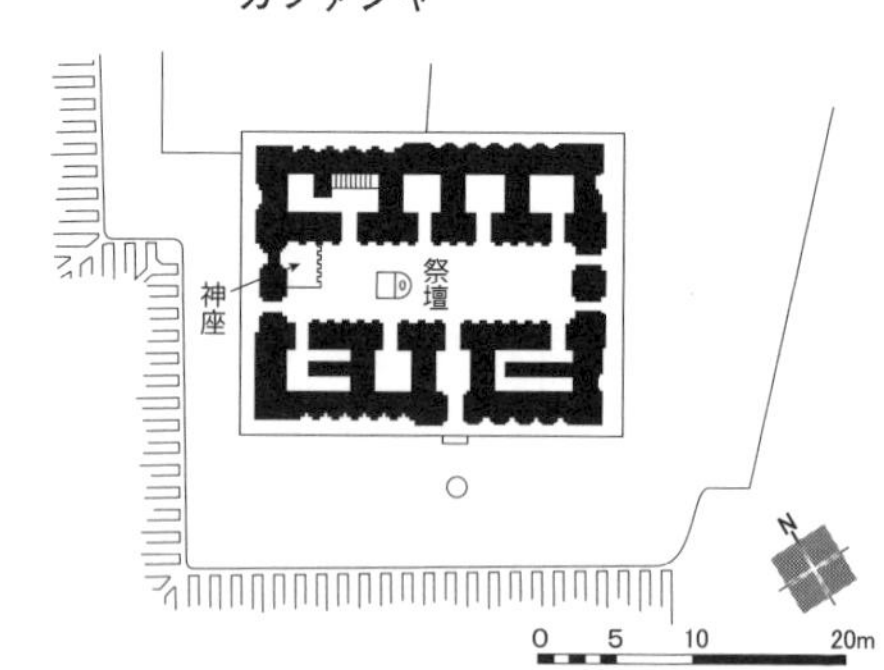

図16　アンの神殿（前3100～前3000年頃）、ウルク

えたことを意味している。

初期王朝時代を経て、アッカドの時代に下って専制王権が成立した後も、都市や神殿の姿に明確な計画性がみられるようになるまで時間がかかっている。神殿に関しては、カファジャのシン神殿（前三四〇〇～前二五〇〇年）のように継時的に拡大していった不整形の神殿もみられる。カファジャのニンテゥの神殿も同様の例で、三つの祭壇を供えた複雑な平面をもっている（図15）。

一方、ウルク後期にあたる前三〇〇〇年頃から、高い基壇とともに対称性の気配がみられる例もある。ウルクのエアンナ地区の神殿やアン（アヌ）の神殿は横長矩形の平面をもち、中央を細長い一室として両脇に複数の小室を設けた復原案では、その妻側に一見して対称性が実現しているともみえるデザインが認められる。しかし、南西に面した長辺では中央を外して入口を設け、神像の位置も中心軸上から外れて中央室の隅に位置している。これは対称性がいまだに明確に意識されていないことを示している（図16）。

一方、先に述べたアッカド王朝（前二三五〇～前二二〇〇年）の第四代、「四方世界の王」ナラムシンの時代には、対称性のあるアプローチと平面計画がみられるようになり、ウル第三王朝の頃（前二一〇〇年頃）にはたしかな左右対称の姿が現れる。この時代は度量衡が統一され、シュメールの王ルガルザゲシやアッカドの王サルゴンが目指した中央集権体制が一定の完成をみたと考えられた時代である。前二一〇〇年頃、ウル第三王朝のウル・ナンム（在位、前二一一三～前二〇九六年頃）とシュルギ（在位、前二〇九五～前二〇四九年頃）が造営したウルのジグラトは、英国の考古学者ウーリー卿によって三層の基壇上に神殿を載せた対称性のある姿に復原された[*25]（図17）。

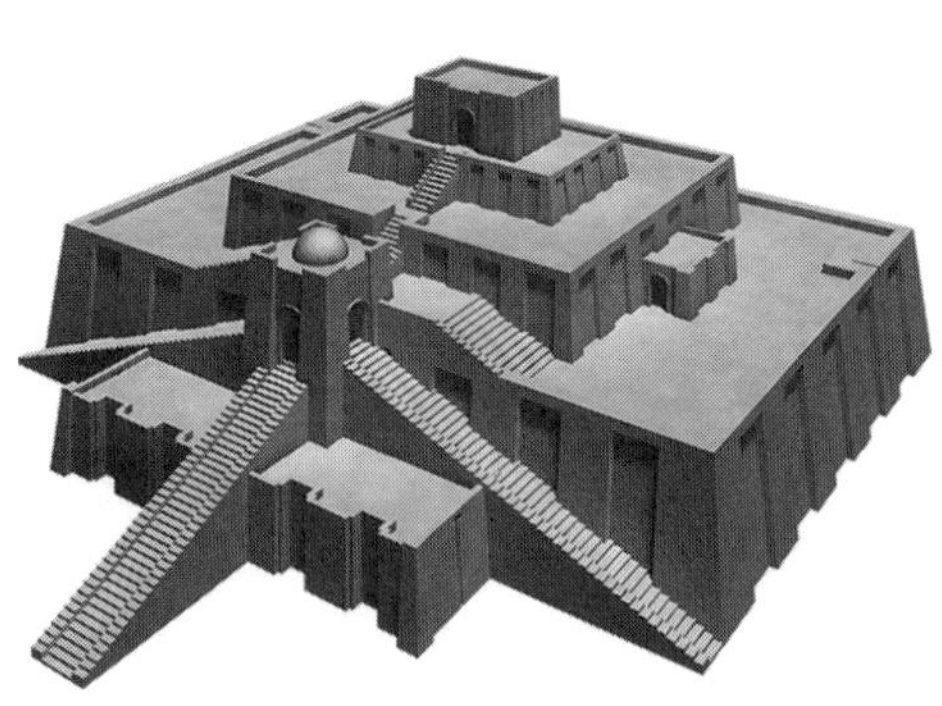
図17　ウルのジグラト復原図（前2100頃。ウル・ナンム再建時）

神殿建築に限れば早い時期から対称性の気配がみられるものもある。しかし、ウーリーの復原が正しければ、基壇やアプローチを含めて対称性が実現する時期はウル第三王朝の時代、つまり専制国家の体制が整う時期まで下る。一方、神殿が四方位に合致する配置計画は、メソポタミアの歴史を通じてほとんどみられない。各都市は、不整形の複雑な平面と道路網をもつことが多く、その一角を占める神域もまた、これらの輪郭に支配されつつ継時的発展を経てきたためであろう。次頁図17のウル・ナンム造営のジグラトも同様で、北東から東北東に向けたアプローチを配置している。これは、ナラムシンが建立したジグラトの基壇に被せるように、基壇を大きく高く構築して再建したものだと考えられている。さらに、ナラムシンの造営がすでに再建であったことも指摘されている。代々の神殿の位置をそのまま踏襲するため、あらためて四方位に合わせて構築するには周囲の制約が多すぎたためであろう。

理念上の全世界を統べる王を示す「四方世界の王」という新しい称号は、メソポタミアに、ついに強大な専制王権が出現したことを物語っている。しかし最初の統一王朝は短命で再び都市国家が乱立するようになる。そして、ウル第三王朝の時代になって明確な左右対称の姿をもつ神殿が実現した。とはいえ四方位に正しく合致させた配置計画はほとんどみられない。多くの神殿が具体的な方位から造形の対称性を切り離して実現した、あるいはそのようにせざるを得なかったところに、メソポタミアの特殊性があると考えられる。

メソポタミア建築の記念性

テルが次第に嵩上げされていった状況は、河川が繰り返し氾濫したことで起きた不可避的な事態であった。しかしいずれかの時点で、氾濫から神殿を守るために基壇の高さを増すことが、神殿の威信を高めることとみなす捉え方の転換が起きたようである。その気配は専制国家が成立する以前に認められるが、専制国家が成立して以後、一段と積極的に受け止められるようになった。

後の新バビロニア王国（前六二五～前五三九年）の首都バビロンのジグラト（バベルの塔）が示すように、基壇を重ねて高度を増して神殿を積載していた段階から、多数の階層を重ねたともみえる高層建築のアイデアへと発展する。とはいえ、最上階に神殿をもち上げるための階層であるから、個々の階層は内部空間をもたず、目指すところは基壇を重ねるアイデアと異なるものではなかった。新バビロニア王国時代のバビロンのジグラトは、このようにしてその最上階にマルドゥク神の寝所である神殿を載せていた。

都市内の敷地は制約が多く、現実にとり得る選択肢が限られていたため、巨大さを目指すことに限界を抱えていたジグラトの発達過程は、高さを獲得することで記念性を実現しようとしていった。旧約聖書に表れるバベルの塔は、人が神に近づこうとして天を目指した不遜な構築物であったため、工事が頓挫するという厳しい評価の説話に仕立てている。しかし塔状となった本来の目的は、王権の力の象徴である三つの記念性のうちの一つである巨大さを、その延長にある高さの獲得によって実現しようとしたものである。メソポタミアの記念性は、このように限られた条件のもとで、やや趣を異にして実現していった。

3・4　古代インドの方位観

古代インドの方位観についても、時代を遡るほど濃い霧に包まれ不明なことが多い。しかし方位への言及は、やや下った時代以後、多様な史料の中に継続的に見出される。これらを時間軸に添って並べてみると、おそらく紀元前三〇〇年以後から紀元前後に至る過程でインドの四方位の観念が確立したことがわかるとともに、その過程の概略をみることができる。

バラモンの聖典

神々への賛歌を集成したインド最古の文献『リグ・ヴェーダ』の成立時期は、所説あって明確ではないが、遅くとも前一〇〇〇年までには成立していたと考えられている。『リグ・ヴェーダ』の中で、方位に言及した記録はごく少数だが注目すべきものがある。

『ヴェーダ』文献は、いずれも口頭伝承の長い時代を経て文字化されたが、そのテキストも最近まで貝葉（ばいよう）に記されていた。このテキストは貝葉を束ねて紐を通し、これを縛って綴（と）じたルーズリーフの状態である。

このように頁の増減が容易な記録形態であったため、時代が下るにつれて記述が加えられる傾向にあった。この結果、一まとまりのテキストの中に「古層」の記述と後の時代に加えられた「新層」の記述が併存している点に注意を要する記録である。

古代インドの原初の方位観も、部族共同体それぞれを巡る環境によって多様な民俗方位が存在していたであろう。おそらく祭祀にかかわるもので、東を「前」、西を「後」とする素朴な「民俗方位」が地域を超えて存在していたと考えられる。バラモンが祭祀のたびにつくる祭場においても、東が好ましい方向であり西は忌むべき方向という対立する価値が継承された。東西二つの方位については、『リグ・ヴェーダ』の「古層」に「東」と「西」に位置する海への言及がある。一方、『リグ・ヴェーダ』の「新層」と考えられている第一〇巻では、[*26]「四個の先端を持つ大地」（X・五八・三）、「四方」（X・五八・四）などの記述がある。ヴェーダ学の泰斗である辻直四郎は、大地を正方形とみなした表現と捉えている。[*27]

新層とみなされた第一〇巻が加えられた時代は明瞭ではないが、「大地」の輪郭を正方形と考えた背景には、その前提となる四方位の概念が潜在していたことが容易に想像される。後述するように、古代インドの四方位の概念は西方からもたらされたとみられる。したがって『リグ・ヴェーダ』第一〇巻が成立した時期は、おおまかな位置づけだが、後期ヴェーダ時代の末期かそれより後の時代とみてよさそうである。四方位の成立についてはマウリヤ王朝以後と考えられているから、もっとも早い時代を想定しても前三〇〇年頃が上限で、従来想定されてきた成立時期よりも時代が下る可能性がある。

仏教など新しい宗教が生まれる以前、南アジアの古代文明には明確な宗教施設といえるものは存在しなかった。バラモン教の祭祀では、儀式を行うたびに草などを敷いた仮設の祭場を設営し、終わればを残さないよう注意深く撤去された。たとえば図18のシュラウタ祭式の祭場の様子は、正確に東を向いた東西に長い矩形の輪郭をもったものである。東西に長い矩形はいわば「神聖図形」として後代に影響を与え続けたもので、七二頁図24のように、古代インドの理想化された都市の姿などに繰り返し現れている。ごく初期の例は仏陀の言葉として『大般涅槃経』（大パリニッバーナ経）に記されたものがある。*28

仏陀の時代、地方の小都市にすぎなかったマッラ族の都クシナーラー（クシナガラ）は、かつて「世界を支配する帝王」であり「四辺に至るまで征服し」た「大善見王の首都で、〈クサヴァティー〉という名であった」と記し、「長さは東西にわたって一二ヨージャナあり、幅は南北にわたって七ヨージャナ」（二〇・一八）という巨大な都市であったと記している。

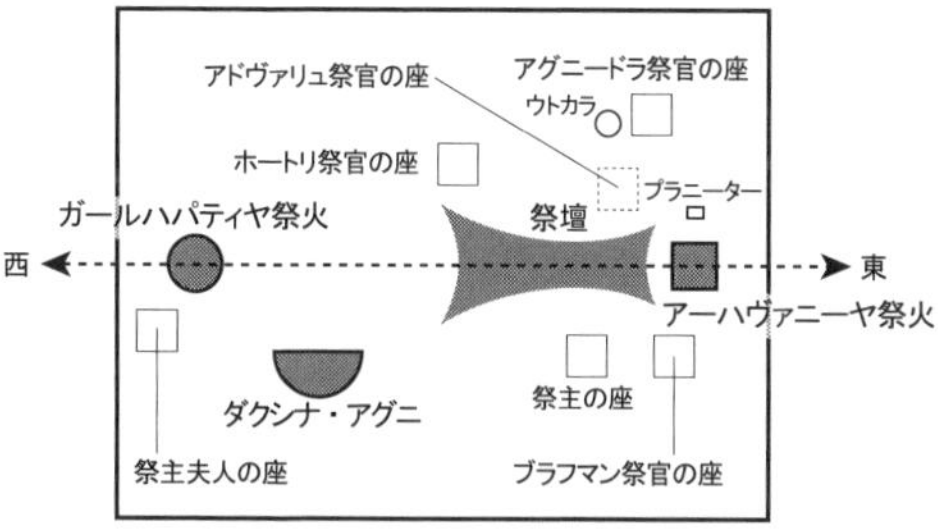

図18　「新月・満月祭」の祭場見取図（「シュラウタ・スートラ」）

古代インドでは、世界を統べる大王や皇帝と同等のインド的表現として「転輪聖王」という称号が存在した。後の本生譚（ジャータカ。釈尊などの前世を物語として記す）では、仏陀の前世がこの大王であったと考えられるようになる。『大般涅槃経』に現れる「大善見王」は、「転輪聖王」という称号が固定する以前の名称であり、やはり世界を統べる大王の意で用いられている。このような表現が現れることは、この経典の背後にインド亜大陸を初めて統一したアショカ王（前二六八～前二三二年頃）のイメージが潜在していること、そのような専制国家の王権と仏教との距離が近いものであったことを示している。

大都市クサヴァティーは、東西と南北が一二と七という単位の整数倍の

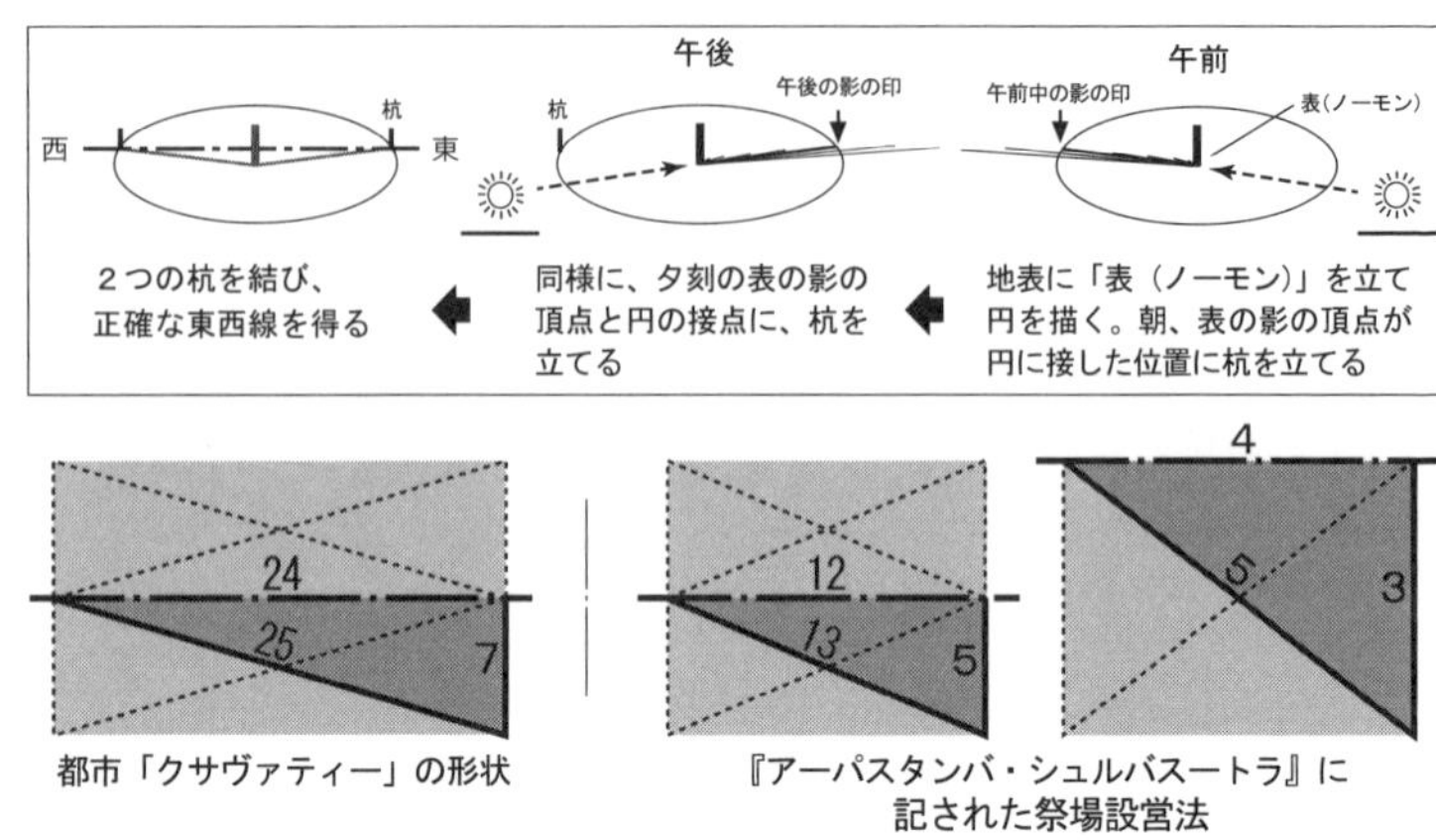

図19　バラモンの祭場設営法と「クサヴァティー」

値をとる。この数値の意味を知るために、シュラウタ祭式の祭場設営法から検討を始めよう。紀元前後頃の編纂とされる、バラモンの祭場設営の技法を記した『アーパスタンバ・シュルバスートラ』の手順では、まず、日時計を用いて大地に正確な東西軸をつくり（図19上）、祭場の大きさに合わせて両端に杭を立てる。そして、三辺が三・四・五となる直角三角形のうち、祭場の東西の長さを長辺四としたときの短辺（三）と斜辺（五）の長さを合わせたロープを用意し、三・五に分かれる位置に目印を付けて両端を杭に固定する。目印を二か所の隅に引っ張り、二つの杭の位置を加えて祭場の四隅を得て輪郭を定める（結果は短辺三、長辺四の矩形。図19下右）。さらに、図19下中のように、五・一二・一三の三辺をもつ直角三角形のうち、短辺と斜辺を合わせた長さのロープを用い、四隅に引っ張ることで祭場の区画を得る方法も記している。[*29] これは短辺一〇、長辺一二の矩形となる。二つの方法は異なる手順だが、いずれも三辺に整数値をとる特別な直角三角形に基づいており、その特徴を巧みに利用したものである。

大都市クサヴァティーの輪郭も、三辺に七・二四・二五という整数値をもつ特別な直角三角形に基づいている。第二の方法と同様に、ロープを四隅に引っ張ることで、短辺一四、長辺二四（したがって七単位と一二単位）とする矩形がつくられる（図19下左）。したがって「クサヴァティー」の描写は、バラモンの祭場設営法の延長上に成立した表現であった。

これらの神聖図形は、正確な東西軸を基準に東西に長い矩形として構築される。したがって、東西の方位が重要視され、南北の方位の対の重要度は、東西の対に及ばない存在であったことがわかる。

仏典

初期仏典の表現では、東と西を一対の言葉とし、北と南をまた別の対語として表現している。[*30] しかし、時代が下ると四方位が別個の対であった認識が薄れ、いわゆる「プラダクシナ（右回り。右繞）」に合わせて東、南、西、北の順の表現が固定するようになる。四方位はここに至って一つのまとまりとして理解されるようになった。

さて、先に挙げた『大般涅槃経』に、クシナーラーの近郊で入滅した仏陀の遺体を火葬の地まで運ぶ、葬列の順路に関する記録がある。マッラ族が葬列を組んで火葬地に向かおうとすると、仏陀の遺骸を収めた棺がもち上がらないという事態が起こる。少し長いが引用しよう。

そこでクシナーラーに住むマッラ族の人々は、尊者アヌルッダに次のように言った。「マッラ族のこれらの八人の首長は、頭を水に浸して（洗い）、新しい衣を着けて、〈われらは尊師の遺体をもち上げて運んで行こう〉と思ったが、もち上げて運んで行くことができなかったのは、いかなる原因、いかなるわけが

あるのですか。尊い方よ。」（六・一四）

……（中略）……

「ヴァーセッタ（マッラ族の長）たちよ。お前たちの意向は、〈われらは、……（中略）……南に通ずる道路によって都市の南にはこび、外に通ずる道路によって都市の外にはこび、都市の南において、尊師の遺体を火葬に付そう〉というのである。ところが、ヴァーセッタたちよ。神霊たちの意向は〈われらは……（中略）……北に通ずる道路によって都市の北にはこび、北門から都市の中に入れて、中央に通ずる道路によって都市の中央に運び、東門から出て行って都市の東方にあるマクダバンダナ（天冠寺）と名づけるマッラ族の祠堂に進んで、そこで尊師の遺体を火葬に付そう〉というのである。」（六・一五）

『大般涅槃経』

仏陀が入滅した地である「ウパヴァッタナ」が、クシナーラー郊外のどの位置にあったかは記されていない。パーリ語経典の注釈では都市の東側と推定している。[*31] しかし葬列の順路の中には、四方のうち唯一つ「西」だけが現れない。したがって葬列の起点は、都市の西であったと考えることが自然であり無理がない。注釈がウパヴァッタナを東と考えたのは、東が最優位の方位であったためであり、仏陀入滅の地を、経典から自然に想定できる負の価値をもつ西の方位とすることに抵抗を感じたためであろう。

この経典の成立時期から少し後の時代の成立とみられる『マヌ法典』の記録と比較すると、方位の捉え方がよく理解できる。[*32]

死んだシュードラは都城の南門から運び出すべし。ドゥヴィジャは、正しく［ヴァイシャ、クシャトリア、ブラーフマナの順に］西、北および東門から［運び出すべし］。（五・九二）

『マヌ法典』

東西の対と南北の対の相違が消失し、四つの方位が一つのセットとして捉えられているとともに、それらの価値がプラダクシナ（右回り。右繞）の順に合わせて一段ずつ上っていく。そして、ヴァルナ（カースト）の序列と方位の価値とを対応させている。この記録を参考に、仏陀の葬列に関する意見の相違を整理すると、

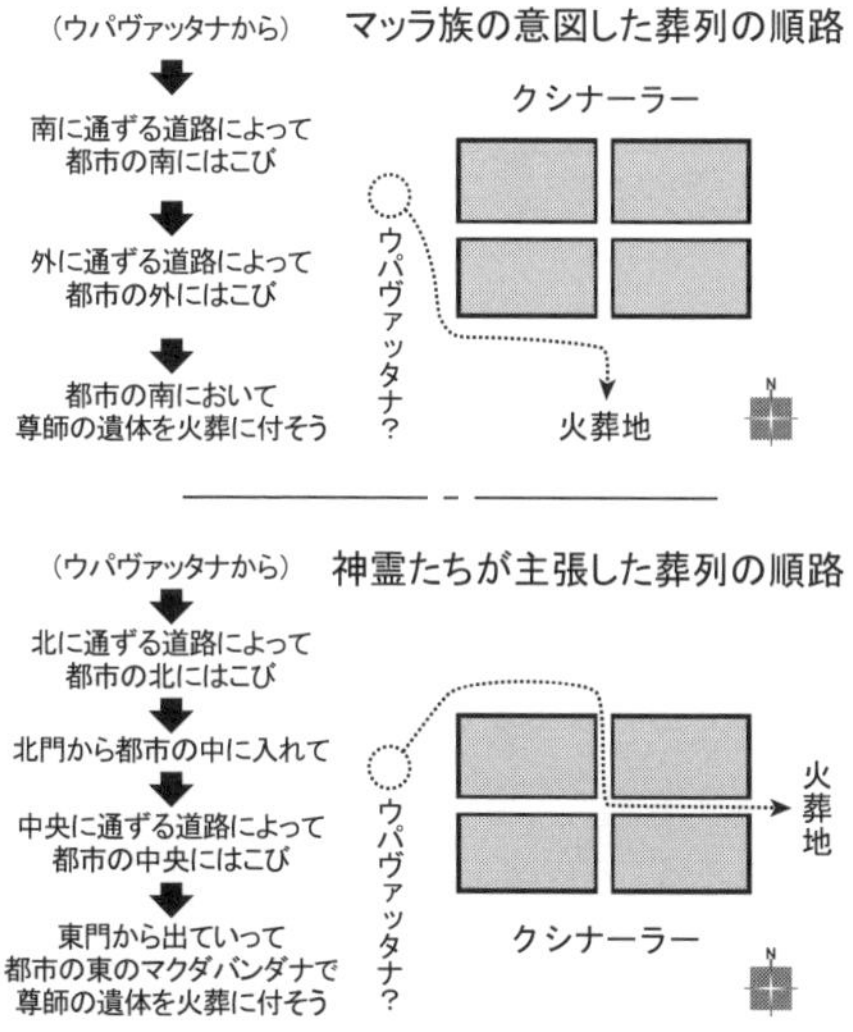

マッラ族の意図した葬列の順路
（ウパヴァッタナから）
南に通ずる道路によって都市の南にはこび
外に通ずる道路によって都市の外にはこび
都市の南において尊師の遺体を火葬に付そう
クシナーラー
ウパヴァッタナ?
火葬地

神霊たちが主張した葬列の順路
（ウパヴァッタナから）
北に通ずる道路によって都市の北にはこび
北門から都市の中に入れて
中央に通ずる道路によって都市の中央にはこび
東門から出ていって都市の東のマクダバンダナで尊師の遺体を火葬に付そう
ウパヴァッタナ?
火葬地
クシナーラー

図 20　仏陀の葬列（『大般涅槃経』による）

マッラ族の提案は、（都市の西を起点として）都市の外を南に運んで南の地で火葬に付す、という提案である。南は否定的な価値をもつ方位であり閻魔（ヤマ）の方位、死の方位である。したがって火葬の地として自然な選択である。しかし神霊たちの提案は、都市の北を通って都市の中を通過し、中央の十字路で東に折れて都市の東に進み、マッラ族の聖地において火葬に付す、という提案であった。以上の経路は図20のように整理される。

マッラ族の長老たちの提案にことごとく反対項を示した神霊たちの提案は、ヤマ（閻魔、死の神）

の方位である南を避け、優位な方位である北と東を通る。さらに、都市の中に死穢をもち込むともみえる提案である。これは心霊たちが、仏陀の入滅をただの忌むべき死ではなく、その対極に位置する入涅槃という崇高な出来事、と解したことを示すものであろう。ここに現れた方位の価値の位置づけは、四方位の概念が成立した後であるにもかかわらず、民俗方位の時代に起源をもつ対立する価値観が重ね合わされ、消えずに残っていることを示している。

四方位に神々が配当された時代は不明瞭だが、紀元前一〇〇年頃の成立と考えられているナーナーガート窟院の碑文に方位神の言及がみられる。これはインドラ（帝釈天）を東、ヤマ（閻魔）を南、ヴァルナ（水天）を西、クベーラ（金毘羅）を北に配当する。仏典では世界守護神として四方に四天王が配当された。四天王についてはヒンドゥー教の碑文より早く成立していたと考えられており、四方位にそれぞれ方位神を配する考えはマウリヤ王朝の頃に遡るもので、仏教が最初に試みたものであったらしい。[*33] したがって、マウリヤ王朝の時代以後になって、ようやくインド文化圏にたしかな四方位の概念が見出されることになるが、これは外来の考え方がメソポタミア・ペルシャを経由してもたらされたものとみてよいであろう。

ヒンドゥー教の聖典

前一〇〇年頃から紀元後までの期間を経て現在のかたちになったと考えられている『マヌ法典』には、ヒンドゥー教の四方位についていくつもの言及がある。次頁に掲載した『マヌ法典』の抜粋は、方位に言及したものだけを取り上げている。括弧書きで付された方位の名称はサンスクリット原典から訳出した渡瀬信之による補足である。注目すべきことは、まず宇宙卵から世界が生まれる場面である。天と地がつくられたと

> 尊いかの者は、その卵のなかにまる一年住んだ後、自ら、己れの熟慮に従ってその卵を二分した。／かの者はその両半分によって天と地を造った。［そしてその］中間に空と八方角および水の永遠の住処（海）［を造った］。（一・一二、一三）／このように正しく供物を献供した後、すべての方角に対し右回りに、インドラ神（東）、死をもたらす神［ヤマ］（南）、水の主［ヴァルナ］（西）および月神［ソーマ］（北）、さらに彼らの従者たちに対してバリを献供すべし。（三・八七）／王は、世界の八守護者―月神、火神、太陽神、風神、インドラ、富の主、水の主、ヤマ―の姿をしている。（五・九六）［王は］インドラ、風神、ヤマ、太陽神、火神、ヴァルナ、月神、富の主から永遠の要素を取り出して［創造した］。（七・四）／彼は［その］権力のゆえに火神であり、風神である。彼は太陽神であり月神である。彼は正義（ダルマ）の王［ヤマ］である。彼は［富の主］クベーラであり、彼はヴァルナであり、そして彼は偉大なインドラである。（七・七）／王は、インドラ、太陽、風、ヤマ、ヴァルナ、月、火、大地の威力ある行動をとるべし。／インドラが雨季の四カ月に雨を降らすように、［王は］自らの領国に願望の雨を降らし、インドラの行動（ヴラタ）を実行すべし。／太陽が八ヶ月の間日光によって水を奪うように、領国から常に税（カラ）を取るべし。実にそれは太陽の行動（ヴラタ）である。／風が万物に入り込んで活動するように、［王は］密偵を通して入り込むべし。それは風の行動（ヴラタ）である。／［死を支配する神］ヤマが、時到ったとき、好ましい者も憎むべき者も支配下におくように、王は人民を統御すべし。それはヤマの行動（ヴラタ）である。／［人は常に司法の神］ヴァルナの縄によって縛られているが、それと同じように、［王は］罪人どもを捉えるべし。実に、それはヴァルナの行動（ヴラタ）である。／人々が満月を見て喜ぶように、彼の臣下たちが彼に対してそうであるとき、王は月の行動（ヴラタ）をとる者となる。／罪人に対して常に威厳と威力を示し、そして邪悪な属国王を滅ぼすべし。これは火の行動（ヴラタ）であるといわれる。／大地が万物を等しく支える者にとって、［それは］大地の行動（ヴラタ）である。（九・三〇三～三一一）
>
> 渡瀬信之訳『マヌ法典』

き、その「中間」に空と八つの方位と海が生まれたと記している。これは「四方四維」によって空間を捉えようとする考えがたしかに存在していたことを示している。しかし、マヌ法典の中ではやや「新層」の記録かもしれない。原形は「三・八七」にみえる四方位神、東のインドラ、南のヤマ、西のヴァルナ、北のソーマであったとも考えられる。

　王の力を示す箇所では、たとえば「王は、世界の八守護者―月神、火神、太陽神、風神、インドラ、富の主、水の主、ヤマ―の姿をしている」（五・九六）、あるいは、王は「権力のゆえに火神であり、風神である。彼は太陽神であり月神である。彼は正義（ダルマ）の王［ヤマ］である。彼

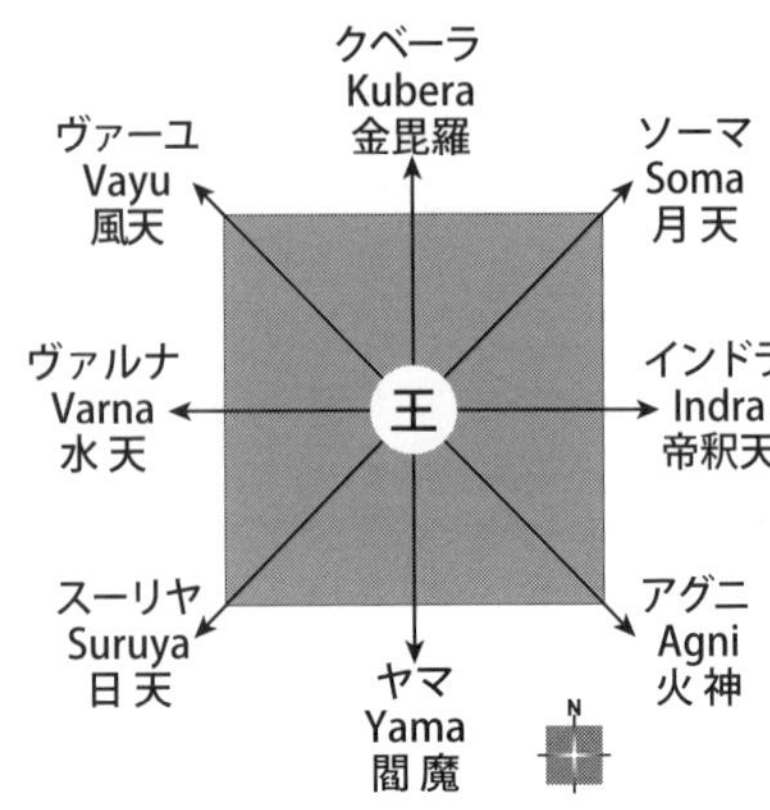

図21　マヌ法典に記された世界像

は［富の主］クベーラであり、彼はヴァルナであり、そして彼は偉大なインドラである」（七・七）などの表現がある。また、九・三〇三から三一一では、王の資質や行動を一つずつ神の特徴に対置している。

「八守護者」に配当された方位について個々に具体的な言及はない。しかし、世界の果てに所住する方位神（後の時代では、広大な須弥山山頂の端にそれぞれの方位に合わせて宮殿があるとする）であり、王はこれら八方位神に守られている。つまり、八柱の神々が王権の正当性を保証することを空間的に示した描写である。これを具体的な図像としてみれば、方位神が正方形の四辺の中央と四隅を占めて世界を囲み、守護されるべき王は正方形の中心、世界の中心に位置している。

したがってこれは、王権を中心に据えた理念的な世界全体の姿であり、観念化され理想化された世界地図というべきものである。[*34] つまりこの図像こそ「マンダラ」の本来の姿である（図21）。宗教的な変奏では、たとえばブラフマー神（梵天）、あるいは大日如来が中央を占めて多くの眷族（けんぞく）がその四周をとり囲む。そしてマンダラ辺縁の四方四維に、先の八方位神が現れる。八方位神は、ヒンドゥー教のマンダラ（土壇）はもちろん、日本の密教のマンダラであっても護法神（仏法を守る神）として配置される。

このような世界像が組み立てられた背景には、マウリヤ王朝による全インドの統一という事件があり、それまでの王権とは規模の異なる、世界を統べる「大王」誕生があった。そしてこれは、『大般涅槃経』の「大善見王」の記述の背景もかたちづくっている。

ヒンドゥー教のマンダラでは、土を盛って壇をつくりこれを区画して神々を勧請する。このうち、中央の区画はブラフマー神（梵天）の居所となる。梵天は日本に伝来した図像でも四つの顔をもつことで知られている（図22）。これは本来、マンダラの中央つまり世界の中心に座し、四方に顔を向けて全世界を同時に観ていること、したがって「全知」であることを象徴した図像である。梵天の顔が四つある理由は、この神格がマンダラ（全世界）の中央を居所とすることに起因する。ただ、先に述べたように、四つの顔をもつ神像は紀元前二〇〇〇年紀とされるメソポタミアの例が出土している。「全知」であることの図像表現も、四方位の概念と結びついて成立したもので、その図像は付随する象徴とともに西方からインドへ伝来したものだと考えられる。

図22　ブラフマー神（梵天）

後一〇世紀頃に原形がつくられたと考えられている建築や都市の設計技法をまとめた文献（一種の経典）『マーナ・サーラ』にも、「マンダラ」に関する記述がある。ヒンドゥー教寺院の本殿（塔状の中央祠堂）を起工する際に行う「地鎮祭」の項では、地表に土壇を設けてマンダラを描き、神々を勧請して供応する儀式について記述している。このマンダラは本殿の原寸平面図とその基準線として機能する。聖なる図像に合わせて本殿を建ち上げ実現することに宗教的な意味を見出したのであろう。

この地鎮祭のマンダラは、正方形の一辺を九等分して構成されるパラマシャイカ・マンダラ（ヴァストゥプルシャ・マンダラ）の場合をみると、マヌ法典と同様の方位神以外にも多くの神々が配置され、中央にブラフマー神、北東の隅にシヴァ神（伊舎那天）が配置される。四方位神の時代に北に所住していたソーマ（月天）は、八方位神の時代にクベーラ（金毘羅）に北の居所を譲り北東に移動した。シヴァ神はそのソーマと習合してこの位置を占める。シヴァの額に三日月を描く由縁である。

一見すると、ヒンドゥー教を代表する神格の一つであるシヴァ神が、辺境ともみえる北東の隅に位置することに違和感を覚える。しかし地鎮祭の過程をみると、「建築家」[*35]が瞑想によって自己をシヴァ神となし、北東隅を起点として土壇の周囲を右回りに三周し、その周ごとに外周から内に向かって神々に供物を供えていく。つまりシヴァ神は、勧請を受ける神ではなく「地鎮祭」を執行する主体である。マンダラだけをみれば左右対称、四方相称の形状と中心の優位が明快にみてとれる。しかし儀軌（ぎき）の内容を重ねてみれば、シヴァ神の居所であり右繞の起点である北東隅が特別な位置であり、優位な方位であることがわかる（図23）。中心を最優位とする方位観と北東を最優位とする方位観という、

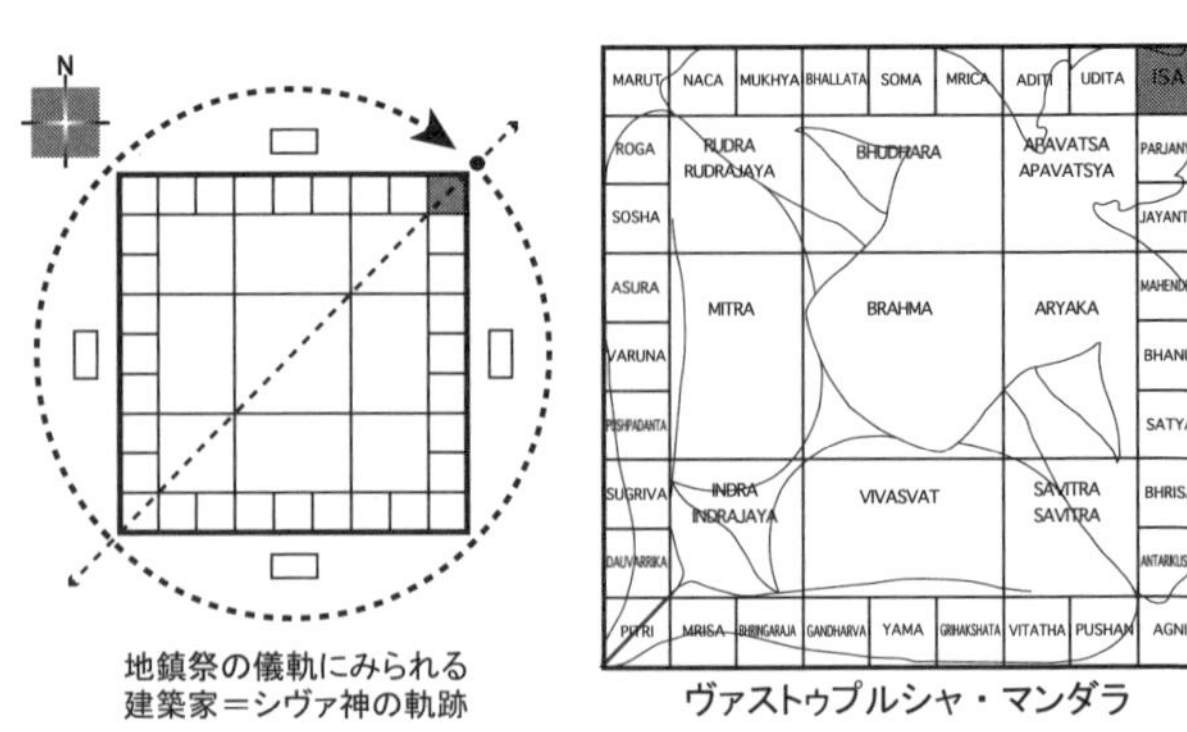

地鎮祭の儀軌にみられる
建築家＝シヴァ神の軌跡

ヴァストゥプルシャ・マンダラ

図23 『マーナ・サーラ』の地鎮祭の儀軌とマンダラ

矛盾するともみえる二つの方位観が重なっていることがわかる。なお、インドの慣行では東を上として描画するが、図23は北を上として描いている。

北東の方位を優位とする見方は『マヌ法典』の中にも見出される。バラモンが晩年に至り、凡我一如の境

地へ至るための行(ぎょう)について「心を集中し、水と空気を食し、身体の倒れるまで北東を目指して直進すべし」（六・二九）と記している。一方、別の項では、バラモンが五つの大罪の一つを犯したとき「（贖罪のために）……ニルリティ（死の女神）の方角（南西）に倒れるまで直進すべし」（一一・一〇五）とする。これらの記録を合わせてみれば、北東を最上の価値とし、南西をその反対項として最下位に位置づけた方位観が潜在していることがわかる。

古代インドは、専制国家の時代に成立した中心と四方の周縁の対立に基づく方位観を、おそらく西アジアから受け入れた。しかし同時に、前アジア的な双分制に従った、東を正とし西を負とする方位観、また、北を正とし南を負とする方位観が生き残り、これらが合成されて北東をもっとも優位な方位、南西をもっとも否定的な方位とする独特の方位観の発展をみた。四方位に合わせてアレンジされた前アジア的な方位観をつくりだし、さらに専制国家の方位観と矛盾を起こさないよう巧妙に重ね合わせている。このように、古代インドの方位観は他の文明にみられない独特の性格をもっている。

中心の明示と中心のタブー

重層した方位観は、一見して矛盾ともみえる様相を各所に残している。たとえば『マヌ法典』では、先に挙げたとおり王は世界の中心を占める存在であった。しかしバラモンの場合をみると、違った視点から中心をタブー視する。

真昼および夜半に、あるいは祖霊祭で肉を食べたとき、［朝夕の］両サンディヤーのとき、四つ辻に長

『マヌ法典』

く留まってはならない。（四・一三一）

これはバラモンにだけ課される禁忌である。「四つ辻」（カトゥマ・ハー・パダ）は、都市の中央を十字に区切る道路の交差点を指す。図24は後代にイメージされるようになった、いわばインド的理想を体現する一群の都市像である。東西に長い矩形に則り、その中央に十字の道路が走る点が共通している。これらの都市像から明らかなように、「四つ辻」という表現はそれだけで都市の「中心」を含意し、ひいては世界の中心を象徴した。

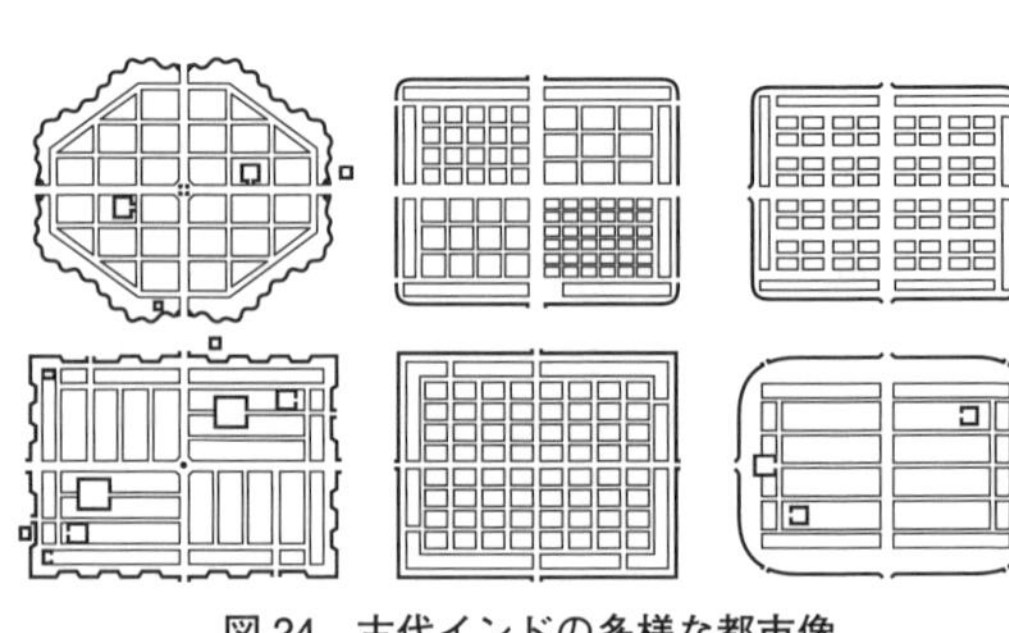

図24　古代インドの多様な都市像

菜食を前提とするバラモンが祖霊祭で肉食し呪的に脆弱な状態になったとき、中心は危険な場所になることが示されている。さらに「真昼」と「夜半」は現在ならば正午と午前0時に該当し、サンディヤーは薄暮、昼と夜の境界の時間を指すから、いずれも時間的な中心ないし境界である。これら特別な時間においても、空間的な中心である四辻はバラモンにとって呪的に危険な場所になる。

前アジアの時代の認識、たとえば東と西が対立する認識に従えば、本来、中心に該当する概念は存在しない。この概念は専制国家の時代になって現れたものであるから、前アジア的な世界の認識にとっては異物である。したがって中心は二つないし四つの領域の境界を意味するものとなるが、その境界上はいずれの領域にも属さないコスモスの外の世界、つまり危険な場所として認識される。『マヌ法典』に現れる記述は、この前アジアの時代の延長にある価値観が、以前には存在しなかった中心（境界）の概念が成立したことによって、はじめて喚起された見方であることを示している。[*36]

『マヌ法典』の中心を巡る記述には各所に矛盾するような内容が認められるが、この原因は、専制国家の方位観に則った王権の記述と前アジア的な民俗方位を残す祭祀階級の価値観に従った記述とが、重なり合って記されているためである。両者の世界像の相違は、アショカ王によって擁護された専制国家の宗教である仏教の寺院構成と、前アジアの時代の祭祀と慣習を保守するヒンドゥー教の寺院構成にも反映している。それぞれの伽藍の構成については第三章で詳述しよう。

3・5　古代中国の方位観

中国の方位観の初期の様相はインドよりもさらに不明瞭で、前アジアの時代に存在したであろう民俗方位の痕跡がきわめて少ない。ただ、最初期の文字（甲骨文字）の様相をみれば、相互に補完しあう四つの方位という考え方はもとは存在しなかったようである。

甲骨文字

甲骨文字が示す「北」は、人が背中を向け合っている形象であり、「南」は大きな太鼓の形象に基づく文字、「東」は木の間に太陽（日）がかかっている姿、つまり世界の東端にある暘谷（ようこく）の巨大な扶桑の木を足場にして、太陽が天空に飛び出そうとする朝の場面を描いたものである。[*37] そして「西」は、鳥が巣の中に帰っている状態、つまり夕刻の情景と考えられている。これらは必ずしも空間的な意味を示しているわけではないから、

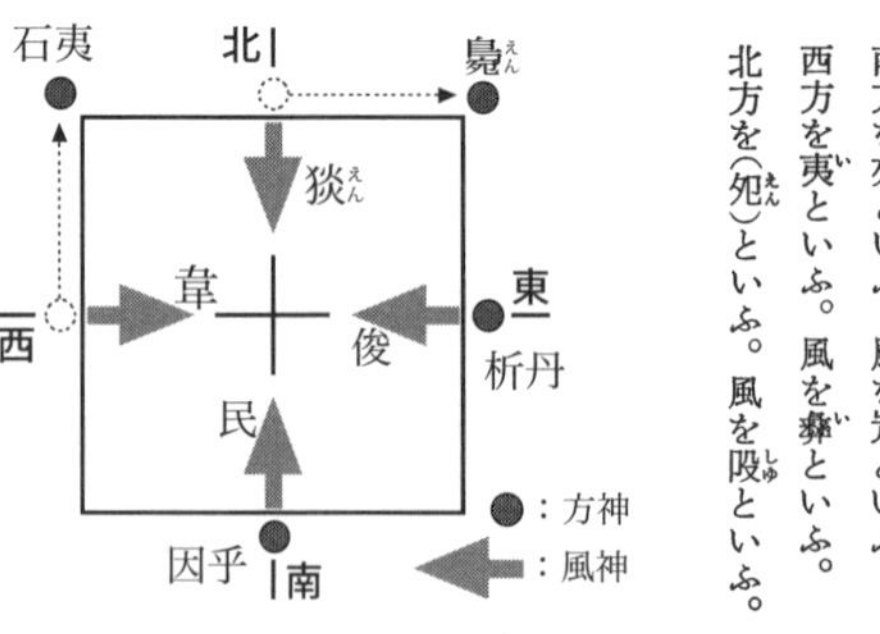

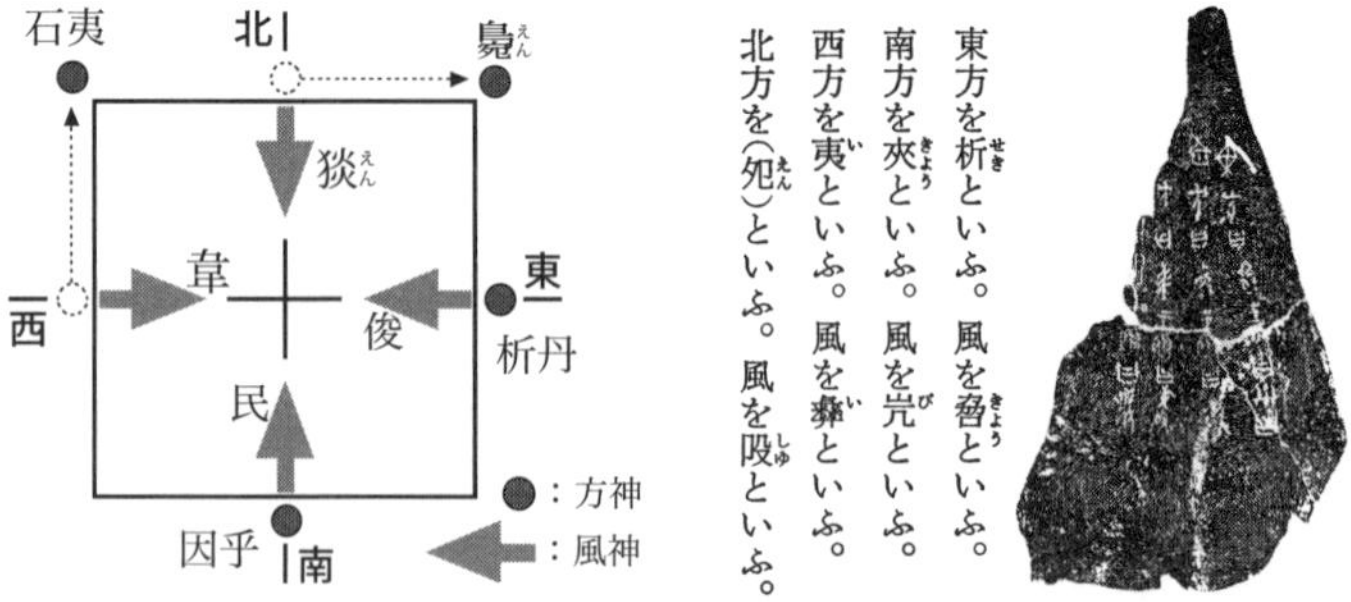

東方を析といふ。風を劦といふ。
南方を夾といふ。風を𡵂といふ。
西方を夷といふ。風を彝といふ。
北方を(夗)といふ。風を吺といふ。

図 25 『山海経』の方位神と風神

四方それぞれの文字は、もとは相互に関係なく、ばらばらにイメージされた象形文字がまずあり、後に四方位に合わせて組み合わされたと考えてよいであろう。

これらの文字が確実に方位の意味で使われた最初期の例として、方神（方位神）と風神が記された甲骨文の神名表が出土している（図25右）。殷墟から出土した遺物であるから、前一三〇〇年から前一〇五〇年頃に遡るものである。ここには四方の神名とともに、それらの神の意思を世界に伝える役目をもつ風神の名が記されている。ここに記された方神と風神およびその配置は、後二世紀にまとめられた『山海経』の中にもややアレンジされながら踏襲された（図25左）。神名は二文字に変化し、西の方神が北西へ、北の方神が北東へ位置を変えているが、神名などにみられる共通点から殷代の神名表を踏襲していることが明らかである。

つまり中国の方位観は、文字記録で確認できるごく早い時期に、四方位がやや唐突に現れ、四方位の成立に向かう発達過程の手がかりがみあたらない。このことは、おそらく四方位の概念が早い時期に西方からもたらされたことを示唆しているのだと思われる。

初期の王墓

四方位の観念を理解している、とみえなくもない最初の物証は、仰韶文化の発掘にみられる墓所の様子である（図26）。これは前二〇〇〇年頃に遡る遺跡と考えられているが、南に頭を向けた被葬者を挟んで東と西に子安貝のモザイク画が施されている。それぞれ、後の四神のうちの青龍と白虎の前身とも考えられた姿である。北のモザイクは不明瞭だが鹿ともみられている。そして東西と北には殉死者とみえる遺骸が配置されている。この被葬者の配置は、南北方向を意識したものとも、東西に神獣を配置することを意識したとも、どちらの可能性も考えられる。このため後の時代にみられる、南北方向を重視したものとしてよいかどうかわからない。

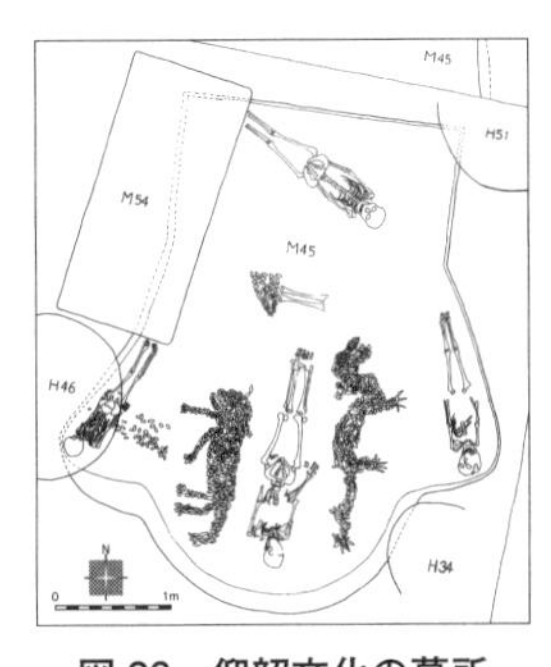

図 26　仰韶文化の墓所

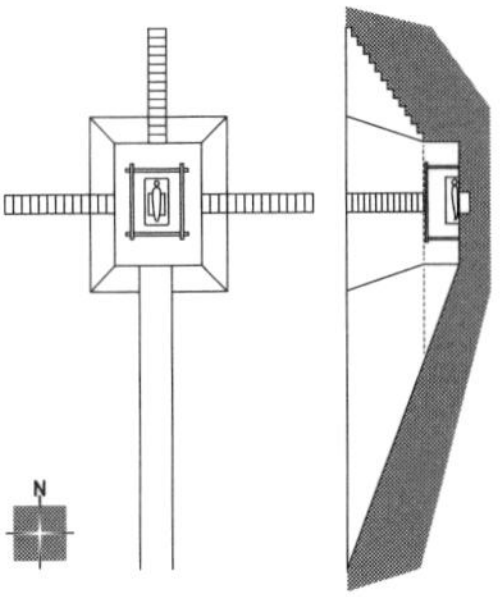

図 27　殷代の王墓

　しかし、殷代の王墓の姿は、確実に四方位の概念の影響下にあり、さらに南北方向を意識したものとみられる。王墓の形状は、図27のように南北の方向に合わせ、北に頭を向けて仰臥する被葬者の棺（郭）を中央に据える。そして中央の縦長の墓穴から北、東、西に階段を設け、南に長いスロープを構えている（図では副葬品や殉死者を省略）。三方の階段は墓穴の底まで届いていないから、南のスロープで被葬者を下ろし、副葬品・殉死者等を配置してある程度埋設し、浅い底面に合わせて三方の階段を設けて葬祭が執り行われたと想像される。四方に腕を伸ばし、そのうちの南スロープをアプローチとする構成は、すでにこの時代に、王位に就いた被葬者を南北軸に合わせて埋葬しようとしたことを示している。したがって、後の時代に明確になる「天子南面」の考え方に通ずる方位観が、すでに認められる点が注目される。

星辰は不動とみえる北天の周極点である北辰（天の北極の意）を中心に日々天空を巡っている。したがって北辰は、世界を運営し管理する最高神である「上帝」（帝、天帝）ないし「天」の居所と考えられた。天子は上帝・天に認められた特別な存在であり、この最高神の代理として天下に号令をかける。天子が南を向いて号令をかける理由は、「北辰」を居所とする最高神を後ろ盾とするためであった。

なお現在では、北天の周極点に北極星（こぐま座アルファ星）が位置しているが、前二五〇〇年頃にはりゅう座アルファ星が位置し、前一〇〇〇年頃は重なる天体が存在しなかった。現在は偶々この周極点にこぐま座アルファ星が重なりこれを北極星とよんでいるが、北辰の原意は北極星や特定の天体を意味するわけではない。北天の周極点は、地軸がごくわずかに首を振る歳差運動によって少しずつ位置を変えている。地軸の指し示す方向は円を描いて移動し、その周期はおよそ二六〇〇〇年と考えられている。

したがって古代中国の北辰は、この概念が現れた当時、天体など視認する手がかりのない夜空に想定された極点（「天之枢」、天の軸受）であった。指標となる天体が存在しないにもかかわらず、北天の周極点を認識し特別な場所とみたことは、そのような認識をもつ契機となった出来事があったとも想像される。そうであれば、古代エジプトにファラオが南面するよく似た考え方が、四方位の概念に伴って西方から伝来した可能性を考えるべきかも知れない。

宮室遺址

中原の発掘で出土した「鳳雛宮室遺址」は、最初期の瓦が出土した遺構としてすでに言及した（二七頁図1）。この建物は周王朝王室の宗廟、あるいは宮室と考えられた建物址で、出土した卜占の遺物とその甲骨文字から、前一一〇〇年から前一〇〇〇年頃の建物であることが判明している。図28のように複雑な平面をもつ遺址である。東西に長い主屋である「殿堂」を中央に配し、四方を「房」で囲み南北それぞれに中庭をとっている。そして南の房中央に入口を設け、その前面に「屏風壁」を建てている。

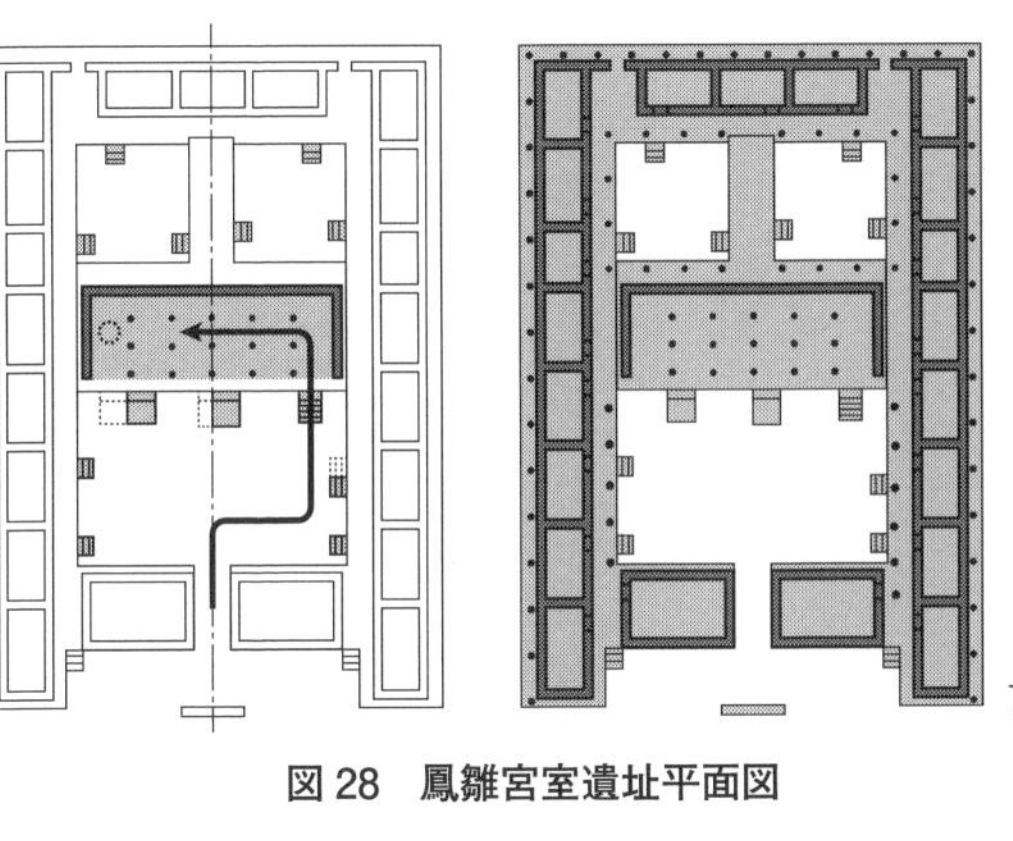

図 28　鳳雛宮室遺址平面図

注目すべき点は、南の中庭の輪郭に沿ってつくられた七つの小さな階段の配置である。この配置は左右対称ではなく時計回りに少しだけ回転を起こしたように置かれている。さらに「殿堂」南面の三つの階段のうち西と中央のものは、不明瞭な点もあるが、おそらくスロープを形成している。[*38] したがって「殿堂」内へのアプローチは東端の階段を使うことになる。図28左のように、このアプローチを辿ると室内の東端に登って西を向くことになるから、訪問者が謁見するあるいは礼拝する対象は、室内の西端に位置して東を向く、いわゆる「坐西朝東（ざせいちょうとう）」の状態が実現していると考えられる。

「坐西朝東」は高位の存在が西を占めて東を向き、礼拝者は東に位置して対面する状態を意味する。この配置を示している例は少ないが、たとえば秦始皇帝や漢の高祖（劉邦（りゅうほう））の陵は、いずれも「坐西朝東」の主旨に則って東を正面とし、礼拝者が東を占めて西を向く配置を取っている。方位の上では、たとえば古代エジプト古王国時代のピラミッドおよび葬祭殿と同様の配置である。しかしこの配置は漢の第二祖の陵がつくられて以後、南を正面とする配置に変化した。[*39]

鳳雛宮室遺址では南北軸を中心に各施設が配置され、対称性をもって構成されていることは一目瞭然である。しかし「殿堂」を六間とする偶数柱間構成とするから、殿堂は南面中央に入口を設ける意図がない。登壇用の階段を東端に置いた理由は、南北軸を主とした配置計画の中に、東西軸を意識したデザインを複合させようとしたためだと考えられる。「坐西朝東」は中心と周縁の対立ではなく、東と西に価値の落差が存在することを前提としたものであるから、前アジアの時代の方位観、民俗方位の価値観を帯びたものであり、古代エジプトや古代インドの双分制の時代に共通する価値観が認められる。「坐西朝東」は西を高位とするため表面的にはその位置づけが正反対ともみえるが、西を高位の座とする理由は東に顔を向けることが重要であったためである。したがって東と西の方位に対する価値の置き方は、ほかの文明と同様である。

書経

漢字学、古代中国研究の泰斗である白川静の著作の中に、『書経・堯典』に記された神話、説話を扱ったものがある。[*40] そのうちの「四凶放竄（しきょうほうざん）」の説話について堯をついだ舜が天下を治めるに当たって、まず悪神を四方に放ち、これをいわば「塞（さや）ります神」として四極を守らせたという四凶放竄の説話……（中略）……異民族の奉ずる神に対する、中原の統治者の態度を示したもの……（中略）……悪神は内にあっては邪心の神であるが、外に対しては四境の守護神となるという考え方……（中略）……このような四極観は『左伝（春秋左氏伝）』にもみえ、その方が古伝であるかも知れない。

『中国の神話』

としている。

四書五経のうちの一つ『書（書経）』は、戦国時代の初め頃、およそ前六〇〇年頃の成立と考えられている。「古伝であるかも知れない」と指摘された『左伝』も四書五経のうちの一つ『春秋』の注釈書である。この内容は四凶族を、都市の四つの門からそれぞれの方向へ向けて追放し、辺境に置くことで、結果的であれ国を守る役割を与えたとする。指摘された『左伝』の記述は、文公十八年の項の注にみえる記録であろう。『左伝』原文では、夏の王である舜が「流四凶族　渾敦　窮奇　檮杌　饕餮　投諸四裔　以禦螭魅」と記している。[*41]「四裔」は文字通りに四つの「すそ」であり辺境である。ここでの魑魅は山間の未開の民族などを指している可能性が高い。したがってこれは、文明がおよばない未開の辺境に凶賊を配置し文明圏を守護させるという具体性のある内容として捉えられる。

これに対し『書経』の表現は、四方位のシステムをもって世界をより抽象的な図像として認識し、世界の果てに「四極」が存在すると考えられていたことを示している。しかし、四方位がかたちづくる正方形の世界のイメージは、本来理念として全世界を表現するのであるからこれより「外」は存在しない。とすれば、悪神を世界の果てに追放した、つまり中央から除外したことで世界の安寧が保たれるという意味に解することは可能だが、存在しない世界の「外」に対する守護という位置づけは奇妙である。

白川が『左伝』の内容に古伝の可能性を見出した理由は、書経の記述では具体的な世界が抽象的な世界像に入れ代わり、奇妙な意味合いをもったことにあるのであろう。いずれの文献においても四方位の概念を前提とした記録であること、そして、中心と周縁の対立をもって世界のイメージを組み立てていることに注目しておきたい。

淮南子・地形訓

戦国時代（前四〇三〜前二二一年）に下ると、中国は九つの国家が覇権を争う状態になり、総称して「九州」という概念が定着する。この状況は、正方形の世界を各辺三等分ずつ九つに区分し、理念的な世界像とする認識が定着する素地になったように思われる（図29）。この図像（「囲」字で表される）は、戦国時代の終わり頃になって「大九州説」を生み出す。『淮南子・地形訓』（前二世紀中頃、淮南王の命によって編纂された）[*42]にみられる大九州説は、中央に九州を配置し、これと相同の九州が中央の九州を同心方形状に三重にとり巻いている。四辺の中央と四隅を占めた九州の相同図形は八つずつ内を囲み、外延に向かって繰り返されている。この三重の囲みをそれぞれ内から順に八殯、八紘、八極とよぶ。

この時代、同工異曲の世界像がいくつも現れている。戦国時代の末期頃、群雄の乱立が収束に向かう雰囲気をみせ出した頃にイメージされたもので、「九州」の外に広がる世界が観念されつつあった状況を示して

図29　「九州」の理念的な配置

不周山 幽都門			北極山 寒門			方土山 蒼門
	一目		積氷		和丘	
		大夏	大冥	無通		
西極山 閶闔門	金丘	九区	九州	大渚	棘林	東極山 開明門
		渚資	大夢	具区		
	焦僥		都広		大窮	
編駒山 白門			南極山 暑門			波田山 陽門

八殥
八紘
八極

図30　「淮南子　地形訓の大九州説」

いる(図30)。これらはいずれも四方位の概念から導かれたであろう「天円地方」(天を円、地(世界)を正方形とする世界像)を下敷きとしている。本来は八方位と中央の九つの正方形で構成され、そのままで全世界を現していた「九州」のイメージであったが、戦国時代の群雄を当てはめ、大陸の勢力地図のように具体的なイメージとして受け止められた結果、その外に拡がる広大な世界のイメージを、あらためて構築しなければならなくなったことを示している。

また『淮南子』には禹に関する神話が収録されている。禹は夏の国の帝であった舜のもとで各地の治水工事を行い、その功績で第三代の帝位を継ぐことになった。彼は帝位に就くと配下の太章と豎亥に、それぞれ世界の東極から西極、北極から南極の距離を測らせる。世界の東西幅と南北幅を計測させた結果、いずれも「二億三万三千五百里七十五歩」となって合致したという。この神話は、当時、世界(地)がたしかに正方形とみられていたことを示したものだと考えられている。[*43] 先に述べた『書』の記述も含め、正方形の輪郭をもつ抽象的な世界像を具体的な現実に当てはめようとした点は、他の文明にみられない古代中国の特徴であるように思われる。

史記・孝文本紀

漢代に下って記された司馬遷の『史記』（前九〇年頃成立）の中に、四方位の概念の背後に前アジア的な民俗方位の価値観を残すとみられる記録がある[*44]（傍点は引用者）。

……代王が車を馳らせて渭橋にいたると、群臣は代王に拝謁して臣と称した。代王は車を下りて答拝した。

……（中略）……

大尉がひざまずいて天子の璽符をたてまつると、代王は、「代国の邸に行ってから、これについて相談いたそう」とことわった。代王は車を馳らせて代の邸に入った。群臣も続いて邸いたり……（中略）……みな再拝して言った。「……（中略）……どうか大王には、天子のくらいにお即きになりますように。」代王は、「高帝の宗廟に仕えることは重大事である。わしは不才の者で宗廟を奉ずる資格はない。願わくは、楚王（高祖の弟）に請うて、よろしい者をきめてもらいたい。わしには資格がない。」と言ったが、群臣はみな伏してかたく請うた。代王が西に向かって三度辞退し、南に向かって二度辞退すると、丞相の陳平らがみな言った。「わたくしら伏して考えまするに、大王こそ高帝の宗廟を奉ずるにふさわしい方と思っております」……（中略）……

そこで代王は……（中略）……ついに天子の位に即いた。

『史記・孝文本紀』

漢の高祖が崩じた後、遺臣たちが次の天子への登位を代王に依頼する場面である。代王は遺臣たちを「代の邸」に招き入れて依頼を再三固辞する。この場面の描写に「代王が西に向かって三度辞退し、南に向かって二度辞退する」という表現がみられる。代王は、自らは邸の主人として東側に位置し、西側の賓客である遺臣たちと対峙した。これは「坐西朝東」の配置であり、「西に向かって三度辞退」したという意味は、遺臣たちを賓客として扱い、その上で辞退したことを意味している。ところがその後遺臣たちは、おそらく自ら代王の南へ移動し、さらに天子になることを請うた。この状態は遺臣たちが、代王を彼らの主君、天子とみなし自分たちを家臣とみなした行動で、「天子南面」の配置になるよう位置をあらためたことを意味する（図31）。そしてついに、代王は天子の位に就くことを了承する。

　この簡易な記録の中に、賓（上位）と主人（下位）の関係から、主君（上位）と家臣（下位）の関係に置き換わる過程が方位の変化によって示されている。つまり中国の四方位の概念は、漢代に下っても、私的な場面では東と西に優劣があると認識されており、対立する価値をもった古い方位観が生き延びていたことがわかる。そして公的には、天子は南面するものであると理解されていた。中国の古地図が南を上として描かれることも、天子が南面して世界と地図とを対照するためである。そしてこれは、中国の宮殿建築やその流れを汲む日本古代の都市と宮殿、仏教建築およびその伽藍などが正確に南を向いて造営されることになった起源である。一方、「坐西朝東」の方位観は、我が国

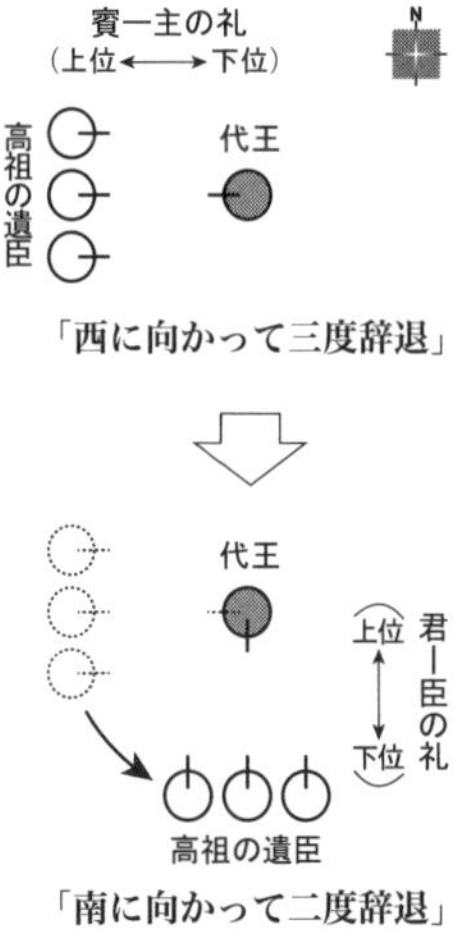

賓一主の礼（上位←→下位）　高祖の遺臣　代王
「西に向かって三度辞退」
代王　君一臣の礼（上位↕下位）　高祖の遺臣
「南に向かって二度辞退」

図31　代王と漢の高祖の遺臣

では必ずしも一般的ではないが、古代寝殿造の縮小と再編を経て成立した近世初頭の客殿（書院造）が、南に庭をもち西端に床(とこ)、違棚(ちがいだな)、付書院(つけしょいん)など座敷のしつらえを整え、東端に車寄(くるまよせ)などの入口を設けるようになった遠因であろう。

3・6　四方位の発生と古代世界

四方位によって組み立てられた理念としての全世界のイメージは、均等な価値をもつ四つの領域に区分される。そしてこれらが辺縁を形成することで、前アジアの時代には存在しなかった「世界の中心」をつくり出した。それまでの群小国家を統べる王とは次元の異なる大王、たとえばファラオ、「四方世界の王」「転輪聖王」などを生み出した専制王権は、理念として世界の中心を居所とし、全世界に君臨する存在であることを示そうとした。前アジアの時代に可視の範囲に留まっていた、小さく具体的な世界のイメージに対し、抽象的で巨大なスケールをもつ新たな世界像が構想されたのである。

この方位観が確実に認められる時代を順序立てて整理すると、まず最初に、前二六三〇年頃の古代エジプトで確認され、五〇〇年ほど後の前二一〇〇年頃、メソポタミアに現れる。そして古代中国では殷代後期（前一三〇〇年から前一二〇〇年頃）に至って現れるが、古代インドではマウリア王朝の時代、前三〇〇年頃になってようやく出現している。したがってこの方位観は、古代エジプトに起源をもつものだと考えられ、専制王権に付随してその正当性を擁護し、その力を顕示する世界像として世界各地の王権に受容されていったのだと考えられる。

急速に巨大化した専制国家は、以上のような世界像を構築し、王権の力を示すためにこれを造形として表現しようと試みた。このイメージを造形の原理とした最初の例は、エジプト古王国時代の第三王朝から第四王朝への移行期（前二六五〇～前二六〇〇年頃）に造営された、正方形の底面をもつスネフェル王のピラミッドである。古代エジプト王権の世界のイメージそのままの造形であり、ここに左右対称、四面相称そして四方相称の記念碑的形状が初めて誕生する。そしてこの世界像と記念碑的造形は、古代エジプトを起源として世界各地の建築や都市の配置計画、設計計画などに決定的な影響を与えることになった。

しかし前アジアの時代に、自然発生の輪郭に基づいて洪水のたびに繰り返し構築されたメソポタミアの都市など、西アジアの文明では方位軸に合致する配置をとることが困難な場合が多く、個別の施設に限って対称的デザインを実現することに留まる場合が多かった。この過程は四方相称や左右対称のデザインが、もとになった四方位の考え方と切り離されていく過程でもあった。西アジアから地中海世界にわたる文明が、とくに四方位とはかかわらない配置のもとで対称性のある造形を繰り返すのは、個別の理由以外にも西アジアの影響があったのではないかと考えられる。

とはいえ古代インドや古代中国の事例をみてみれば、いずれの文明においても四方位の観念と四方相称、左右対称のデザインとが補完しあって王権の威容を現す造形を支えている。このことは、四方位に合わせた造営が可能であったかどうかはともかく、対称性のある造形デザインが、四方位によって組み立てられた世界像と不可分であることがよく認識されて各地に伝播していったことを示している。

一方、四方位による世界のイメージを引き受けた各文明は、それぞれ旧来の世界像である、対立する方位の価値観を簡単に捨て去るようにはならず、古代エジプトではピラミッド東辺に葬祭殿を設け、古代インドでは新旧の方位観を積極的に複合させた独自の方位システムを構築し、古代中国では、新旧の方位に込められた価値観を公的儀礼と私的儀礼によって使い分けた。旧来の方位観との併存のあり方、相互の距離の取り方は文明ごとにさまざまな変奏がみられる。しかしそれでも四方位に基づく世界像そのものに変化はなく、いずれの文明おいても都市や建築の造形に決定的な影響を与えるものであった。

4　初期文明の王権と宗教建築の始原

初期文明の時代、群小国家が統合されて成立した専制国家は、小国家の連合体である連合王国の体制とは異なり、度量衡の制定などの統一基準を設け、軍事力と官僚機構を備えて一律の国家管理体制を構築した。この国家体制は、それまでの短命な施設とは次元の異なる建築を生み出す。その最大の動機は国家の内外に王権の威信を示すことにあった。それまでにない建築の造営を通じて王権の力を知らしめることが、国家体制の安泰を保証する手だての一つであったためである。

専制国家が実現しようとした建築は、第一に巨大な施設であることが目標となった。巨大であることは、経済力や人員を動員する力、計画し実現する能力などの王権の力量を端的に示すためである。また第二に、恒久的な施設を構築するために石材や焼成レンガを用いた。不死なる神（ときに死後の王）を祀る施設は、理念として永遠の存在であろうとした。恒久性を木造建築のまま実現しようとした文明では、長期の使用に耐えるよう瓦葺の屋根のもとでさまざまな工夫と技術を重ね合わせた。前時代から続く宗教上の権威を手に入れ、王権を神話の文脈の中に位置づけることでその正当性と不可侵性を示し、このことを視覚的に示すものとして恒久的な建築をつくろうとしたのである。こうして長期にわたる王権の安泰、理念としては永劫の安定を望んだが、このことは反面、当時の王権が不安定で短命な存在であったことを意味している。

そして第三に、記念碑的形状が発明された。記念碑的形状は、左右対称あるいは四面相称の造形デザインとして実現したが、この背後には、四方位に基づく方位観と辺縁である四方によって指し示される「世界の中心」と、王権がその中心を占めて世界に君臨するという抽象的な全世界のイメージ、観念の空間、世界像が潜在している。

前アジアの時代の民俗方位は、方位の対にそれぞれ対立する価値を伴っていたが、四方位の観念が成立すると、方位は優劣のない四つの辺縁として至高の価値をもつ「中心」を指し示す存在へと再編された。ただ、詳細にみれば、どの文明においても新しい世界像の背後に前アジアの時代の対立する価値観が生き延び、それぞれの様相に合わせた重層した方位観をつくっていたことにも注目しておきたい。

専制国家が目指した建築は、膨大な人員を動員することで初めて実現するものであった。このため、とくに初期の造形デザインほど、だれもが忠実に再現できる限られた形状に基づいて立案された。長さの基準である公定尺の成立と文字による記録化、そして計算の技術は、造営事業に確実な再現性を与えたが、なによりも確実に再現できる形状でなければならなかった。古代の建築が、まだ「幾何学」が存在しない時代に幾何学的形状をもつことになったのは、計画を忠実に実現（再現）するためである。

個々の造営事業に向けた人員の組織化のうちには、持続的な組織である工人集団が含まれていた。多数の工人たちは人工的な形状、幾何学的で対称性のある建築の造営を、長期に渡って支え続けた。特定の集団が限定された建築形式に沿って再生産を繰り返した経験は、部材加工の技能を習熟させるとともに古代建築の形式美的洗練を押し進める要因として働き、完成度の高い幾何学形状の部材とともに、形式化されながらも豊かな表情をもつ柱身や柱頭などを生み、隙間のない目地や部材間の丁寧な収まりなどを実現していく。こうして、前アジアの時代には成立しようのなかった、全体の均衡美と細部の精密な造形美をあわせもつ高度な建築美が生まれることになった。

このようにして成立した専制国家の建築は、規模の大きさと質の高さをあわせもつ王権の施設である。そして同時に、ほぼ例外なく宗教建築でもあった。専制国家の揺籃期に成立した建築の社会的、造形的性格は、第三章で述べる専制国家の発展期において一段と鮮明に現れることになる。

第三章　世界帝国と世界宗教　建築の展開

1　世界宗教へ

専制国家の神々

古代初期、前アジアの時代では宗教と王権は分離することの難しい一塊の存在であった。そして共同体の構成員はその紐帯を一体化した宗教と王権に委ねた。宗教＝王権は構成員を組織し、食糧や物質の生産と確保を確実なものにしようとした。一方、構成員の組織化は、他の共同体との連携や抗争の場面でも機能する。宗教＝王権は「擬人化された集団的欲望」とも捉えられており、[*1]神々は特定の土地に結びついて共同体を守り欲望を叶える守護神であった。王は託宣や占術によって神の意思を知り、これを執行する存在であったから、この時代の建築は王権のための施設が同時に宗教建築であった。

しかし群小国家間の抗争が常態になっていくと、軍の指揮権が自立し始め、宗教と王権は分離し始める。

同時に、群小国家群の統合が進んで領域国家へ、そして専制国家の成立へと向かう。そして古代の後半に至ると、専制国家どうしの抗争と統廃合の後、世界帝国といえる強大な国家が成立する。

群小国家の統合が進むにつれて神々の世界では習合や同一視が行われ、[*2]有力な神々は発祥の地から離れて徐々に普遍的（グローバル）な存在へと変貌していった。さらに、宗教世界を統制しようとする世俗の王権は、多様な神々の中から特定の神を選択的に取り上げ、王権の権威を守る存在へと位置づける。

シュメールの時代を代表する三大神、ウルクのアン、ニップールのエンリル、エリドゥのエンキは、それぞれ天、地上（空間、颪、嵐）、地下の深淵を司る神であった。これらは普遍的な神格のようにもみえるが、シュメールの地から視認できる環境でイメージされた、具体性をもつ天上、地上、地下界を司る神であったと考えられる。一方、アッカドがシュメールを統合して専制国家が成立しウル第三王朝に至ると、王は各地の主要な神々の祭儀権を独占的に掌握したと考えられている。[*3]この過程で、同名で同じ役割の神であっても、視認の範囲を超えたより広い世界を司る神に変貌していったと思われる。

スケールの変貌は文字記録に明快に表れるようなものではないが、具体的な経緯がわかる例もある。古バビロニア王国（前一八三〇～前一五三〇年頃）が成立すると、地方都市に過ぎなかったバビロンの都市神マルドゥク（図1）は、バビロンがメソポタミアの中心都市になったことで最高神へと昇格する。この経緯は、エリドゥの都市神であり地下の深淵の神、知恵の神であるエンキの長子という立場で表明される。注目すべきことは、目立たない地方神にすぎなかったマルドゥク神の劇的な変貌ばかりでなく、この時期のエンキが小都市エリドゥの土地神であった前三〇〇〇年頃の状況とは比較にならない立場、国家神の父というはるかに広大な領野の中に位置づけられたことである。

図１　円筒印章に描かれたマルドゥク神

エンキの出自は、メソポタミアの歴史を通じてよく承知されていたであろうが、この時代にはエリドゥよりも首都バビロンの神殿で、より荘重な祭儀を受けるようになった可能性が高い。都市国家群が広い領域をもつ専制国家に発展することは、神々も国家の規模に合わせて変貌を遂げることを意味し、発祥の土地を呑み込んだ広域の守護を司る存在、あるいは発祥の地から相対的に離れた存在へと変わっていった。

アマルナに遷都しアテン神を「創造」した新王国時代のエジプトでは、発祥の地から離れた神の性格が鮮明である。目立たないエジプトの地方神であり太陽神であったアテン神は、ミタンニ王国の出身らしい王妃ネフェルティティがもたらした西アジアの太陽神と習合し、唯一神信仰ともみえる宗教改革の要になったと考えられている。この宗教改革は失敗するが、伝統的に認められた神格とは異なる神を意図的につくり出すという事態がありえたことを示している。短期間とはいえ発祥の土地の曖昧な神がたしかに存在していた。

前一五〇〇年頃、アッカドの北部に定着したミタンニ王国を興した謎の多い民族は、インドラ、ヴァルナ、ミトラ、ナーサティヤなどインドの『ヴェーダ』文献に現れる神々を記した楔形文字の文書を残しており、インド・アーリアの一派であると考えられてきた。[*4] 前一三三〇年頃にミタンニ王国が滅亡すると、この地の東半分（西半分はヒッタイト領）がアッシリア帝国に替わる。

前八世紀頃、アッシリア帝国の北方に隣接して興ったメディア王国は、直接の文字記録がなくわからないことが多いが、イラン・アーリア民族の国家であった。この民族の祭祀階級であった「マゴス神官」たちは、西アジアにゾロアスター教の系統に連なる宗教をもち込んだ。これらの民族とともに移住した神々は、西アジアにとって、出生地から離れ民族を超えて信仰される宗教の早い例である。この様相は、北方から異民族が侵入し、先住民族と混交していった古代ギリシアにおいても顕著である。そして、ギリシアとよく似た神々を抱えながら、さらに西アジアやエジプトの神々を奉じた古代ローマにおいて一段と際立っている。

アーリア民族の神々については、この民族のもとの定住地が不明瞭で初期の様相もよくわかっていない。しかし、中央アジアからインド亜大陸やイラン高原へ移住したことで、土地神という性格が希薄になり消失していったであろうことは想像に難くない。民族移動の当初は氏族の守護神という性格を強く保っていたと思われるが、新たに定住する土地を得てから時間を経て氏族の枠を超えていったと考えられる。その過程は、先住神を氏族神の「権化」（同じ神が姿を変えて現れること）とみなして習合する場合、よく似た神名や役割を手がかりに同一視する場合、さらには先住神と氏族神の聖婚を通じて合一する場合など、さまざまな過程が存在したようである。この結果、アーリア民族の神々は普遍的（グローバル）な神格へと変貌していった。

東アジアでは、土地神の性格を残す神の記録はほとんど残っていない。氏族神に該当する神格は一族の祖霊としてその信仰を維持していったようで、やはり初期の様相がよくわからない。秦始皇帝による専制国家の体制を引き継いだ漢の統治は、儒教の隆盛を促し、おそらくこのことが、前アジアの時代から生き延びていたさまざまな土地神の存在を希釈してしまうことに繋がった。

土地から遊離する神々が各地に現れた後、西アジアに現れたゾロアスター教を嚆矢として、地中海ではユダヤ教の真の唯一神学が興る。同時代、南アジアでは仏教やジャイナ教など、（バラモン教からみて）いわゆる「非正統（ナースティカ）」といわれる宗教が現れ、東アジアでは天を奉ずる儒教や諸子百家が台頭する。いずれも古代宗教の最終段階に現れた、旧宗教とは性格の異なる新しい思想をもつものである。

古代の新宗教

前五〇〇年の前後二〇〇年あまりの時代、人類は初めて高度な精神へ到達したと考えられている。この時代はカール・ヤスパースによって「枢軸時代」と名づけられた。[*5] この時代は、古代の宗教にとって新しい時代の開幕を意味している。新しい宗教は、いずれも創始者自身が救済の道を模索することに端を発し、人々の救済を最大の目的として組み立てられた。そして新しい神格は世界の創始者、あるいは世界を支える法則を創造し維持する世界原理、世界神というべき存在である。必ずしも人格神であるとは限らず、守るべき特定の土地も民族も国家ももたない。個人の救済は世界神の創造した法則を十分に理解し、この法則に沿って生きる努力を経て実現する。

「枢軸時代」に生まれた宗教は以下のようである。至高神の主旨に沿う倫理を示し、これを守ることで救済の道を示したゾロアスター教。バラモンの神々も支配する世界法則を解明し、これを至高の存在とした仏教。世界創造神である唯一神を戴き、他の神々を否定するユダヤの一神教（後述のように、個人救済の性格を引き受けながらも民族神の性格を保つ特殊性がある）。ここから派生し、民族の枠組を離れて個人救済を明確な目標としたキリスト教。国家のありようを通して個人の救済を実現しようとし、為政者の倫理を天の意思に基づいて説いた儒教。文明以前の世界を理想として回帰を目指す老荘思想、などである。

新しい神格と宗教観が各地に生まれた原因は、発達の途上でどの文明にも現れた荒廃した社会状況にある。巨大国家が生み出した社会階級に付随する、権利と経済力の極端な格差。そして特権と経済力で守られた旧宗教の勢力。この弊害を統制できない未熟な内政。大規模で一段と苛烈になった国家間抗争。農地開拓を中心に、乱開発が引き起こした洪水などの環境の悪化。貨幣の流通や交易の発達による異なる共同体間の交流と経済の不安定要素の劇的な増加等々である。これらは人類が初めて経験する文明の抱える諸問題であり、専制国家が揺籃期から成熟期へ向かう途上の時代に噴出したのであった。

新しい宗教は、深刻な社会問題と対峙することで誕生したが、その洞察は社会問題を突き抜けて人間存在の本質へ向かった。ここに現れた神格は、前代の延長にある守護神とは別なカテゴリーに属している。しかし新宗教が誕生した早い時期から、生き延びようとする旧宗教とのあいだで融和が始まり、新しい神格も旧神と横並びに位置づけられていった。そしておそらく、この交代期に消失してしまった神々も少なくない。

古代の宗教世界は、「枢軸時代」を挟んで劇的に変貌した。専制国家は当初、王権の守護神とその権威を否定しかねない個人救済の宗教を冷遇するが、結局、個人救済の宗教を国家宗教として受け止めていく。新宗教の台頭は、旧来の記念性を継承しつつも多様な変化を遂げた新しい宗教建築をつくりだしていった。

第三章では、共同体の拡大と混交の状況に並行して進展した神格と宗教の変遷、そして新宗教の台頭と王権の関係に注意を向けつつ、専制国家の揺籃期以後の建築の変遷と発展、そして、これを支えた技術の様相をみていくことにしたい。

2　世界宗教の成立と建築の変遷

2・1　エジプトと西アジア

エジプト建築の柱と梁

エジプトの宗教と西アジアの宗教は、古代世界のなかで対比的な存在である。支配民族が次々に入れ替わって土着の神々と外来の神々が数多く併置され、出生地から切り離されていった西アジアの神々に対し、古代エジプトでは外部からの宗教的影響をほとんど受けないまま長い歴史を過ごしたようにみえる。

古王国時代のピラミッドは、第四王朝のスネフェル王のピラミッド以後、正方形の底面をもち四方位に正しく対峙するようになったことはすでに指摘した。第三王朝のジョセル王のピラミッドでは、葬祭殿がピラミッド北辺に位置して東に入口を設けていたが、スネフェル王のピラミッド以後、葬祭殿はピラミッド東辺中央にとり付くようになる。死後に神となったファラオの霊魂は、この葬祭殿において日々神官たちの祭礼を受けた。その主な内容は、ファラオの霊魂に食物を供することであった。葬祭殿の最奥の壁には扉の形を模した壁面である「偽扉」があり、この前面で食物を供した。

スネフェル王のピラミッド葬祭殿は簡素な施設で、壁体を巡らし上部に砂岩の厚板を渡して屋根としたものにすぎなかった。しかし、この時代以後の葬祭殿は、中央に石造の柱と梁で区画された中庭をもつように

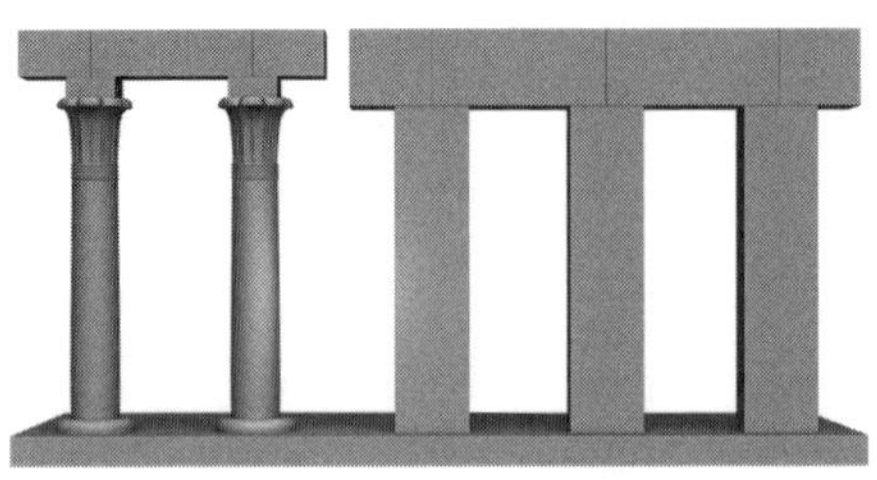

図３　第４王朝葬祭殿（右）と第５王朝葬祭殿（左）の石造柱

図２　ジョセル王のピラミッド複合施設入口の石造柱

なる。柱と梁でつくられた石造建築の萌芽は、ジョセル王のピラミッド複合施設の中に見出される。ここでは「日乾レンガ、木材、アシ、藁（わら）、筵（むしろ）など軽い自然の素材[*6]」でつくられてきた建築の姿を、石造で写すことが試みられた。しかし、ピラミッド複合施設への入口にみられる図2の柱のように、第三王朝ではまだ石造の独立柱を用いるには至らず、短い壁の端などに柱形をつくり出していた。

ところが、たとえば第四王朝のカフラー王のピラミッド葬祭殿では、大規模な施設となって中庭の輪郭は幅の広い角柱を並べて構築された。ただ、この角柱の柱列とみえるものは、開口に挟まれた壁体の一部であり、そのアイデアは壁構造の延長にある。第四王朝の葬祭殿では総じて同様の構造体が繰り返された。

しかし第五王朝になると、デザインされたシルエットをもつ丸柱が現れる。図3は壁体に開口を開けようとしたカフラー王のピラミッド葬祭殿の構造体と、柱と梁を組んで構築しようとしたサフラー王のピラミッド葬祭殿（図3左）の構造体を併置したものである。両者を比較すれば、第五王朝に至って壁構造の延長にあった構成が、柱と梁を組み合わせるアイデアに変貌していることがわかる。

中王国時代に首都がテーベ（ルクソール）に遷ると、それ以後、歴代のファラオの墓所はテーベの対岸、ナイル河西岸の「王家の谷」に設けられるようになった。谷あいに地下墓を掘削するようになったため、葬祭殿は墓所から離れて独立して建てられるようになる。

「太陽神殿」など若干の例外を除けば、古王国時代に遡る石造の宗教建築は、ほぼピラミッド複合施設である。ところが新王国時代には、葬祭殿ばかりでなく独立した巨大な神殿建築が建立されるようになった。

テーベの土地神であったアメン神は、この地が首都となったことで太陽神ラーと習合してエジプトの神々の筆頭に位置づけられるようになる。ハトシェプスト女王はアメン神の子であることを主張し、アメンヘテプ三世は、テーベのカルナック神域に大規模な増築を実施している。直後のアメンヘテプ四世（アクエンアテン）の改革は失敗に終わるが、この改革ではアテン神という神格をたて、一神教ともみえる神学とアクエンアテン個人だけがこの神と交感できるとした。これは、古王国時代のように王権が祭儀権を取り戻そうとした試みと考えられている。[*7] 新王国時代の後半、アメン神の祭司集団は多くの神殿領をもち、王権に対峙するほどの勢力をもったようである。この時代、王権と祭司集団の勢力が分離し拮抗しかねない事態が起きたことは、古代の王権と宗教の様相を考えるうえで注目される事態である。

新王国時代の歴代のファラオは、カルナックのアメン神殿を中心に積極的に神殿を増築し、また新築した結果、アメン神殿は巨大な建築複合体へと成長し、カルナック一帯は広大な聖地に変貌した。次頁図4はカルナック神殿複合施設の中に建つコンス神殿である。正面のパイロンとよぶ高い壁体を通過して建物の中に入ると、内部は柱・梁構造と壁構造との複合体である。中庭をもち複合構造とする点は、古王国時代の葬祭殿やテーベの葬祭殿の構成にも通ずる。新王国時代には、このように二種類の構造が複合する様子がよくみられる（次頁図5）。これは、古王国時代の葬祭殿の変遷が示すように、壁構造を中心に発達した石造建築

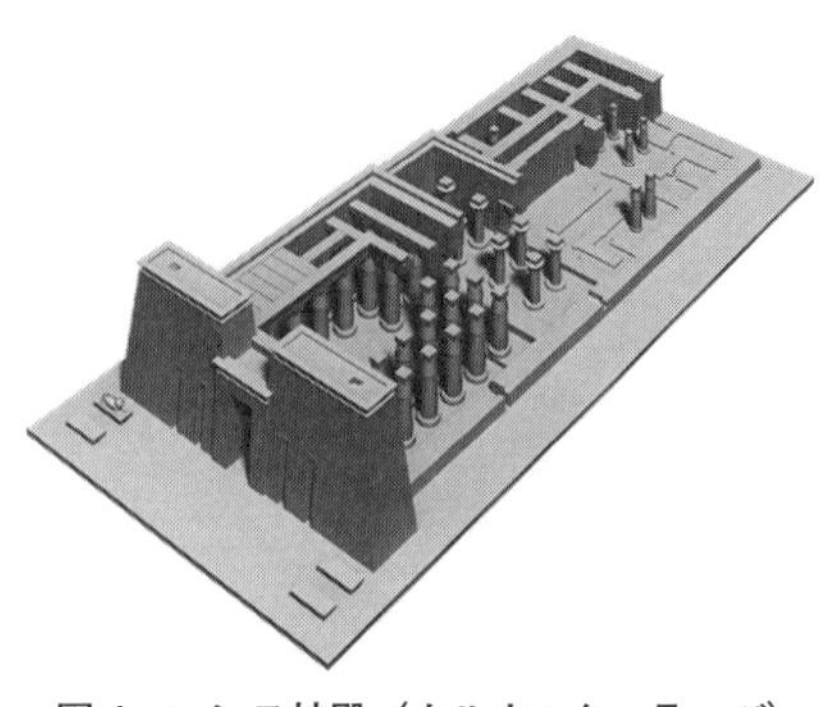

図4　コンス神殿（カルナック・テーベ）

図5　壁と柱梁の混構造

の中に、やや遅れて柱・梁の構造体のアイデアが組み込まれていった過程に起因するように思われる。また、そればかりでなく、木材の供給が難しかった古代エジプトでは、木造の柱・梁構造が発達する素地をもたなかった。このため、柱・梁構造が石造で実現した後も、他の文明にみられるような木造架構特有の複雑なシルエットが現れることがなく、独立柱上に梁を架ける簡素な構成を維持することになった。

図6は、古代エジプトの歴史を通じてよく使われた、さまざまな形状の石造柱を並べたものである。いずれも古王国時代の初期に顕著であった平易な幾何学的形状とは異なる、表情のある造形をみせている。とはいえ、これらも確実な再生産を実現するために、「型」を用いるなどの工夫が潜在していると推測される。とくに頭部に特徴がみられるが、柱頂に柱頭よりも小さな直方体を載せて桁や梁を積載し、肘木（ひじき）のように横に拡がることがない。したがってこれらの中に、構造的に意味をもつ柱頭は一つもなくすべてが装飾である。このことは、石造に置き換えられるもととなった古代エジプトの柱が、大きな屋根荷重を受ける経験を一度ももたなかったことを意味している。

古代エジプト文明が発展した時代、アフリカ北部はすでに砂漠化が進行しており、現在と同様に年間を通じてほとんど降雨がなかった。した

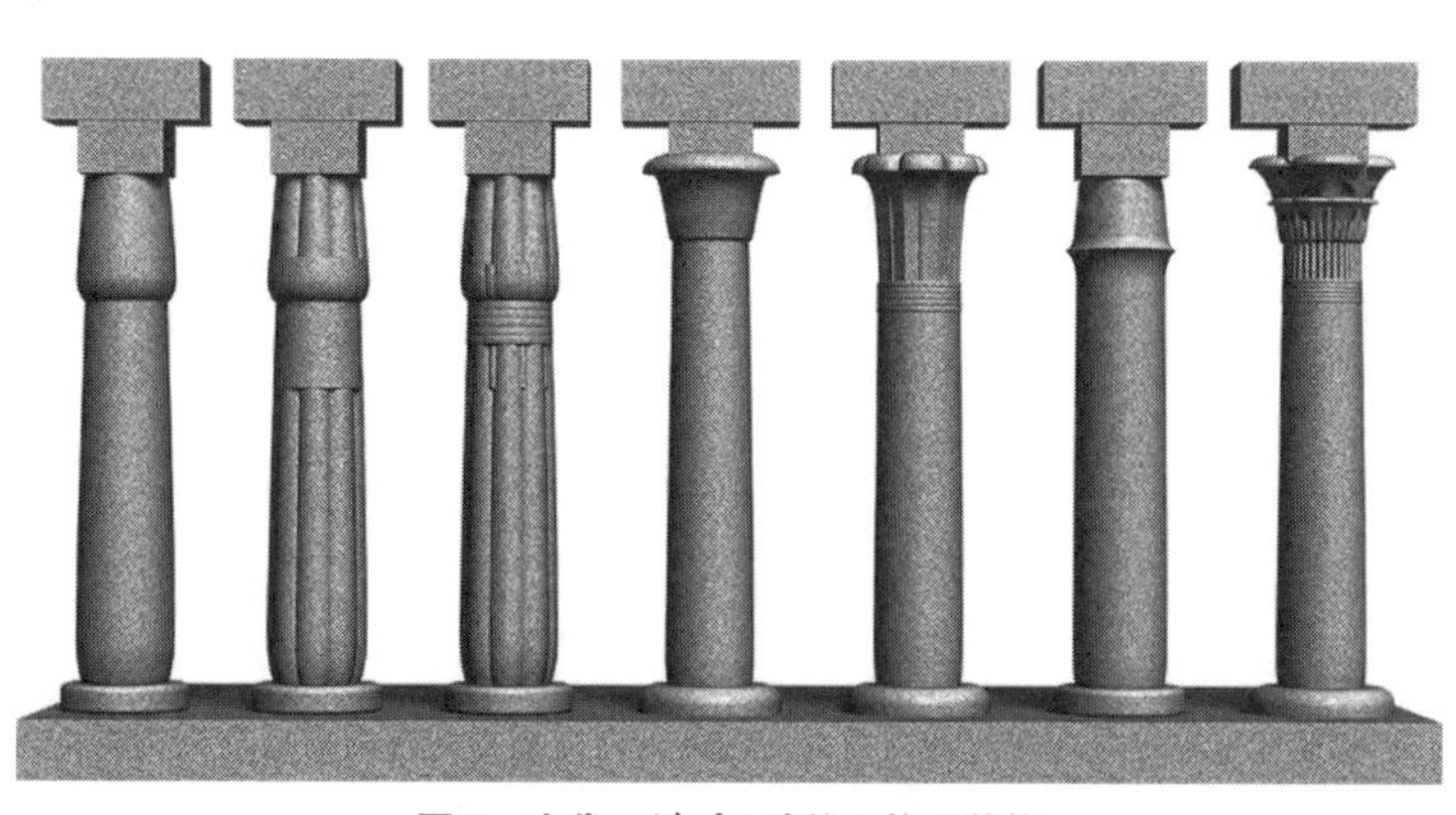

図6　古代エジプト建築の柱の装飾

がって瓦を発明する機会をもたず導入する必然もなかった。そしてそれ以前に、瓦を要求する母体となる木造建築がほとんど存在しなかったようである。木材の入手は容易ではなく、レバノン杉を輸入していたことはよく知られている。このため屋根荷重が増大することがなく、構造的に意味のある柱頭を生まなかった。もちろん柱頭以外のさまざまな工夫、たとえば柱どうしを繋ぐ横架材を組み合わせた構成なども、重量のある屋根を載せないため現れる必然がない。一方、柱がもつ独特のシルエットは「胴張」ともみえる形状である。これはおそらく経年変化によって胴部に撓(たわ)みが現れた、葦を束ねた柱のシルエットを形象化したものと推察される。

新王国時代、神殿と葬祭殿はいずれも外周を壁体で囲み、内部に柱列を並べ梁を架けて屋根となる石板を載せた。古代エジプトの柱と梁の構成は、おそらく木造柱に起源をもたないため架構の姿がごく簡素なものになった。これらの架構は、他の文明ではみられない独特の始原的な力強さ、美しさをみせている。

西アジアの国家と宗教

第二章ではウル第三王朝成立の頃までを述べた。本節では、アッシリア帝国の成立以後を中心に取り上げたい。とはいえ西アジアでは、この時代全般を通じて宗教建築の気配がきわめて希薄である。その理由についても検討を試みたい。

前二二〇〇年頃からアッカド王朝は徐々に支配力を失い、前二一〇〇年にはウル第三王朝が興る。しかしこの国家も前二〇〇〇年には滅亡する。この頃、アーリア民族の一派であるヒッタイト人がアナトリア高原に侵入し、前一九〇〇年頃にはバビロン第一王朝（古バビロニア王国）が興った。前一八〇〇年頃、ハンムラビ王によってシュメール一帯がバビロンの支配下に入るが、ヒッタイト王国がシリアやバビロン王朝の支配領域に南下し、バビロン第一王朝は前一六〇〇年頃に至って崩壊する。ヒッタイト王国はその後、メソポタミア北部をどのように支配したのか明らかではないが、前一五〇〇年頃にはアッカド王国の土地に重なるようにミタンニ王国が成立した。この王国もアーリア民族の国家と考えられているが、サンスクリット語の文字記録を残しており、バラモンの聖典『ヴェーダ』文献に表れる神々を奉じていた。いったんインド亜大陸に進入したアーリア民族のうちの一部が西へ向かい、この王国を興したとも考えられている。[*8] この王国は製鉄技術をもち、複数枚の木板を繋ぐ円盤状の車輪が一般的であった時代に、車輻をもつ軽快な車輪を使った戦車を発明していた。鉄製武器と高速な戦車による高い戦闘力によっておよそ一〇〇年にわたって強国として君臨したが、最終的にヒッタイト王国によって滅ぼされる。このときミタンニ王国領の東半分をもって独立したのがアッシリア王国であった。前一三五〇年頃のことと考えられている。

アッシリア王国は、バビロニアや周辺都市国家との抗争を繰り返し、前八世紀に至って大帝国を構築する。広大な領土を覆う道路網に合わせて駅逓（えきてい）制度を設け、史上初めて常備軍を備えて属州の支配を強化し、反乱などに対し苛烈な支配を行ったことが知られている。抵抗を試みた都市国家は、徹底的な虐殺と破壊を受けて壊滅した。また、都市によっては強制的な移住政策によって住民を入れ替え、遠方へ移動させられた民族も多かった。この施策は、民族とその出生地を切り離すことが、民族の力を殺ぐと考えられたことを示している。土地神を紐帯の要として成立した地縁的共同体の性格をよく理解していたのだと思われる。

首都をニネヴェに置いたアッシリア帝国の宗教上の施策は、第二章で述べたようにバビロニアの宗教と相違がない。アッシリアの国家神であるアッシュール神の神話は、マルドゥク神の神話をそのまま神名を入れ替えて採用したものである。

ミタンニ王国やヒッタイト王国の侵入、そして強制移住策によって攪拌された西アジアの多神教世界は、一部の有力な都市神を除き、群小の土地神が民族とともに滅びるかあるいは出生地から切り離され、土地の守護神という性格を失っていった。シュメール以来のメソポタミアの宗教の発展が終着点に近づきつつあったことを示している。

前八世紀の終わり頃、北方にアーリア系の国家であるメディア王国が興り、前七世紀最後の四半世紀に至って新バビロニア王国（カルデア王国）が台頭する。そして前六〇九年、両国の連合軍によってアッシリア帝国が滅亡する。旧アッシリアの首都ニネヴェを境界とし、その北をメディア王国、南を新バビロニア王国が支配したが、両大国はそれぞれ東と西に向けて領土を拡張していった。メディア王国はまだ小国だった民族国家ペルシアを属領とし、その東端は現在のパキスタン西部に至る。一方、新バビロニア王国の西征は地中海沿岸に展開し、前五八六年頃にエルサレムを滅ぼし、一万ほどの民をバビロンに強制的に移住させた。いわゆる「バビロン捕囚」である。後述のようにバビロン捕囚は、単一の神を拝するとはいえまだ多神教的な宗教観に属していたユダヤ教に決定的な影響を与える。

ジグラトの発展

新バビロニア王国の時代、バビロン捕囚を執行したネブカドネザル二世（在位、前六〇五〜前五六二年）と次代のナボニドゥス王（在位、前五五六〜前五三九年）によって、古都ウルの各所に改造が加えられた。ネブカドネザル二世は改変を率先したが、ナボニドゥスの方針は復古的であったと考えられている。前二一〇〇年頃、ウル・ナンムとシュルギによって、おそらく大々的に改造されたウルのジグラト（再掲第二章図17）は、ネブカドネザル二世の時代、最下層を残すばかりで上部を喪失していたらしい。これは、この王によって改造のために破壊された可能性も指摘されている。このためナボニドゥスは過去の姿に戻すことをやめ、積極的な再構築を行ったとも考えられた。ウル・ナンムの時代、三層の基壇上に神殿を載せていたジグラトは、高さ五〇ｍを越える七層のジグラトにつくり直された。

図7に掲載した姿は、発掘資料とヘロドトスが記したバビロンのジグラトの描写などを手がかりに、ウーリー卿によって推定されたナボニドゥス改修の七層のジグラトの姿である。[*9] 最上層のナンナ神（月神）の神殿をウル・ナンムの時代から一段と高くもち上げた意図は、洪水から逃れるという当初の目的から飛躍し、専制国家が目指した建築の記念性の一つである巨大さを、高さの獲得によって実現しようとしたものである。

新バビロニア王国はエジプトと争ってシリアを手に入れ、地中海に繋がる通商路を確保した。このため都市バビロンは当時、世界一の商都になったと考えられている。この財力をもって再興したマルドゥク神の神殿が「バベルの塔＝エ・テメン・アン・キ（天と地の境界の家）」である。

図7　ウルのジグラト復原図（前550年頃。ナボニドゥス再建時）

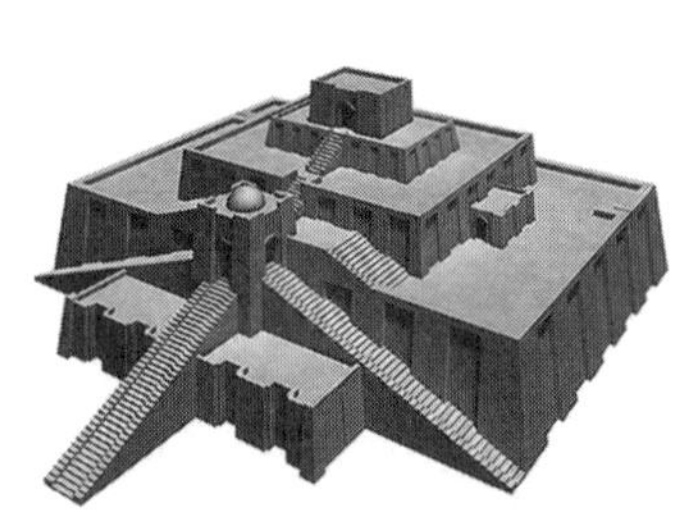

再掲第二章図17　ウルのジグラト復原図（前2100年頃。ウル・ナンム再建時）

メディア王国に遅れて北方から西アジアに進入したペルシアは、メディア王国北部を経由し、いったんイラン北東端のウルミア湖の南西へ進出した。その後、南東へ移動してイラン高原に至り、現イランの南部一帯を支配したと考えられている。メディア王国の属領から離れて新バビロニア王国と同盟を結び、前五五〇年にメディア王国を滅ぼしたが、前五三九年には新バビロニア王国をも滅ぼし、西アジア一帯を支配する大帝国アケメネス朝ペルシアを構築した。

西アジアでは以上のように多数の民族が入れ替わり、戦争と破壊が繰り返された結果、都市遺跡、神殿や宗教施設など残されたものがきわめて少ない。しかし後述するように、宗教施設の痕跡が極度に少ない原因は、たんに破壊が繰り返されたことだけではない。

アケメネス朝ペルシアの宗教建築

メソポタミアの宗教の進展は、アッシリアの時代までにほぼ一段落していたとみえる。ここに、メディア王国とアケメネス朝ペルシアによってアフラ・マズダーを最高神とする宗教がもたらされた。しかし最高神が判明しているにもかかわらず、アケメネス朝ペルシアの宗教とその施策は難解である。

アケメネス朝ペルシアの創始者キュロス二世（前六〇〇年頃～前五二九年）は黄金の板に、アフラ・マズダーの加護で王位を得たことをペルシア楔形文字で記し、後述するダレイオス一世の墓所にはアフラ・マズダーとこの王を現したレリーフが刻まれている。ダレイオス一世もまた「偉大なるアウラマズダー（アフラ・マズダー）」から王権を授けられたとする碑文を各地に残している。したがってこの王権は、出生地をもたない最高神アフラ・マズダーの権威によってその正当性を主張するが、その主張のありようは、後に考察するようにそれまでの専制王権とは異質であった。

ゾロアスター教はインド・イラン民族の古い宗教を批判し、改革を目指したザラスシュトラ（ゾロアスター）が興した宗教だが、不明な点が多い。彼の活躍した時代についても、前一〇〇〇年頃から前六〇〇年頃まで所説あり明らかではない。[*10] 主神をアフラ・マズダーとする聖典は、ゾロアスター教の『アヴェスター』とその後代の派生聖典以外にないから、ペルシアの宗教はゾロアスター教だと容易に考えられそうだが、その内容については問題視されてきた。この神格はアーリア民族の古層の神格に基づくとする意見もある。比較神話学者であるジョルジュ・デュメジルは、インドでもイランでも崇拝された大神ヴァルナ（水天）を起源とする意見を認め、ザラスシュトラはすでに存在していたアフラ・マズダーを最高神とする宗教改革に、さらに改革を重ねた宗教と判断している。[*11] このためアフラ・マズダーを最高神とすることだけでは、ゾロアスター教と断定できないと考えられてきた。[*12] まず、ゾロアスター教とその系統の宗教について簡単に整理しよう。

西アジアに伝わったゾロアスター教系統の宗教は、メディア王国の六支族の一つである祭祀部族「マゴス神官団」の宗教、後のズルワーン教（ゾロアスター教に先行するとする意見もある）、キリスト教から転身したマニ（二一六～二七七年頃）によるマニ教などがある。これらの宗教にかかわる最初期の聖典は、ゾロアスター教の聖典『アヴェスター』以外にはない。しかしこの聖典は、古層である「ガーサー」で批判された祭礼や供犠が新層で復活するなど複雑なテキストである。『アヴェスター』新層にみえる供犠などの復活は、ザラスシュトラの没後、教団がワユ（軍神、バラモン教のヴァーユ、風天）、ミトラ、アナーヒターなどの古神を認め、いったん斥（しりぞ）けられた供犠とともに復活させたためだと考えられている。

　ザラスシュトラは神官の出身で、共同体の紐帯を確認しあう祭礼であった犠牲獣を用いる祭儀やハオマ（ソーマ）を用いた祭儀を強く批判した。ザラスシュトラが示した神々の世界は、アフラ・マズダー（全知、あるいは叡知の神の意）を頂点としてスプンタ・マンユ（聖霊）と六柱のアムシャ・スプンタ（分神、陪神、神の使い、大天使などとされている）、さらにこれらの神格に対立するアンラ・マンユ（悪霊）、アカ・マナフ（悪思）、ドゥルジ（不義）などの悪魔によって構成される。[*13] これらの神格と魔的存在は、つきつめれば徳目とその反対項を並べたともみえる。このように善悪二元論的な世界構成を示したうえで、個人は善悪の行為を自主的に選択できるとするが、選択の結果に対し相応の賞罰を受けるとする終末論が付随する。「苦果をうけるか、楽果をうけるかは、各人の自由な「選取、えらび」によって決定される」のである。[*14] 人は死後、生前の行為によってただちに天国か地獄へ振り分けられるが、世界の終末に至って最終的な審判を受ける。その審判は全知、叡知の神であるアフラ・マズダーによって執行される。

　したがってザラスシュトラの宗教の特徴は、共同体の守護神と祭儀で構成された従来の宗教とは根本的に異なっており、個人の救済とその方法、行動指針として倫理を位置づけている。倫理は王権が示し遵守させようとした法と異なり、内的で自発的なものであるから、彼の主張は神格の援助と自助努力による救済の道を示したものである。神と個人の繋がりは血縁や地縁などと無関係に、個人の自覚に依存し、日々の行動に自発的な倫理的判断と指針を与える。したがってゾロアスター教の歴史的意味は、宗教のあり方を根本的に変えたことにあった。

共同体の紐帯を維持する土地神への信仰にとって、紐帯の脅威となる行為は否定すべきものである。共同体を維持するための法的基準の提示と審判も、世界各地に残る神明裁判の痕跡によってかつては宗教（神官）の役割であったことがわかる。しかし、王権と宗教的権威とが分離し王権が宗教世界を統制するようになると、『ウルナンム法典』や『ハムラビ法典』のように世俗の法を明文化するようになった。

さて、たとえばシュメールのエンリルやギリシアのゼウスなどの神話をみれば、有力な神々の行動は欲求の赴くままの非道徳的な行動が際立っている。これらの描写を「人間的」とする解釈もあるが、古代であっても懲罰の対象とみなされる行動であろう。この種の行為を神話として描写する意図は、神々が人間社会を超越した存在であることを示そうとした、と考えることもできる。社会秩序の破壊ではなく、社会秩序を超越していることが描写の主旨であったとすれば、ザラスシュトラの示した神格は対極に位置する秩序の体現者、アシャ（天則＝正義）を創造した当体であり徳目を生み出す力を神格化したものである。つまり、前者は人のイメージの延長にすぎないが、後者は世界原理、世界法則ともいうべき存在である。

しかしゾロアスター教は、先に述べたようにザラスシュトラの死後に大きく変容したと考えられた。アケメネス朝ペルシアのゾロアスター教に、どの程度「マゴス神官」の宗教などの影響があったのかほとんどわかっていない。それでもアフラ・マズダーは、聖典『アヴェスター』に記されるとおり善悪の基準と倫理の重要性を示し、個人に選択の覚悟を求める存在であった。アケメネス朝ペルシアの王権がこの教義をよく理解していれば、自発性に価値が置かれているから、これを国民に強制することはなかったであろう。そしてこれは、征服した新バビロニア王国のマルドゥク神の祭祀を認め、捕囚から解放したユダヤ民族のカナンへの帰還とソロモン神殿の再興を容認した施策に現れている。この事態は古代世界では奇異なものに映る。古バビロニアのマルドゥク神やエジプト新王国時代のアメン神などの神学的な施策、皇帝神への祭礼を強要した帝政ローマの施策などと比較すれば、王権の宗教を強要しないペルシア帝国の施策は古代世界では異例だが、これはゾロアスター教のなりたちに起因するのだと考えられる。

図8　ビストゥンの記念碑（前6世紀）

倫理の神であるアフラ・マズダーが認めた王権は、正義を重んじ公正な判断力をもち、巨大国家を統べる十分な資質をもつことを意味するであろう。図8はダレイオス一世が王位についたことを記念するビストゥンの磨崖碑である。中央上部にアフラ・マズダーが配置され、左方に王位を簒奪しようとしたマゴス僧を踏みつけるダレイオス一世が描写される。アフラ・マズダーがダレイオスを王として認める場面を描くことで、王権の資質と正当性を国家の内外に示そうとするものであった。[*15]

ゾロアスター教は個人の倫理規範、行動規範を示す新しい宗教であり、国家を守護する宗教ではない。そのため私的で簡素な祭礼に終始したと推定される。したがって神殿など特別な宗教施設をもたなかったであろう。ペルシアの王権はキュロス二世の時代から、壮大な宗教建築に依存するのではなく、ペルセポリスに王宮を造営し、世俗の施設をもって王

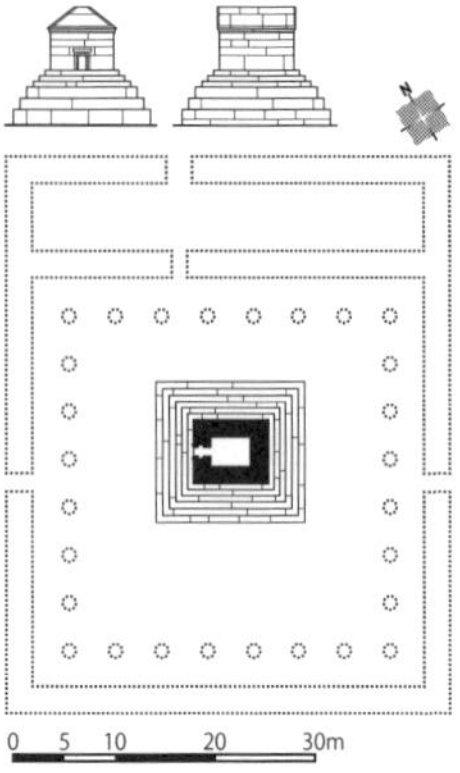

図9　キュロス2世の墓所配置平面図・立面図

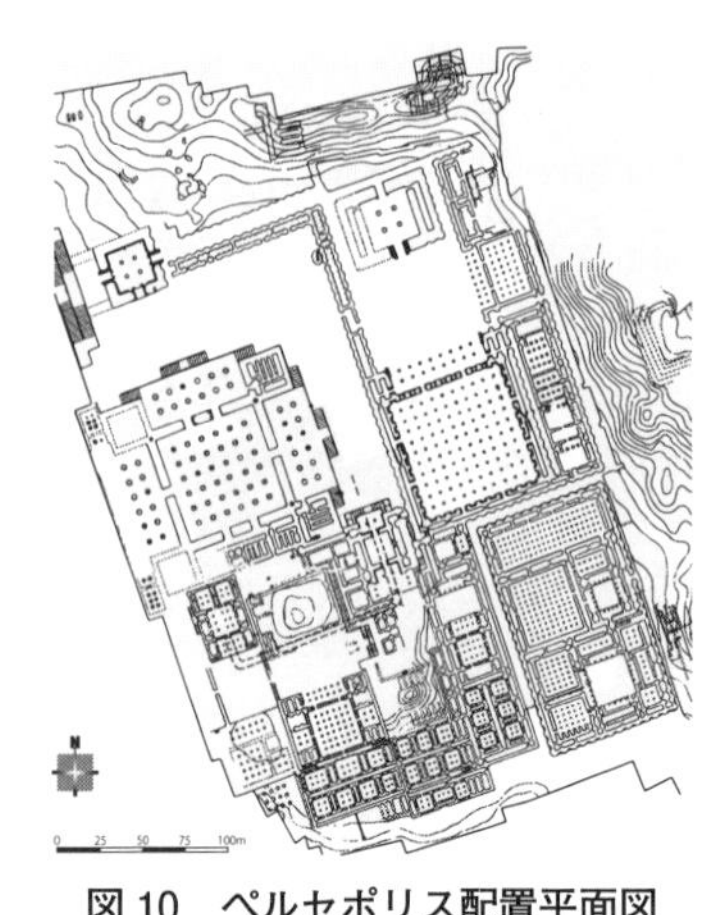

図10　ペルセポリス配置平面図

権の力を示そうとした。

パサルガタエのキュロス二世の墓所と伝えられる施設（前五二〇年頃？）は、六段の基壇上に建つ切妻屋根の石造施設である。西アジア全域を支配する巨大な専制国家の王墓としてみれば、規模が小さく簡素な施設である（図9）。アケメネス朝ペルシアの王家の宗教にとって、壮大な王墓や神殿を造営する必然が希薄であったことを示している。[*16]

ペルセポリスは、アケメネス朝ペルシアの代々の王によって増築が加えられた宮殿の集合体である。この施設は新年祭の執行や謁見などに限定した儀礼用の施設であり、王が常住する施設ではなかったらしい。アレクサンダー大王の東征によって焼失したが、発掘調査がその大要を明らかにしている。その様相は図10に示すように壮大な規模の建築群であった。その一画を占めるダレイオス一世の謁見の間「アパダナ」には石造の柱列が残り、柱頭は両頭の牡牛の姿を模している。これは上部で交差する二本の木造の梁を、一方を牡牛の両頭で受け、他方を牡牛の背に載せた肘木を介して受ける仕様に復原されている（図11）。不明瞭な点も残るが、上部に木造屋根を載せていたことは確実である。

ナクシェ・ロスタムの岩崖に設けられたダレイオス一世の横穴墓は、その入口にアパダナと同じ両頭の牡

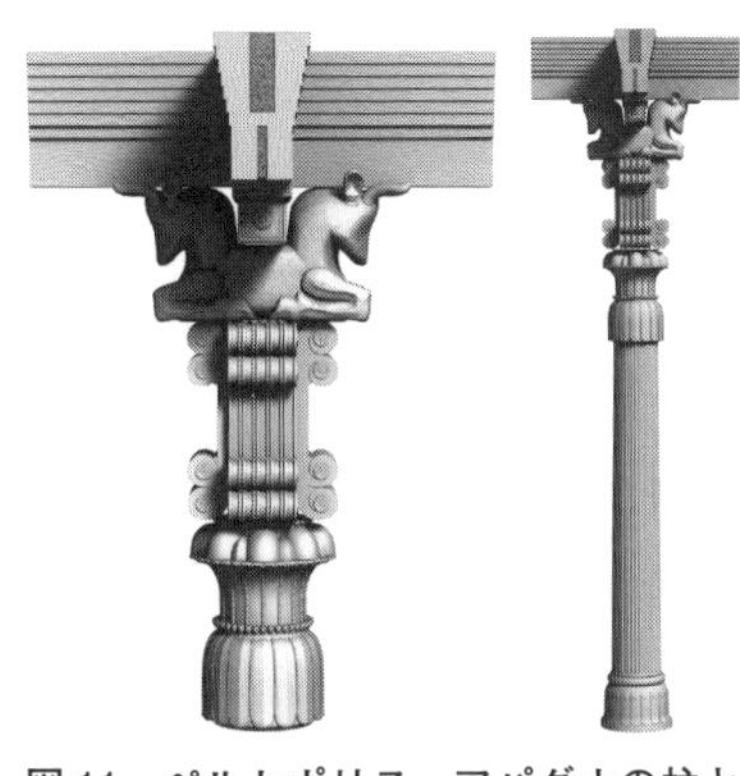

図11　ペルセポリス・アパダナの柱と柱頭

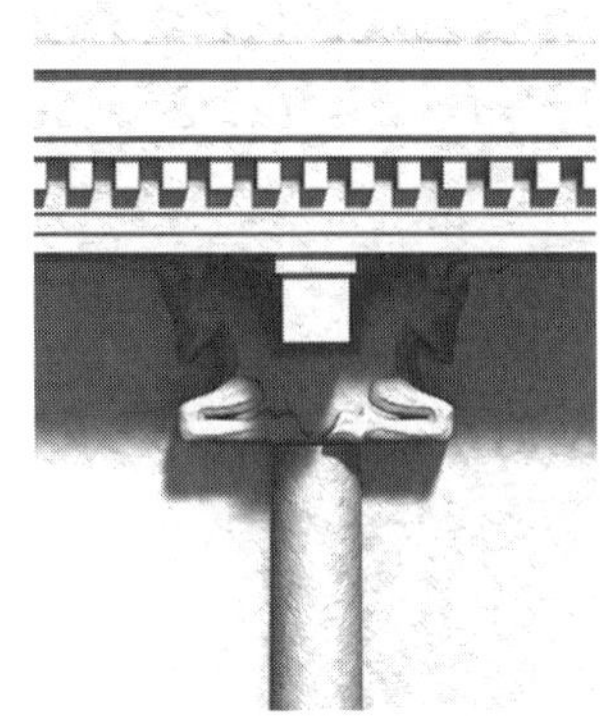

図12　ナクシェ・ロスタム横穴墓入口

牛の柱頭をつくり出している。その中央には、牡牛の背に載って伸び出す梁端の上に軒桁を載せている。これは梁の先端を伸ばすことで、柱筋から軒桁を外に追いだして支持しようとする架構である（図12）。軒桁上には緊密な間隔をとる垂木の形象を並べている。したがってこの墓所の例をみる限り、両頭の牡牛の形状は段差をもつ梁と桁を一つの柱頭で支持するための工夫であると考えられる。段差のある交差する桁・梁を一挙に支持する柱頭の工夫は、東アジアの木造建築にも共通するテーマであった。

なお、ペルセポリスでは、さまざまな神格への祭礼が行われた記録が発見されている。そこではペルシアに近い神々ばかりでなく、エラムの神やメソポタミアの神も含まれていた。このように多神教的特徴が現れたことで、アケメネス朝ペルシアの王家の宗教は、「アウラマズダー」を至高神としていてもゾロアスター教ではないとみる意見がある。[*17] しかし、ペルセポリスは世俗の施設であり統治のための施設、諸民族の朝貢、謁見、祭礼などに用いられた施設である。さらに先述のように、自己選択を重視する救済の宗教であるゾロアスター教と守護神を奉ずる宗教とは、なりたちや性格が異なっており、ゾロアスター教の側からみれば両者の併存が矛盾を起こすものではない。ペルセポリスの多様な祭祀の様相は、かえって当時の王権がゾロアスター教の教義をよく理解していたことを象徴するものだと思われる。

アケメネス朝ペルシアの時代の宗教建築は、他の地域と比べると異常なほど残っていない。この原因は、先に述べたように大規模な戦闘と破壊が繰り返されたであろうこととともに、後のイスラム教によってさまざまな旧宗教が駆逐され、多くの宗教建築が破壊されたことにもあるであろう。しかしそればかりでなく、王権の力を誇示する宗教建築を生み出してきた旧宗教に対し、アケメネス朝王家の宗教であったゾロアスター教は、王権のモニュメントを残すような性格ではなかったことに起因していると考えられる。

一方、アパダナの柱頭は、部材の機能に沿った大胆で精緻な装飾が施されており興味深い。とはいえこの柱頭は、この施設がゾロアスター教とかかわる王家の私的な性格のものではなく、多様な民族と接触する謁見のための公的施設、王権の力量を示そうとした宮殿建築であったことを表している。

ササーン朝ペルシアの宗教と建築

アケメネス朝ペルシアはアレクサンダー大王の東征によって滅亡し、前三一二年にギリシア系国家セレウコス王朝が成立する。この結果、西アジアは古代ギリシア文明の影響を強く受けるようになった。一方、東方ではアルシャク朝パルティアが勃興し、西進を続けてセレウコス王朝の領土を侵食した。西アジアはギリシア植民都市の神々、アケメネス朝ペルシア以来のイラン・アーリア民族の旧来の神々も、あらためて地位を得たようである。代々のパルティアの王名にミフル（ミスラ）が多く認められることから、とくにミトラ教が隆盛したと考えられており、神王思想の存在も指摘されている。[*18] ただ、パルティア王国は各国を属領と

図13　ナクシェ・ロスタムの横穴墓

して地方分権的な統治に終始した。このことも、多様な信仰が残ることになった理由であったと思われる。そして神王思想は、専制王権のそれとは少し意味が異なり、地方勢力の台頭に備えて王威を示すものであったらしい。

パルティア王国時代の西アジアの宗教世界は実態がよくわかっていない。後一一四年に古代ローマとの戦争によってパルティア王国が疲弊したのち、アケメネス朝ペルシアの末裔でありイラン高原南部に位置していたペルシス王国が台頭してササーン朝ペルシアが成立する。この王国が残した文書や遺構から、ゾロアスター教やミトラ教など多くの宗教が生き延びていたことが明らかになった。ササーン朝ペルシアは、アケメネス朝時代と異なり、ゾロアスター教を国家宗教として位置づけた。このため国家施策としてアレクサンダー東征時に失われた資料を補填することを目指し、伝承や文献の収集に努めた。

ナクシェ・ロスタムの岩崖には横穴墓が四つ残されている。その一つが先述のダレイオス一世の墓所である。遺体を山頂で曝葬（ばくそう）し遺骨を集めて横穴墓に安置したと考えられている。他の三つの横穴墓もアケメネス朝各代、クセルクセス一世、アルタクセルクセス一世、ダレイオス二世の王墓と考えられた。したがってこれらはアケメネス朝時代の遺構である。しかし、以下に述べるようにササーン朝の時代においても特別な土地と考えられていたようである。

図13はナクシェ・ロスタムの横穴墓群、次頁図14はその足下に残る「カーベ・

図14　ザラススシュトラのカーバ

イエ・ザルドシュト」、ザラススシュトラのカーバといわれる方形の建物である。この建物はアケメネス朝ペルシアのゾロアスター教の建築として希少な遺構と考えられているが、実際には建立年代も用途も不明である。壁面の碑文は、ササーン朝ペルシアの皇帝であるシャープール一世（在位、二四一～二七二年）に仕え、多くの拝火施設の管理や神事、祭礼を担当した高位聖職者カルデールの文章が刻まれており、伊藤義教がこの碑文の翻訳を試みている。伊藤はその内容から、この建物がアケメネス朝時代からあり、純粋に宗教的な用途に供したものではなかったと捉えている。[*19] しかしたしかな用途は現在でも明らかではない。

ササーン朝ペルシアを興した王朝は、ゾロアスター教の神官階級の出身であり、神官職と王を兼務した。このことが政教一体の体制を生み、ゾロアスター教を国教とした主な理由であった。これは、個人の救済を目指した宗教があらためて国家の守護神という、旧態と同じ位置に置かれたこと意味する。しかし個人の救済という性格を失わったわけではない。国家宗教となったことで各地に拝火壇が建立されたが、その経緯は、偶像を祀る神殿を拝火神殿に置き換える、または、すでに存在した拝火壇を聖別するなどの過程を踏んだようである。拝火儀礼は火そのものが礼拝の対象なのではなく、火を通じて神々と交感する。パルティア王国の時代に普及したとみられている恒常的施設としての拝火壇は、ササーン朝ペルシアの領内各地、とくにペルシア州を中心に建立された。この簡素な施設は、四面の壁に大きな開口を設けて上部にドームを戴くものが多い（図15）。拝火壇の上部に、ただドームだけを架けようとしたともみえる施設である。ゾロアスター教の寺院は、この拝火壇とは別に火種庫や神官の生活施設をもち、これらの施設を周壁で囲んでいた。

簡素な施設とはいえ、レンガや石材だけでこのような形状の建築をつくることはそれほど容易ではない。正方形の平面をもつ躯体の上に半球状のドームを載せることは、レンガや石材などでは容易につくりがたいため工夫が必要である。もっとも簡単な方法は、壁体上面の四隅に水平梁を斜めに架けわたして全体で八角形となる土台をつくり、この上にドームを載せる方法である。そのような長材（梁材）を用いてドームをかける架構、あるいは長材そのものをスキンチという（次頁図16上）。しかし、梁のような長材が豊富に入手できるのであれば、もともとレンガや石材を用いて構築する方法はとらなかったであろう。長材が簡単に入手できないため、この方法では施設の規模に限界があった。より大規模な施設では、躯体の四隅の位置でドームを支えようとしてその下部四か所にアーチを穿(うが)ち、さらに躯体上面の四隅の空隙を、徐々に小さくなるアーチを連ねて覆う方法をとった。アーチの連なりの外観は、円錐を縦に半分に割って横に倒したような形状になる。この構法をトロンプとよぶ（次頁図16下）。いずれの方法も西アジアによくみられる技法である。しかし、イラン高原に残るササーン朝ペルシアの拝火壇では、正方形の平面から円形の平面に向かって、徐々に輪郭を変える石材ブロックの列を重ねて内

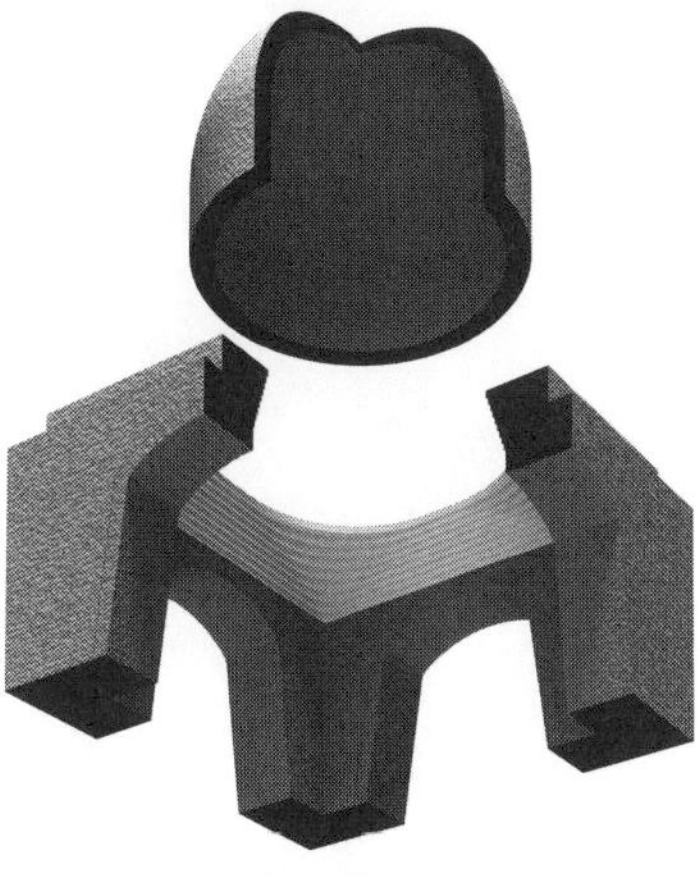

図 15　拝火壇を覆う施設

図16　建物四隅のドームの支持方法

壁をつくる方法をとっている（前頁図15下）。迫出構造とアーチ構造が混在する事例は世界的にほとんどみられず稀少である。

碑文など文字記録が伝える内容によれば、ササーン朝ペルシアには国家の威信をかけた最上位の四つの拝火壇が存在し、国土の四方を守護していた。そして、それぞれの火に与えられた名称も記録に残されている。しかし施設の詳細は不明である。[*20] ゾロアスター教の倫理観からみておそらく華美な施設ではなく、イラン高原に残る拝火施設とさほど変わらないものであったとも思われる。

ゾロアスター教に特有の建築として、拝火壇以外に「沈黙の家」がある。アケメネス朝からササーン朝ペルシアに至るゾロアスター教は火と大地を神聖視したらしい。このため死穢である遺体を火葬とすることも土葬とすることもせず曝葬を行った。ナクシェ・ロスタムについて述べたように、山頂など特定の場所に石製の寝台を設けて遺体をこの上に曝し、鳥類などに遺体の始末を任せる風習である。これは後に「沈黙の家」とよばれる専用の施設を設けるようになる。この施設は遺体安置用の寝台を並べた施設で、高い壁に囲まれ屋根をもたない。

ミトラ教

ミトラ（ミスラ）神は、イランとインドのアーリア民族に共通した古神である。契約や規則を司るヴァルナ（水天）神と対をなし、友愛や盟友を司る神とされている。契約と友愛がなぜ対をなすことになるかは、前アジアの時代に遡る贈与システムに起源があるためだとする指摘がある。[*21] ヴァルナとミトラは常に対で言及され、ミタンニ王国の発掘記録にも表れることから、前一四〇〇年頃にはすでに西アジアで知られた神格であった。しかし、アケメネス朝ペルシア以後の西アジアでは、初期の信仰形態から離れて単独で祀ることが多かったようである。神格にも変質がみられる。太陽神、軍神として位置づけられ、牛の供犠を奉ずる密儀宗教へと変化したと考えられている。この段階に至ったミトラ教は本来のミトラ信仰とは別種の宗教と考えられているが、[*22] 変質後の詳細は現在でも不明な点が多い。ただ、入信して密儀に参画することで個人の救済が得られるとする点は、デュオニソス信仰などの古代ギリシアの密儀宗教とも共通する特徴であり、旧来の共同体の紐帯を担う守護神の宗教とは性質を異にしている。とはいえ、古代宗教の最終段階にみられる思想性と倫理観を伴う宗教とは別ものである。

ミトラ信仰の変質過程の詳細は不明だが、おそらく劇的な改革が行われたこととそれを実行した神官たちの存在が推定されている。変質後のミトラ教は、すでにヘレニズム時代にギリシアに伝わっていたと考えられているが、帝政時代のローマ帝国において隆盛した。主に西アジア出身の下級の軍人を通じて盛んとなり、キリスト教が国家宗教として認められるまで最大のライバルであり続けた。ミトラ教とその建築については、あらためて古代ローマ建築の項で取り上げたい。

2・2　地中海

i　東　岸

シナゴーグ

旧約聖書によれば、ユダヤ教の神ヤハウェはモーセと彼が率いる集団のエジプト脱出を助け、シナイ山（現在のシナイ山ではない）で契約の書を与えて一世代にわたる荒野の徘徊に付き添い、ついに約束通り「蜜と乳の流れる土地」カナン（パレスチナ）にモーセの民を導き、定住させた神であった。史実としてみれば前一二〇〇年頃のことである。以上の経緯からみて土地神とはいいがたい。しかし、第一章で述べたように起源はおそらく家族神だが、共同体に定住の地を約束する点に、土地神としての性格が潜在しているように思われる。史実としてのヘブライ民族は、アラビアの砂漠地方から地中海東岸へ北上したセム族の一派と考えられている。そして一部エジプトへ定着した集団が、後にエジプトを離れてシナイ半島を徘徊した後に、すでに同胞が定住しつつあったカナンに合流したという過程が推定されている。

十二の支族からなるヘブライ民族は戦闘を繰り返し、ついにカナンに定住する。この時点ではまだ統一国家へ向かう途上にすぎなかったが、前一〇〇〇年頃、周辺国との紛争を繰り返すうちに、サウル王を経て、ダビデ王による統一国家の成立に至る。神ヤハウェは、ここに至って国家守護神の役割を与えられることになり、ソロモンが建立したエルサレム神殿がこのことを象徴している。以後、ユダヤ教の神殿はエルサレムの神殿一つだけであった。ただ、この神殿よりもはるかに大きなソロモンの宮殿が隣接していたという旧約聖書の記述は、世俗の王権と宗教・神官団とが分離しつつあったことを示している。つまり、祭祀王を戴く前アジアの時代の様相ではなく、専制王権と宗教の関係を示している。

安定した定住生活は、当時のシリアの民族たちが奉ずるバール神の信仰などが流入する契機となり、ユダヤの神は民族の紐帯が脅かされることに苛立ちを表すようになる。この過程には一神教の性格が見え隠れするが、他の神々の存在そのものを否定する後の時代の一神教の性格はまだ認められない。

ダビデ王にはじまりソロモン王を経た統一国家は、前九二八年頃になって北方のイスラエル王国と南方のユダ王国（北辺のエルサレムを首都とする）という二つの国家に分裂する。およそ二〇〇年後、イスラエル王国はアッシリア帝国によって滅ぼされ民族は四散した。さらにその一五〇年程後、残るユダ王国も新バビロニア王国の攻撃を受けて首都エルサレムが陥落し、いわゆるバビロン捕囚の時代に至る。ユダヤの民は一世代の時間をバビロンで過ごし、アケメネス朝ペルシアが新バビロニア王国を滅亡させたことで解放され、ユダヤの地に戻りエルサレムに神殿を再興した。この頃、ヤハウェは世界創造神として位置づけられ、他の神々がヤハウェの被造物にすぎず、神に値しないとする真の唯一神の観念が誕生したようである。新しい神学は『イザヤ書』の中の氏名不詳の著者「第二イザヤ」の記述にみられる。[*23] この時代に伝承を集め、はじめて編纂された旧約聖書は、この時代の性格を各所に残していると考えられている。

ユダヤの宗教は、バビロン捕囚の時代にさまざまな宗教と接触したはずである。夥しい数の近隣の神々、世界創造神へと格上げされたバビロンのマルドゥク神、そして北方、西方から渡ってきたアフラ・マズダーを信奉する宗教にもたしかに接触したであろう。そして、個人の救済を目指す新しい宗教の考え方は、ユダヤ教にも大きな影響を与えたと考えられる。

倫理を中核に据えた宗教観、世界創造神という救済者への希求、終末論と最後の審判の観念などは、ゾロアスター教の影響を受けた結果と考えられている。こうして他の神々、他の宗教へ視野が拡大する経験を経たことがユダヤ神学を鍛える大きな契機になった。

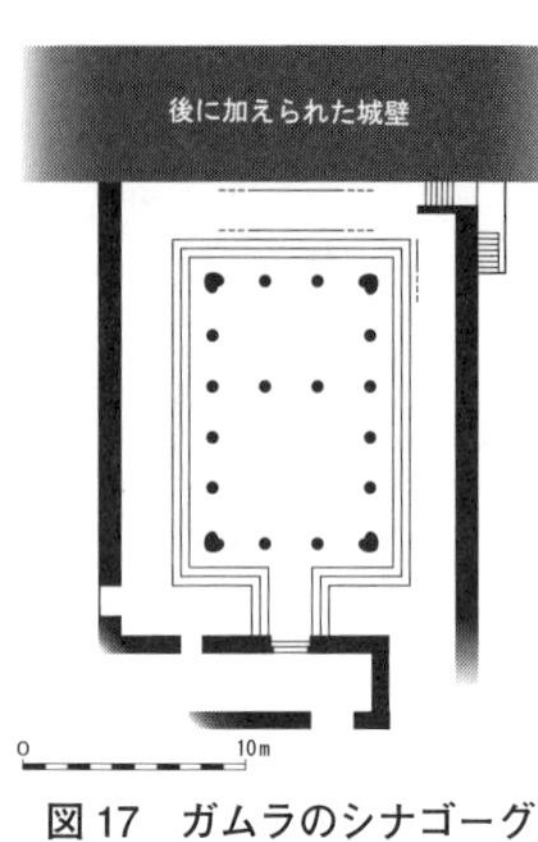

図17　ガムラのシナゴーグ遺跡（前1世紀）

しかしバビロン捕囚時代のユダヤ民族にとって、個人の救済と民族の救済とは同じことであった。つねに強国の影響下にあって育まれた民族の紐帯を第一とする視点は、神学として再構成されてついに真の一神教を生み出したが、一方、エルサレム神殿と律法学者に導かれたユダヤの宗教は、民族のための宗教という枠組みから逸脱するものではなかったと思われる。このためユダヤ民族の神は、旧来の民族神の性格を保ちつつ個人の救済の性格を重ねる異例の過程を踏むことになったと思われる。[*24]

ヘレニズム時代に盛んになった交易は、ユダヤ民族が地中海沿岸の各地に拠点を設ける契機となった。その後セレウコス王朝の支配下では、エルサレム神殿にギリシア神ゼウスを祀ることが強要されたことが契機となって、王国は内乱状態へ移行する。ハスモン朝（前一四〇年頃～前三七年）の時代に続いた内乱はユダヤ民族を各地に離散させる契機となった。さらにその後のローマ帝国の支配は、西アジア、エジプト、アナトリア半島、地中海北岸に離散する膨大な数のユダヤ人たちを生み出した。ディアスポラ（エルサレム外に離散し定着したユダヤの民あるいはそのコミュニティ）は、それぞれの土地に集団で定住し、シナゴーグ（集会所）を設けて安息日の礼拝を行い、平日は学校として聖書や律法を学ぶ場とすることで、民族のアイデンティティを守る拠点とした。[*25]

シナゴーグは地中海東岸、エジプト、西アジア、地中海北岸に多数つくられたことを示す記録が残っている。しかし確認できた遺跡は限られている。その起源は、ユダヤ人街の住宅などに定期的に参集したことにあったらしいが、前三世紀頃、専用の施設であるシナゴーグがつくられるようになった。[*26] 初期のシナゴーグはユダヤ人街の地割に合わせて建立されたため、礼拝のたびに律法書を収めた書庫をもち出し、エルサレムの方角に合わせて設置した。しかし前一世紀頃を過ぎるとシナゴーグはエルサレムに軸線を向けて建立されるようになり、律法書を収めた書庫はエルサレムの方向に固定され常設されるようになる。[*27]

図18　シナゴーグ内観の推定復原

図17はイスラエル北部のガムラにおいて発掘された、シナゴーグの遺跡平面図である。平面図の上方は、後に造営された城壁の一部に組み込まれている。床の中央は、周囲に三段の階段状の座席を設けて沈めており、その輪郭に合わせて柱列を巡らせている。四周の壁の残存状態は必ずしも良好ではなく明らかではないが、出入口を除き、窓などの開口をもたなかったようである。図18は推定される内観の様子を復原したものである。閉鎖的な空間の採光は、柱列上部に木造小屋組を架けてその側壁から採っていたと推定される。上部から光を採る構成は、後のキリスト教教会堂の採光

にもみられるため注目しておきたい。

ユダヤ教からキリスト教へ

イエスはローマ帝国支配下でユダヤ教を率いた権威ある神殿の司祭や律法学者たちを批判し続けた。その主張の背景には、神を、集団統制のための存在とみる特権階級（主に富裕層やエルサレム神殿に所属する司祭など）の解釈ではなく、下層の人々を救済する存在と捉える思想があったと思われる。唯一神の神学はすべての存在を創造主に帰すから、特別な階級やユダヤ民族だけが神の被創造物ではない。したがって潜在的に、あらゆる階級、民族が神の前で同一の価値をもち平等である、とする考え方が生まれる素地を孕んでいる。唯一神の神学をつきつめれば、選民思想を喚起する一方、階級意識や民族主義を無化する可能性も胚胎していた。

ローマ帝国が支配した時代、富裕層の支持を集めるサドカイ派へ、ファリサイ派やエッセネ派などから強い批判が示されたことは、神殿の権威に頼って専横に振る舞う司祭層への批判の背後に、極端な経済力の偏重などに起因した社会不安が蔓延しつつあったことを示している。そして神学の進展による普遍化と民族主義のあいだの矛盾も露（あらわ）になりつつあった。しかし後七〇年、ローマ軍によってエルサレム神殿が破壊されると、神殿の神官団を中核としたサドカイ派は急速に衰え、ユダヤ教の主流は律法を重視するファリサイ派に移行していった。

もとはユダヤ教の一派に過ぎなかったキリスト教は、旧約聖書に予言された救世主をイエス本人とみなすことが問題となって異端とみなされたが、このことがかえって民族の軛（くびき）から離れた自由な活動を手に入れる契機となったようである。世界宗教に至る過程では、律法の中に組み込まれた民族固有の習慣を、ユダヤ人以外の改宗者には求めないというパウロの判断も大きな契機であったと思われる。その結果、地中海東岸から西アジアにかけて広域の布教活動を展開することが可能になった。

シナゴーグで定期的に行われた礼拝や集会は、多少の相違も認められるが初期のキリスト教でも積極的に継承された。しかしキリスト教では四世紀中頃まで専用の集会施設をもつことがなく、入信者の私邸などに集まる少数の集会が多かったようである。キリスト教の礼拝専用施設が現れるのは、古代ローマにおいて公認されて以後である。キリスト教建築については古代ローマ建築を扱う後の章で検討したい。

ii　古代ギリシア

都市国家群

古代ギリシアの歴史は、前二五〇〇年に遡るミノア文明を嚆矢とする。前二〇〇〇年頃から、まずアカイア人の一派であるイオニア人が南下して小アジア（アナトリア半島）に侵入し、続いて前一八〇〇年頃になってあらためてアカイア人が侵入したと考えられている。前一六〇〇年頃からクレタ島ではミノア文明、ギリシア本土ではミュケナイ文明の繁栄がみられた。しかし前一二〇〇年頃になってそれまでの繁栄がいったん途絶え、前八〇〇年以後の歴史時代を迎えた。この四〇〇年ほどの中間の時期の様子は、線文字Bの解読によってかすかにわかっている。その状況は、西アジアの専制国家に倣った複数の小規模な国家が存在していたが、[*28]ヒッタイト王国を滅亡させ、新王国時代のエジプトを疲弊させた「海の民」の侵略を受けていたと考えられている。そして前一一〇〇年頃になってドリア人が北方からギリシア本土へ侵入を始める。前一二〇〇年頃から前八〇〇年に至る時代は、考古遺物や文字記録などがほとんどみられず、混乱と停滞の期間とみられた時代で「暗黒時代」とよばれている。この四〇〇年ほどの停滞期を経て、よく知られたギリシア文字を駆使する古代ギリシア文明の時代に至る。[*29]

前八〇〇年頃にポリス社会が成立し始めると、ギリシアの都市国家（ポリス）群は、地中海北岸、黒海沿岸、小アジア沿岸などに夥しい植民都市をつくった。地中海北岸は大河をもたないうえ雨量に恵まれない。冬期に雨期があるが年間降水量の乏しい地域である。このため天水や井戸に依存する農業が主流となり集約的な農業に移行する機会がなかった。乾燥気候に強いオリーブとブドウの栽培、羊、山羊を中心とする牧畜を主な生業としたことはよく知られている。

穀物は生産量が少ないが主に大麦を栽培した。このためギリシアの各都市国家は、穀物栽培を主とする他の地域のような集約と拡大が困難であり、離れた土地に植民都市をつくり分散することで増殖した。海洋国家である古代ギリシアの各都市は、海上交通の利便性から、まず小アジアの沿岸や穀倉地帯に近い黒海沿岸など東方の沿岸に進出し、やや遅れて西進してイベリア半島へ進出する。この結果、都市国家は遠隔地にいくつもの姉妹都市をもつことになった。

このような国家形態は、前アジア的な小国家が連携しながらも遠隔地へ拡散しつつ増殖を繰り返すものであったが、ただ分散するのではなく、主に海路によるネットワークによって相互に強く結びついていた。とはいえ諸都市は独立した主権をもち、姉妹都市といえども自治権をもっていた。したがって専制国家のように中央集権的な王権と官僚機構をもつ領域国家へ向かう素地をもたなかったと考えられるが、まったくそのような気配が存在しなかったわけでもない。都市国家間では早い時期から紛争が繰り返された。やや後の時代のアテネのデロス同盟とこれに対抗したスパルタによるペロポネソス同盟間の抗争、カルタゴの台頭などは史書に残る代表的な都市間戦争だが、小さな紛争や小競り合いなどは、農閑期である夏期（乾期）に都市間でつねに起きていたようである。これらの戦争では市民が防具と盾、槍などの兵装を整えて自発的に参加し、重装歩兵による密集した戦列であるファランクスを組んで戦った。丘陵の多いギリシアの地勢では、西アジアの戦車戦や騎馬戦よりも有利に働いたと考えられている。したがってポリスの市民は、牧畜業や農業を経営する（実働は奴隷が担当する）自由市民であるとともに、都市国家を守る戦士であった。[*30]

植民都市が遠隔地に増殖したことで一律な官僚機構や集権的な王権が成立しがたく、また、戦士である多数の自由市民のもつ発言権が、軍馬や戦車の所有者である少数の貴族の台頭を抑え、専横な権力を生む機会を与えなかった。これらのことが民主主義を生む土台となった。古代ギリシア文明は、他の地域の国家にはみられない都市国家群とその連合勢力という体制を維持し続けたが、すべての都市が一律に同様の政治形態をとっていたわけではない。強い王権が支配する都市や貴族中心の共和制都市なども存在し、さらに、同一の都市でも時代によって政治形態が変転した例も指摘されている。

古代ギリシア国家群の独特の発達過程は、前アジアの時代の群立する小国家の状態から自律的に移行したわけではない。周辺の先行文明の恩恵をさまざまな場面で受けた結果であった。おそらくフェニキアを経由した楔形文字に基づいたギリシア文字の発明と記録化、エジプト風の単位分数や計算方法など、いずれも先行文明と接触し盛んに交易を行うことでその影響下に文明の素地がつくられていった。

建築もまた同様であった。他の文明圏の専制王権が目指した建築の記念性は、古代ギリシアの宗教や権力にとってはやや距離のある存在であったが、後述するように神殿の石造化や記念碑的性格は先行文明の強い影響によって生まれた。ただ、対称的形態を実現しながらも四方位に正確に合致する例が少ないことなど、古代エジプト古王国時代のような明確な記念性はみられない。限定された記念性の様相は、西アジアのジグラトなどに共通する。いずれも前アジアの時代に成立した村落の構造や地形の影響を受けた都市形態の制約下で、可能な範囲の記念性を実現しようとした結果である。

一方、後代には劇場やアゴラ（広場、集会場）を中心とした諸施設など、石造の世俗建築もつくられるようになった。劇場はペルシア戦争以後になって成立した建築形式で、娯楽施設という性格を帯びながらも、演目の多くが神話に基づく仮面劇である。アテナイのデュオニソスの祭礼の一部として上演された経緯からみれば、本来の性格は宗教施設とみることができる。

古代ギリシアの宗教

古代ギリシアでは、いわゆる暗黒時代に異民族の侵入を経験した結果、異民族どうしが混交していったと考えられている。古代ギリシアの有力な神々は、その本来の出自とはさほど関係をもたないまま、いずれかのポリスの都市神（土地神）、都市の守護神に位置づけられることが多かった。後述するアテナ神などの例外もあるが、限られた有力な神々が各地のポリスで守護神として祀られた。

古代ギリシア神話に現れる有力な神格は、ミュケナイの時代に遡る神々と外来の神々とが混交し、家族に擬した関係を取り結んでいる。「オリンポス一二神」であるヘラ、ポセイドン、アルテミスなどよく知られた神々は、ギリシア北方に実在する三〇〇〇m級の高山オリンポスの山頂にゼウスを家長として住している。

神話や伝承の上では、ゼウスの配偶神であるヘラがサモス島の出身、ポセイドンはその南のロドス島、アフロディーテーはキプロス島、アルテミスはオルキュディア島(シチリア)ないしデロス島、ヘルメスはキュレネ山(アルカディア)など生誕の地が伝えられている。印欧語族の神格に由来すると考えられているゼウス神も、他の伝承もあるがクレタ島を出生地とするなど比較的明快に整理されている。またアテナ神のように、同一の土地で先史時代から続く古い神が生き延び、都市国家の守護神に至ったと考えられた例もある。[*31] したがって、ゼウスなど外来神とみられる神格でもいったんいずれかの土地神として祀られた時代があると考えられる。このことから前アジアの時代の集落と土地神のあり方をみることもできそうに思われる。しかし一方、アポロ神はデロス島で生まれたとする伝承もあるが、外来神と認識されており出自不明のまま祀られていた。

オリンポス一二神など有力な神々は、吟遊詩人ホメロスが整理する以前、ギリシア民族全体で共有された神格としてすでに伝承や神話が整理された時代が存在したのであろう。[*32] とくに天空神であり雷霆神でもあるゼウス、海の神でありゼウスの兄であるポセイドン、冥界を司るゼウスとポセイドンの兄ハデス、そして世界を三者で管理するとした役割分担などは、歴史的に無関係な出自の神々を対象に、ひとまとまりの神々の世界として整合性をとろうとする過程があったことを示している。この時代は、線文字Bの解読によってミュケナイの時代(暗黒時代以前)に遡ることが予想される。しかしそればかりでなく、暗黒時代を経てポリスが乱立するようになって以後、ポリスの連合など社会背景を反映したものであったであろう。したがって古代ギリシアの神々は、民族に共有された神格であるとともに、個別には都市の守護神という性格を併せもっている。[*33]

これらの神々に対する祭礼は、いわば国家の公的行事として執行された。[*34] 定期的に執行された供犠を伴う祭礼は、時間の経過によって、あるいは自覚の有無にかかわらず犯された罪などでコスモスに蓄積した穢(けが)れを祓(はら)い、健全な状態へ回復させる役目を果たす役割をもつと考えられている。この祭礼を執行する祭司は、特別な祭祀階級が残る地域やデルフォイのように神託を司る巫(かんなぎ)などの例外もあるが、一般に、市民によって選出された代表者が任に就いた。民主制時代のアテナイでは籤引きによって政府の最高官職者を選出したが、宗教行事を監督する官職者バシレウスは、九位に分かれた役職の第二位を占めていた。つまり、重要であり特殊な官職であるにもかかわらず、専門職ではなく一般市民がその任を引き受けた。これは、国家や法と神と祭祀が一体として機能する前アジア的な性格ともみられるが、しかし宗教上の特殊な能力や階級が王権と結びついた他の文明のあり方とは、宗教の位置づけに異質さが認められる。[*35] 定期的に執行された祭礼の役割は、宇宙論的にはコスモスの秩序の回復と維持、そして社会的には共同体への帰属意識を自覚させ維持することに限定されていたように思われる。当然のことだが、そこには王権の力の誇示という目的が存在しない。とはいえ、神殿の建設などに国家の威信をかけた努力が認められる点は、先行文明と異なるものではない。

都市の守護神とは別に、オリンピアのゼウス神殿、神託の聖地であるデルフォイのアポロ神殿のように、ギリシア全土の信仰を受けた特別な聖地が存在していた。いずれも定期的な祭礼が執行され、各地から人々が集まったと伝えられる。しかし古代ギリシア文明は太陰暦に閏月(うるうづき)を適宜加える不正確な太陽暦に従っており、ポリスを超えて統一した暦法も存在しなかった。未発達なままの暦法は、穀物生産に主力を置くことのなかった農耕のあり方、強力な統一王権が成立しなかったことなどに由来するであろう。このため、祭礼の期日など年ごとに揺らぎのある不明瞭なものであったらしい。また、神殿に神像が安置され祭礼が繰り返されたことは、具体的な神像や祭祀などには明確な類似性がないが、近東を介した西アジアの影響とも考えられている。

ギリシア全土で共通に信仰された神々は、都市の守護神としてそれぞれの都市国家の住民たち、出自の異なる多民族の出身者たちをとりまとめる精神的紐帯の要として機能した。それぞれの都市国家を代表する神殿は、このことを象徴する施設である。

木造神殿の誕生と発展

よく知られた古代ギリシアの神殿建築は、柱列が並ぶ矩形（くけい）の輪郭の上に軒の短い切妻屋根を載せたもので、装飾はともかく、建築形式としては比較的簡素な建築である(図19)。この形式は細部に相違をもつとしても、全体としてほぼ同一の形式を各地で共有し、祭神によって形式が異なるということもない。長期に渡って踏襲された柱と梁を組み合わせた構造は、木造建築の架構のアイデアに基づいたものである。柱と梁を組み合わせた石造神殿が生まれる過程について、以下に検討を加えよう。

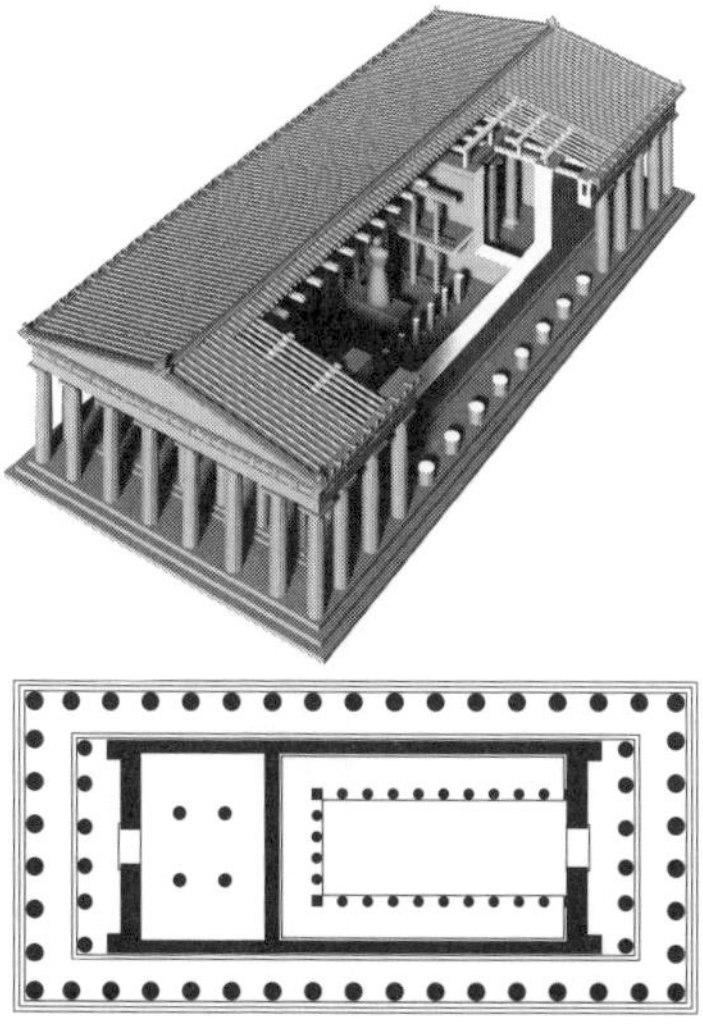

図19　パルテノン神殿（前435年頃）

前一四〇〇年頃に遡るミノア文明（クレタ島)、ミュケナイ文明（ギリシア本土）では、いくつかの宮殿建築と多くの円形墳墓が発掘されている。ミュケナイやピュロスの宮殿の一角にはメガロンとよばれる宗教施設が発見されているが、後の時代にみられるような独

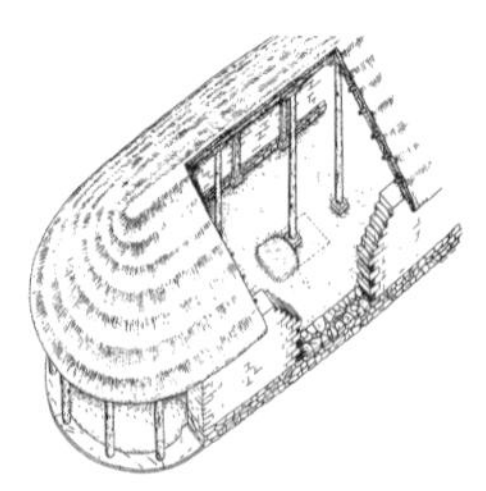

図21　アプシダルビルディングの復原案

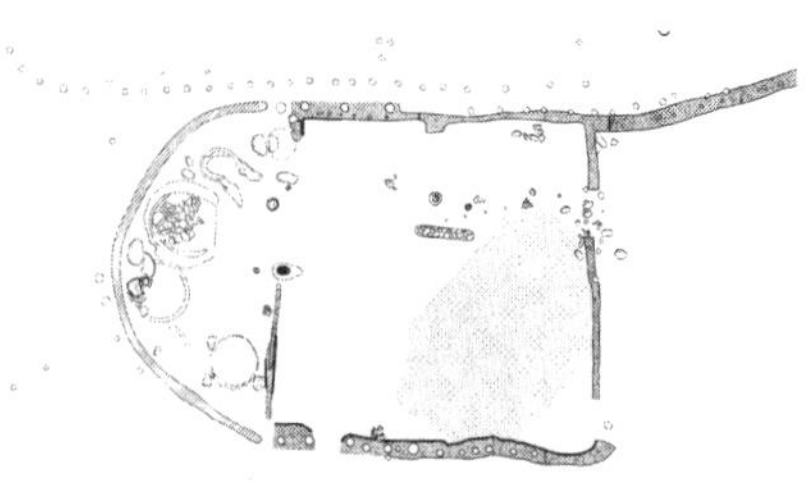

図20　マケドニア・シタグリの住居址（前3100〜前1000年）

立した神殿建築はみあたらない。前九世紀の遺址として知られている一二か所の神域においても、現在のところ専用の神殿建築の痕跡はみられず神殿は存在しなかったと考えられている。ところが前八世紀に遡る七〇か所以上の神域では、半数近くが神殿址を残すといわれている。[*36]このことから、神殿建築はいわゆる暗黒時代を経た後に成立した新しい建築形式と考えられており、その起源は簡素な住居であったと考えられている。

初期のギリシアの住居は、馬蹄形の平面をもった建物跡として出土している（アプシダルビルディング。図20、21）。木造の柱跡が残るが失われた上部構造の痕跡は少ない。とはいえ植物系材料を葺き、勾配をもった屋根を架けていたことはほぼ確実である。一方、矩形の平面をもち陸屋根（およそ水平の屋根）を載せたと考えられた住居址も併存している。異なる形式が併存する理由は、積雪量、降雨量の多少による住居形態の地域差を反映したもので、いずれも広大な古代ギリシア文明圏の中に分布している。

黎明期に現れた馬蹄形平面の神殿形式は、同様の平面形状をもつ住宅に起源をもつと考えられた。発掘例からの推定では、首長の居住空間であると同時に祭礼施設としての性格を兼ねていた可能性が指摘されている。[*37]これらの事例は内部空間を広げるため極端に細長い平面をもっている。この原因は、当時の技術では中央に棟を支持する柱列を加えてもなお、短辺の幅を広げることが困難

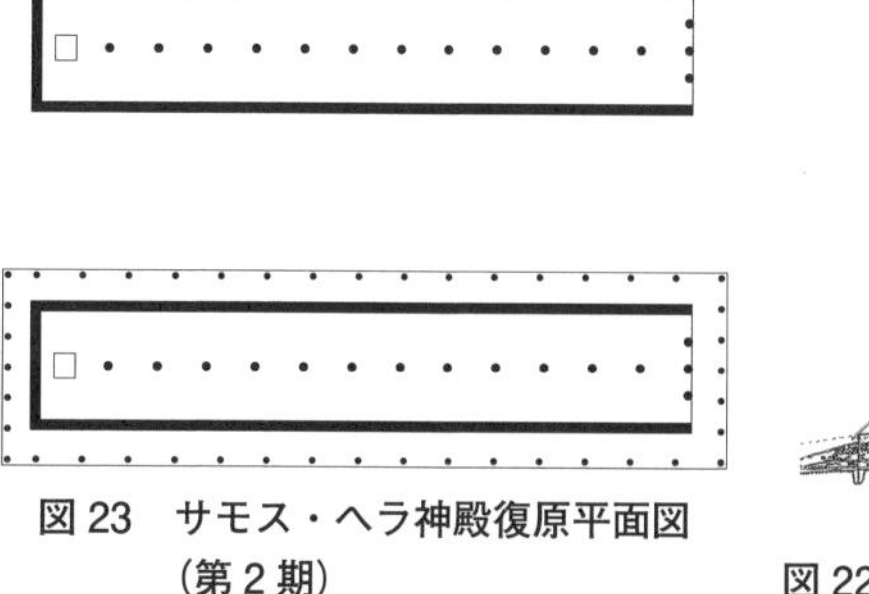

図 23　サモス・ヘラ神殿復原平面図（第 2 期）

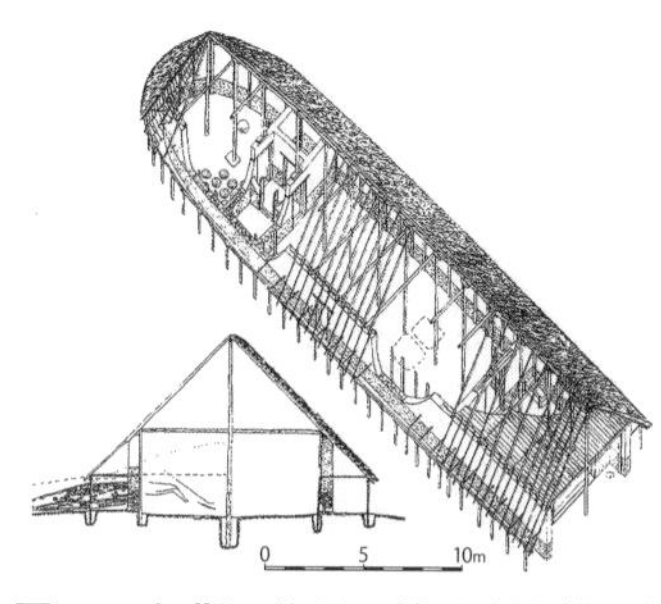

図 22　初期の住居・神殿建築（復原）

なため、空間の拡大が一方向に展開することになったためであろう。

初期の馬蹄形平面の神殿が日乾レンガを用いた壁面に漆喰を塗り草葺の屋根を載せていた点は、もととなった住居と同様である。ただ、少し時代が下ると建物の周囲に柱列を巡らせる例が現れる[38]（図22）。外周の柱列は、水に弱い外壁を風雨から守ろうとして深い軒をつくり、その軒先を支持するために設けられた[39]。起源となった住居と同じように建物後部を半円状の平面とする形式を踏襲している。この形状に合わせて垂木を積載すれば放射状に配置できるから、隅木を必要としない簡易な小屋組で済む。ただ、平面の形状からみれば正面は切妻屋根だったであろう。切妻屋根は妻壁を風雨に曝してしまう弱点をもっている。正面前面に独立柱や前室を設けたとみられる発掘例は、テラコッタの小モデルなどを例に、庇を付加するなどの復原案が示されている。独立柱や前室は、本来は妻壁を守るために大きく延ばした軒（傍軒）を支持する目的で設けられたものであろう[40]。

建物の外周に柱列をもつ「周柱式」の神殿のうち、確認できる最初の例は前八世紀中頃のサモス島のヘラ神殿（第二期）と考えられている。この神殿は日乾レンガに漆喰を塗布した壁体で内部を囲み、中央に一列の柱を並べる細長い矩形平面の建物だったが、やや後に、建物の周囲に柱を巡らせた時期がある（図23）。細長い壁体の外周に木造の柱列を巡らす理由は、日乾レンガや漆喰でつくられた壁を雨水から保護するため軒を深くとったためで、その軒先を支持する柱列であった。しかし木造柱であるから、経年による痛みは避けられないものであった。

テルモンのアポロ神殿の遺址に重なるように発掘された前身建物（前八世紀）の痕跡は、壁体の平面が細長い矩形であるにもかかわらず、その周柱の列が矩形の後部を馬蹄形に囲んでいる。これはこの神殿が、まだ草などを葺いた屋根を載せていたことを示している。草葺の馬蹄形平面の神殿は、紀元前七世紀の中頃になって屋根全面に瓦を葺くようになると、半円錐の屋根に瓦を葺くことが難しいため急速に衰退し、矩型平面に置き換わっていった。[*41]

前六三〇年頃に建立された第三期のテルモンのアポロ神殿では、背面を寄棟屋根としていた。コルフ島のモン・レポスのヘラ神殿（前六一〇年頃）も同様の屋根形式であったと考えられている。いずれも寄棟屋根に使われた特殊な瓦が出土しているが、切妻屋根の妻壁が雨水によって受ける損耗を、屋根の形状を変更することで回避しようとしたものである。寄棟屋根の瓦は、ペラコーラやデルフォイなども含めて後のドリス式神殿の発祥地で見出される。

この種の屋根形式は、おそらく前六七五年から前六五〇年に建立されたコリントのアポロ神殿（前身建物。現存遺跡は石造で建て替えられたもの）や同時代のイストミアのポセイドン神殿（前六九〇〜前六五〇年頃。神殿本体は七世紀中頃に完成していたと考えられている）に遡るから、七世紀中頃、ギリシアの神殿は確かに寄棟屋根を架けた例が存在していた。コリントのアポロ神殿（前身）の瓦は、軒瓦をパンタイル（本瓦葺の平瓦に相当）とカバータイル（丸瓦に相当）で構成するが、これより上の瓦は両者を合体させた桟瓦（さんがわら）を用いている。この瓦は一辺が六七cm角の大きさをもち、三〇kgほどの大きく重い瓦である。さらに、屋根の隅

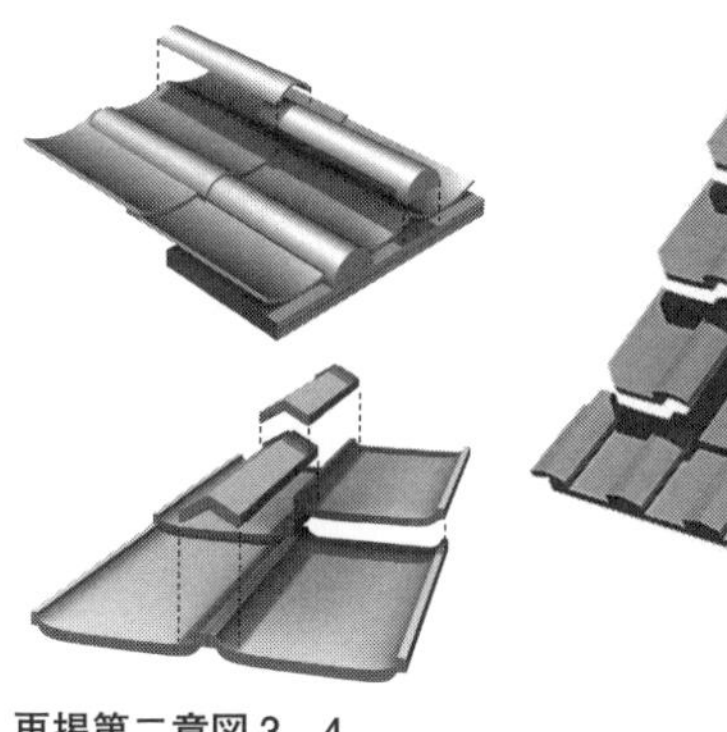

再掲第二章図3、4　アルテミス神殿・パルテノン神殿の瓦

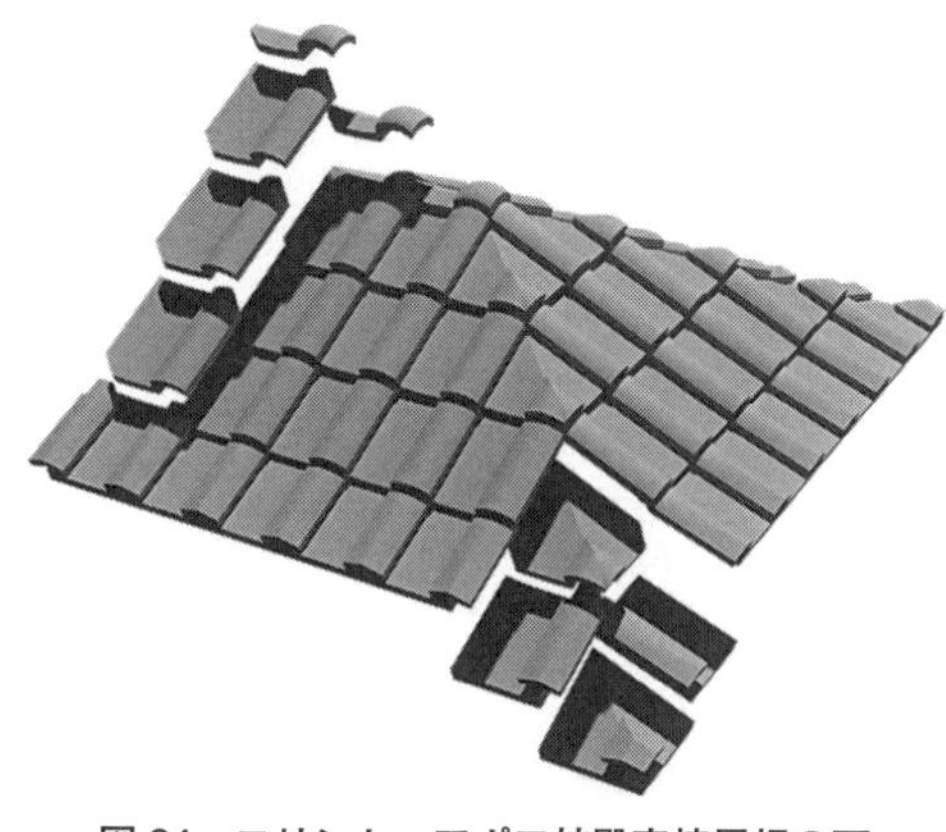

図24　コリント・アポロ神殿寄棟屋根の瓦

を降る稜線に合わせて独特の形状の瓦が工夫された。図24はこれらの瓦を示したものである。これらの瓦はプロト・コリント様式とよばれる形式で、場所によって形状が異なるよく工夫された瓦を組み合わせている。のちにパルテノン神殿などに使われたコリント様式の瓦（再掲第二章図3、4）などより複雑である。

イストミアのポセイドン神殿（前身建物）でも同じ様式の瓦が出土しており、コリントのアポロ神殿と同じく八種類の瓦を使い分けていたことが、シカゴ大学の発掘チームによって確認された。さらにこの神殿は前後ともに寄棟形式の屋根として復原されている。

瓦葺の寄棟屋根は、多様で複雑な形状をもつ瓦が工夫されてはじめて成立する。工夫は瓦に限らず小屋組の架構にも現れる。寄棟屋根の形状をつくるためには、隅木（すみぎ）（屋根の角から斜めに登る部材）に相当する部材が必要になることは必然である。並行に並ぶ垂木を架ければ、隅木の側面に勾配をもつ何本もの垂木を接合する複雑な加工の技術が求められる。さらに、多様な形状をもって精緻につくられた瓦を組み合わせるためには、瓦の寸法を繊細に制御する必要が生じ、さらにこれらの寸法計画はその瓦を葺く

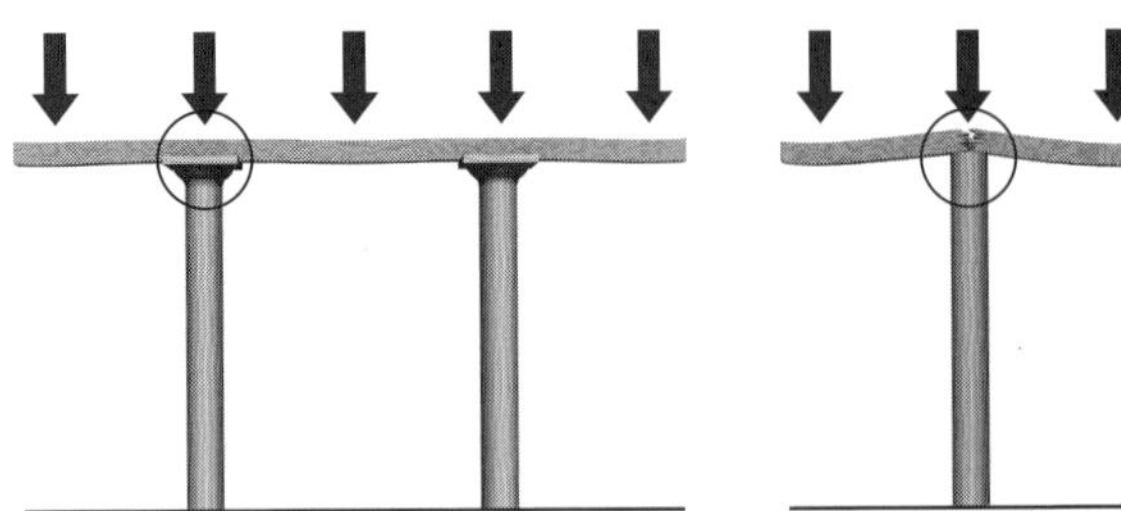
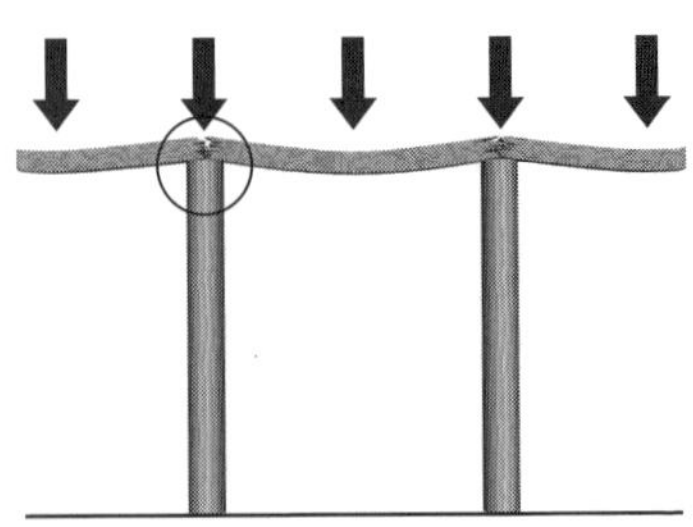

図 25　上部荷重による木造桁の変形と柱頭の発生

屋根全体の寸法計画、ひいては平面計画に大きな影響を与える。したがって、全体から細部に至る綿密な寸法計画が存在していたことが十分に推測される。このように草葺屋根と瓦葺屋根の相違は材料の相違ばかりではない。部材加工技術や計画法においても次元の異なる存在である。そして瓦を葺くことは、屋根荷重を一挙に増加させて建築各部に甚大な負荷を与え、架構に工夫を強いるものであった。

先に述べたように初期の瓦は大きく非常に重い。このため屋根荷重を支える屋根面の構成材は太く大きな部材が求められた。柱上に載る桁は、屋根荷重が掛かることで柱間の中央が押し下げられ、撓(たわ)むように変形する。実際にはわずかな変形だが、全体として図25右に示したモデルのように、柱位置を頂点として波打つように変形する。このため桁は柱の直上で鋭い屈曲を強いられることになり、この位置で破断する危険性が高まることになった。

おそらく瓦を葺いた初期の古代ギリシア神殿は、後述するトライグリフの配置から推定されるように、小屋組を強固にするため柱上ばかりでなく柱間の中央にも梁と小屋組を積載した。屋根荷重を受ける柱間中央の梁は、直下にある桁を一段と押し下げることになったであろう。

桁の変形を防ぐ工夫は二つの方向で考えられたようである。一つ目は厚く幅のある桁材を用いること。二つ目の工夫は、柱頂において桁と接触する面積を広げるために柱頭を用いたことである（図25左）。

ドリス式のオーダーにみられる、柱直上と柱間中央の桁上に並ぶトライグリフは、木造時代の梁の木口（こぐち）を被覆する部材（テラコッタ製など）を装飾化したものだと考えられている。[*42] これほど大きな梁の木口が高密度で並ぶことは、大荷重を支持する木造の小屋組が存在したことを意味している。さらに、切妻屋根の小屋組では、梁の木口が側面の桁上に並ぶことは自然であっても、妻側に木口が並ぶことは不自然である（図26上）。しかし、図26下に示した妻側に並ぶトライグリフは、図26中の図のように石造化直前に瓦葺の寄棟屋根が存在したのであれば、無理なく梁木口被覆材の形象とみなすことができる。したがって、ドリス式に代表されるギリシアの石造神殿は、その細部意匠から、その形状も計画法も七世紀中頃に成立した木造の寄棟瓦葺建物を原形とし、これに基づく細部意匠に従い石造化したことがわかる。

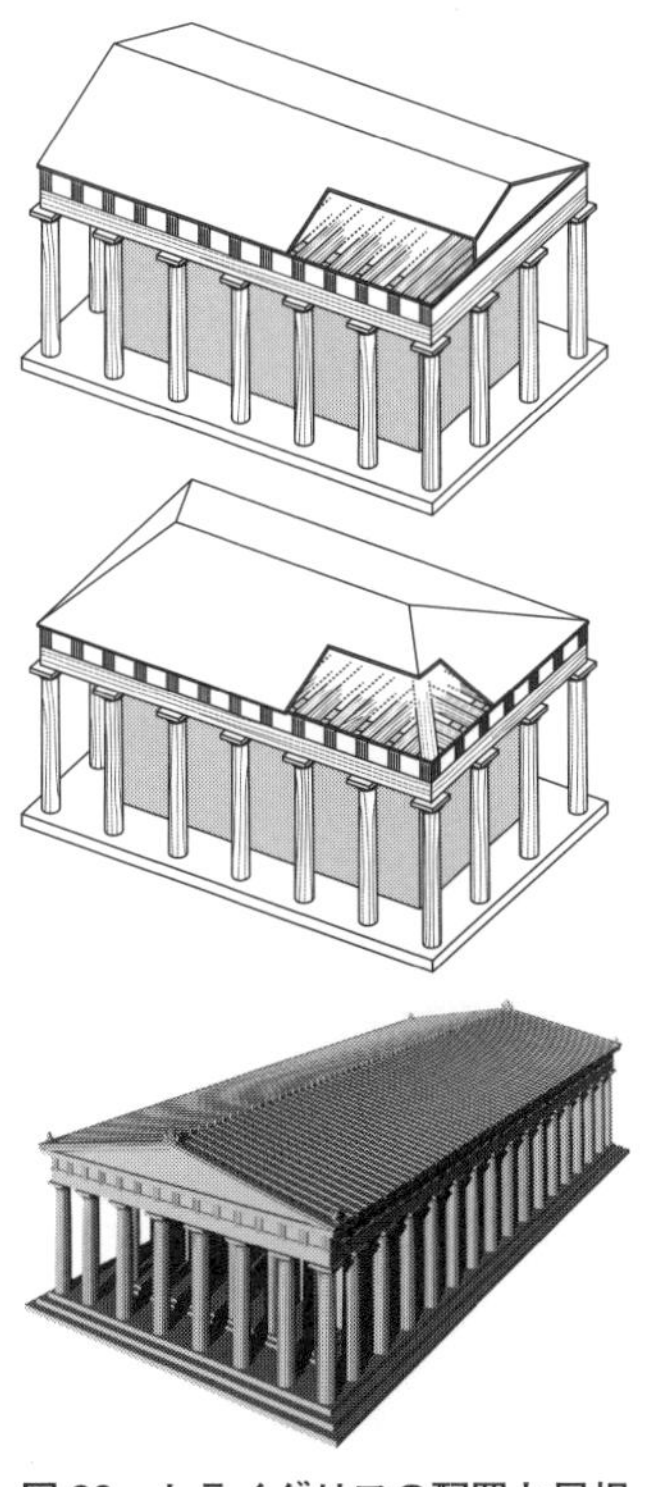

図 26　トライグリフの配置と屋根形式

石造神殿へ

木造神殿は、軒を深くとって壁体に雨水が触れる状態を回避することに成功したが、軒先を支える木造柱は直接雨にあたるため損耗が激しかった。外周に並ぶ木造柱を、痛んだものから順に石造柱へ入れ替えていった痕跡が複数の神殿趾で認められている。この過程が神殿の石造化への第一歩であった。前六世紀中頃に建立されたと考えられている、シチリア島セリヌスの「テンプルG」（祭神不明のため仮称がそのまま残る）では木造柱の痕跡とともに二種類の石造柱が混在している。そして損傷した木造柱の替わりに最初に入れ替えられた図27左の石造柱よりも、後に入れ替えられた石造柱の方が太い（図27右）。一見して奇妙なことともみえるが、最初期の石造柱は木造に似せて細身の姿を保っていたが、おそらく石材の特徴を理解するにつれて太い柱が使われるようになったことを意味しているのであろう。細身の石造柱は、大きな屋根荷重を支持することで起こるわずかな変形（座屈）で、簡単に破砕する可能性に気づいたためであったと思われる。

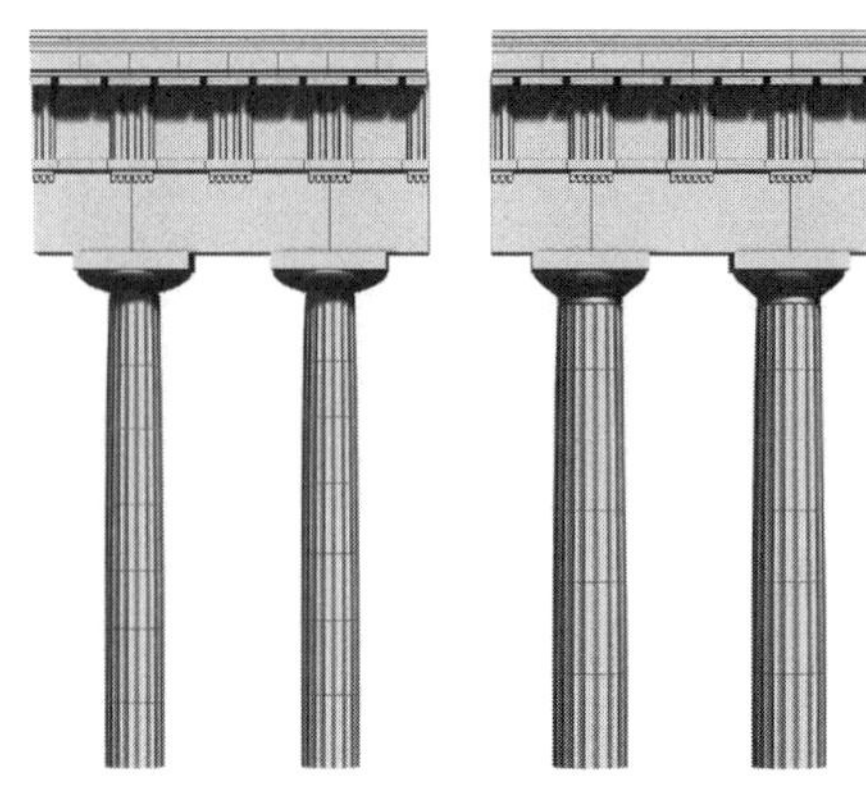

図27　「テンプルG」の石造柱

古代ギリシア建築のいわゆるエンタシスは「座屈」への対処として工夫された形状だと考えられる。[*43] しかしこの工夫は、法隆寺金堂の柱にみられるような柱中ほどを最大径とする「胴張(どうばり)」のシルエットとは異なり底部を最大径とする。これは、ギリシアがたびたび地震によって被害を受けていたことと深くかかわっている。一般に、石造建築の発達した地域は地震の記録がみられないが、ギリシアは古代より地震や津波の記録が少なくない。石造柱は圧縮する力には強いが、屋根の横揺れによって柱頂が動き、柱身の一方に引張力が加わると意外なほど脆い。一本材ではなく円筒の石材をいくつも重ねる構法が、早い時期から工夫された理由であろう。底部に最大径をとり柱頂を最小径とするのは、座屈への対処とともに柱全体の動きを抑え、さらに重なった円筒の安定を求めた結果と考えられる。

石造化の過程は、柱をたんに太くするばかりでなく、柱間を小さくとることになった。石造の桁は木桁に比べて脆く、荷重によるわずかな撓み（下辺に掛かる横方向の引張力）によって柱間の中央で下面に亀裂を生ずる。このため、桁の変形を緩和するため両端の支持位置の距離を縮めようとしたのである。つまり、柱頭を石材で可能な範囲で大きくとり、さらに柱間を狭くとる工夫を重ねた。林立する太い石造の柱列は石造化の技術的問題に起源をもつことだが、早い時期から神殿の威容を表すものとして意識されたであろう。

木造の神殿を石造に置き換える過程は、まず外周の柱から始まって建物内部に向かい、比較的早い段階で形式が固定する地点まで進んだ。しかし古代ギリシアでは、結局、木造の小屋組と瓦葺は最後まで残ることになった（一二七頁図19）。神像は細長い矩形の神殿の中央後方に位置する。このため、神殿の中央部で屋根を省略したり、中央の瓦を大理石でつくり透過光を得ることで内陣を明るくしようとした例などがある。大理石の瓦は、室内に天井を張らず瓦の裏面が室内上部にみえる葺き方であったことを意味している。パンタイル（平瓦）の間隔は、等間隔に配置された垂木の間隔に合致していたであろう。垂木の間にパンタイルを跨ぐように載せ、垂木の上に現れるパンタイルどうしの繋ぎ目、したがって垂木の真上にカバータイル（丸瓦）を被せるという葺き方である。先に述べたように、瓦の大きさに合わせて垂木を等間隔に配置する計画は、屋根全体ひいては神殿の平面全体を、緻密な寸法計画によって掌握していたことを物語っている。[*44]

アファイア神殿
（アイギーナ島）

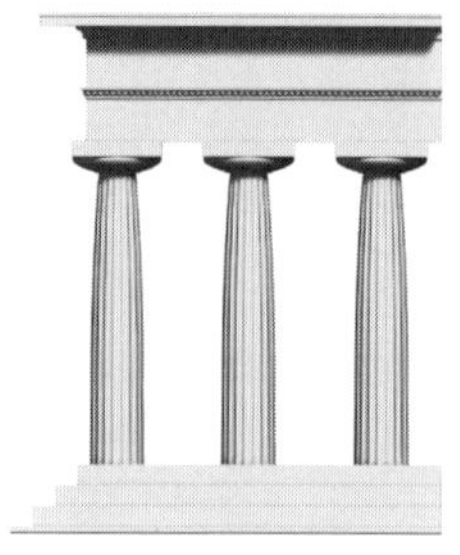

第１ヘラ神殿
（パエストム）

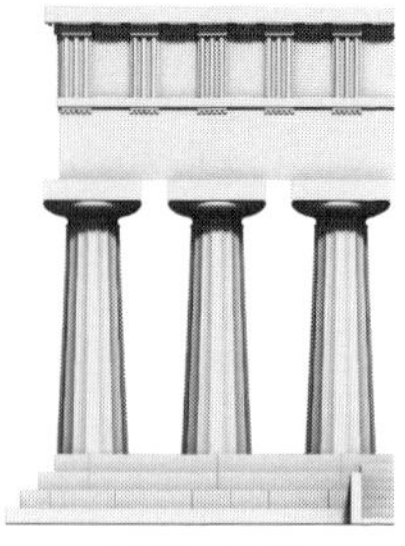

アポロ神殿
（シラクサ）

図 28　前６世紀のドリス式神殿の石造柱

石造化と洗練の過程

前六世紀の中頃を過ぎると、ギリシア神殿は木造小屋組を残し、他のすべての部材を石材に置き換えるようになる。この過程は、瓦を葺くことで木造建築が長期の使用に耐える可能性に気づいたことから始まった。瓦葺は木造建築に記念性の一つである理念的な永続性、恒久性を実現する道を開いたのである。深い軒をつくろうとした理由も、本来、瓦葺の軒を深く延ばすことで泥レンガと漆喰でつくられた壁を風雨から守ろうとする工夫であった。しかし軒先を支持する木造柱は長期の使用に耐えられない。東アジアを中心に、南アジアの一部などでは、軒を支持する柱を用いずに軒を大きく外へ送り出す工夫が重ねられ、木造のままで耐久性を求めていったが、ギリシア神殿は対岸のエジプト建築の影響下にあって石造化へ向かった。ただ、小屋組ばかりでなく、一部の桁は石材で被覆しつつも長いあいだ木造部材のまま残っていた。

雨水で損傷を受けていた木造の周柱も妻壁も、石造に置き換えたことで問題は解決しつつあった。いったん工夫された寄棟屋根は、ここに至って石造の妻壁をもつ切妻屋根に戻り、私たちのよく知るギリシア神殿の姿に辿り着く。小屋組も瓦の種類や形式も、切妻屋根の方が簡易に実現

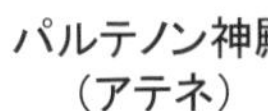

パルテノン神殿
（アテネ）

ポセイドン神殿
（第 2 ヘラ神殿、パストエム）

アポロ神殿
（シラクサ）

図 29　前 6 世紀〜前 5 世紀のドリス式神殿のファサード

できるためであろう。木造の時代、いったん廃棄されかかった切妻屋根は、妻壁に繊細な彫刻を加えることで、あらためてその優位性を主張したのだと思われる。

瓦ばかりでなく、石造の梁を用いるようになって上部荷重が一段と増加すると、初期のドリス式の石造柱は柱どうしの間隔を狭め、異常なほど太い柱で構成するようになった。しかし、時代が下るにつれて徐々に柱径のバランスを取り戻す洗練の過程を経ていった。図28は、前六世紀のドリス式オーダーの柱と梁を示したものである。右から順にシラクサ（シュラクサイ）のアポロ神殿（前五七〇～前五六〇年）、パエストムの第一ヘラ神殿（通称「バジリカ」。前五五〇～前五三〇年）、アイギーナ島のアファイア神殿（前五〇〇年頃）である。以後、前五世紀の中頃に至るまで、基本的な形式を守りながら洗練の過程を経て、ついにパルテノン神殿の実現に至る。

この過程はまた、神殿のファサードに大きな変化をもたらした。図29は、前六世紀から前五世紀のドリス式神殿のファサードを、高さを揃えて比較したもので、右から順にシラクサのアポロ神殿（前五七〇年頃。復原）、パエストムのポセイドン神殿（第二ヘラ神殿。前四八〇～前四七〇年頃）、アテネのパルテノン神殿（前四四七～前四三二年）である。ファサードのプロポーションは、建築規模の大小によって大きな相違が現れるが、このことを割り引いても、ファサードの均衡が次第に洗練されたものに変化していったことがわかる。古代エジプトやメソポタミアの記念建築と比べて小規模な古代ギリシアの神殿は、細部に施された繊細な彫刻とともに、建築のシルエットや構成部材の均衡美を追求することで価値を高め、建築の記念性を実現しようとしたのである。

古代ギリシアの神殿は単体で存在したわけではない。ストアとよばれる列柱廊で囲むことで聖域をつくり、神殿はこの中央に配置された。ストアのような周辺建物も、徐々に石造化が進展する。石造化はさらに進んで世俗建築にも適用されていった。石造建築を造営した古代文明では、石造を宗教建築に限定し、世俗の建築は、宮殿であっても木造のままである文明もある。神々の居所と人の住む施設の相違は、不死の神と人の寿命に呼応するように、建築材料と形式の相違、つまり耐用年限の相違として意識されていたように思われる。しかし、西アジアから地中海に至る地域では、石造建築は早い時期から世俗の建築に浸透していった。

イオニア式の柱頭

ドリス式神殿は石造神殿の基本形式をつくりあげたが、その後ヘレニズムの時代に入ると細部形式の異なるイオニア式の神殿が隆盛していった。

アレクサンダー大王の東征に始まるヘレニズムの時代、ギリシア本国は東方の文化の影響を強く受けた時代であった。イオニア式柱頭は、小アジアのアイオリスの柱頭に起源をもつと考えられている（図30）。この柱頭のスタイルは、東方の建築を象徴するものであった。源流は古く、桁に添って横に延びた形状は、屋根荷重による桁の変形を緩和するために考えられた、東アジアや南アジアの肘木（ひじき）と同様のアイデアである。したがってイオニア式の柱頭は、ドリス式の形状よりも木造の時代の気配をよく残していると考えてよい。

しかし、ドリス式の石造神殿が発達し形式が固定しつつあった時代に、ギリシア本土にもたらされたため、本来の肘木の姿よりも大きな奥行をとるという変化が起きている。図31は、ドリス式とイオニア式の柱頭を比較したものである。イオニア式の肘木としての機能はすでに縮小しており、ドリス式と同様に、アバクスとよばれる柱頭最頂部の板状部材で桁の荷重を受けている。アバクスの形状も正方形になって幅のある桁に対応しており、柱頭全体のプロポーションもドリス式の柱頭に近づいている。

なお、柱頭の形式として最後に現れたコリント式柱頭は使われた事例が極度に少ない。この様式は、古代ローマが支配する時代に至ってから盛んに使われるようになった。[*45]

図30　アイオリスの柱頭

図31　ドリス式（右）とイオニア式（左）の柱頭

iii　古代ローマ

世界帝国ローマの成立

イタリア半島中西部のローマおよび隣接するエトルリア地方などには、ギリシアとは異なる民族（ラテン人、エトルリア人、サビニ人）が定住する領域であった。エトルリアは前八世紀から前一世紀にわたって存続したが、後発のローマと入れ替わるように勢力を失い、初代皇帝アウグストゥスがローマの第七区に定めたことでローマに同化した。初期には主要な一二の都市国家による連合体として強い力をもっており、ギリシア諸都市と頻繁に交易を行い、前七世紀の中頃からカルタゴと同盟関係にあった。都市国家群はいずれも、前六世紀頃までは王政であったと考えられている。しかしその後、共和制に移行した時期があったようだが明確ではない。

前八世紀中頃に始まる都市国家ローマは、前六世紀までエトルリアの支配下にあった。しかし前五世紀に入る頃に独立して共和制へ移行し、エトルリアの各都市を少しずつ勢力下に置き、領域国家へ移行していった。この共和制は、貴族による寡頭政治（元老院）を基礎に市民の意思を反映する民会を設け、その主張を吸収するという体制であった。そして前二八七年には、貴族と市民は法的に平等に扱われるようになる。共和制の終焉は帝政へ移行する前二七年とされている。

共和制ローマの時代、古代ギリシアは、北方のマケドニアから現れたフィリポス二世とアレクサンダー大王によってマケドニアの王権の支配下に置かれ、各都市国家は実質的に自治権を失うことになった。古代ギリシアの都市国家連合は分断され、大まかにいえば個々にマケドニアの支配を受けることになった。アレクサンダーの東征の結果であるインドの西辺からギリシアに至る広大な領土は、前三二三年のアレクサンダーの死後直ちにマケドニアとギリシア、エジプト、シリア・ペルシアなど四つのギリシア系王朝に分裂したことはよく知られている。

西アジアやエジプトを巻き込んだこの不安定な時代、古代ローマはまずイタリア半島の諸都市を平定して半島全域に支配領域を拡大し、前三世紀中頃から前二世紀中頃にかけてマケドニア（アンティゴノス王朝）、カルタゴ、シリア（セレウコス朝）を属州とし、前三一年にはエジプト（プトレマイオス王朝）も属州とする。属州は最高政務官の権限と裁量で運営された、いわば植民地であったため、都市ローマは植民地の税収で潤うようになった。一方、共和制の最後の一世紀には、イタリア半島の諸都市が同盟を結んでローマに対立し、また各地で大規模な奴隷の反乱が起こるなど、拡大した領土に統治システムが追いつかなくなる。このことがローマ市民権の拡大や帝政へ移行する契機となった。

前一世紀に入ると、拡大した版図の維持のため元老院を超えた「終身独裁官」が現れ、これを廃して共和制を取り戻したオクタヴィアヌスが元老院から元首として迎えられる。この前二七年をもって帝政ローマの開始とされている。しかしローマの帝国主義は、みてきたように共和制の時代から顕著であり、支配地域はすでに地中海の周囲全域に及んでいた。[*46]

国家の代表者としての元首（皇帝）の地位は、元老院と民会が個人に与える権限であり時間的な制約が存在していた。しかし帝政に至って元首は役職に就かず権限だけを与えられたため法的規制の対象外となり、このため終身の権限をもつようになった。軍隊と政務に関する最高決定権、護民官に限って許されていた元老院への拒否権などが与えられ、最高神祇官も兼任する存在であった。

帝政時代の最初の一世紀は後世に批判的評価を受ける愚帝や暴君が続き、その後、五賢帝時代とよばれる時代に安定した国政へ移行した。この間に官僚制度が整備され、都市国家の運営システムである共和制を残していた古代ローマは、次第に専制王権に近い統治システムへ移行していった。とはいえその体制は、他の文明に現れた超越的な専制王権とは異質である。この王権でも皇帝の不可侵性や神聖性を演出する試みがみられるが、先行文明の王権のような絶対的な超越性を獲得することはなかった。皇帝の権限は制度上、議会が与える一代限りの権限にすぎなかったためである。

古代ローマには、古代インドのバラモン階級と同じ起源をもつと考えられたフラーメンという神官階級が存在していたが、階級としての輪郭を失って専門職へと変質していた。国家の祭祀すべてを掌握していたのは最高神祇官を兼務する皇帝であった。したがって古代ローマの宗教界は古代ギリシアと同じく、統治機構が掌握し管理する対象であった。

混交するローマの宗教

古代ローマの宗教は時代によって大きく異なっている。初期の王政ローマの時代から、ヌーメンとよばれた人格の曖昧な精霊への信仰が存在していたと考えられている。[*47] ヌーメンは守護精霊であり、さまざまな事物や場所に宿る。個人の守護霊ともなるゲニウス、家庭や四辻、道路、旅の守護霊であるラレス（単数形はラル。祖霊とも考えられている）、食糧用の貯蔵棚を守りこのことで家を守るペナテス、竈(かまど)を司り家庭を守るウェスタなどがあり、いずれも家内に設けられた小祭壇に祀られ、家父長がその祭祀を執行した。この種の精霊はローマに固有のものではなく、とくに竈神はギリシア本土から地中海東岸にかけて広く分布しており、アナトリアの青銅器時代に遡る竈では、簡単な人面装飾を付した例も報告されている。[*48] ギリシアの古い時代に竈と家庭を守っていた女神は、ヘスティアーとしてゼウスの姉に位置づけられて国家守護神の一角を占め、各ポリスで祀られた。ローマの竈神ウェスタはヘスティアーと同一視されて人格神へ「昇格」したが、他のヌーメンは、非人格的な精霊のまま長く祀られていたようである。

一方、明確な人格神の一群も存在する。古代ローマではエトルリアや初期のローマの神々ばかりでなく、古代ギリシアの神々が信仰されたが、その多くは古代ローマの神々と同一視された神格である。この経緯はすでにエトルリア時代に始まっており、たとえば雷霆神ティニアをゼウスに、女神トゥランをアフロディーテーにみなすなど、古代ローマに先駆けて神格の同一視が行われている。

古代ローマでは、古代ギリシアのオリンポス一二神に重ね合わされたディー・コンセンテス（一二柱の最高神）を、アポロ神のようにそのまま受け入れた神格もある一方、ゼウスをユーピテルに（図32）、ゼウスの配偶神ヘラをユーノーに、アテナをミネルヴァに、ポセイドンをネプトゥーヌス（ネプチューン）に、などよく似た性格の神を同一とみなし、古代ギリシアそのままの神話を受け継ぐこともあった。またヘレニズムの時代に、メソポタミアの女神であるイシュタルは古代ギリシアのアフロディーテーと習合したが、ローマではこの神格をウェヌス（ヴィーナス）と同一視する。ローマ固有の神はヤヌスなどに限られ、多くの神格は外来神となり広域の信仰を集めた神格も現れている。地中海周辺はその発展につれて、出身地が曖昧と習合していった。各地で頻繁に起こった神格の同一観は、古代ローマでとりわけ顕著に認められる。

比較的近隣のなかで行われた神格の同一視とは別に、エジプトからもたらされたイシス信仰とセラピス信仰（プトレマイオス時代にオシリスとアピスを合体させた神）、シリアからもたらされたデア・シリア神やバール神、小アジアの地母神キュベレなどが流入し、いずれも外来神として信仰の対象となり、それぞれローマ市内に聖所をもっていた。これら外来宗教はいずれも秘儀を伴う宗教であった。先に述べたように、大きく広がった版図のなかに不安定要因が数多く現れた共和制最後の一

図32　ユーピテル像（ゼウス像）

世紀は、市民の疲弊が甚だしかったと考えられている。蔓延する社会不安が原因となって、ギリシアから流入したデュオニソスやエレウシスなどの密儀宗教とともに、アジアやエジプトに起源をもち、秘儀による個人救済を謳った宗教への信仰が広まったと思われる。

古代ローマの祭祀の運営を管理し執行する神官であったフラーメンや鳥占官などは、最高神祇官に任命される公職であった。宗教上の特殊な能力が発揮される場面は限られており、各神殿で執行される神々の祭礼は国家の事務的な管理下に置かれた。古代ギリシアの祭礼と同様に「おだやかで当たり障りのない」祭礼が多かったと思われる。[*32]

一方、エジプトやアジアから流入した宗教は、ギリシアの密儀宗教とともに、それぞれ専門の神官によるエキゾチックで刺激的な秘儀が執行され、個人的な救済の役割を引き受けたのであろう。国家の公的行事としての祭礼と、個人が望む宗教体験とが甚だしく分離しながら併存していた点は、古代ギリシア・ローマの宗教世界の顕著な特徴である。これは自由市民である古典古代の市民であればこそ起こることであった。夥しい神々が存在する世界の中で、一個人が自発的に宗教を選択する自由と意思をもち、複数の神を祀り信仰することがごく自然なことであったためである。

以上のように古代ローマでは土地神の気配がほとんどない。土地神の存在が希薄化しつつあった古代ギリシアよりも一段と希薄である。これは、かつて神々がもっていた地縁的共同体の紐帯としての機能が、確実に消失しつつあることを示している。国家の成立以前に周辺に多くの神々が存在し積極的な習合や同一視が行われた経緯があり、さらに版図の拡大に伴って外来の神々が帝国内に組み込まれていったことにも起因する。アジア、エジプトなどの外来神の神殿や聖所のについては詳細がよくわかっていないが、多くはローマの神殿と同様の施設であったと考えられている。

ローマの建築

古代ローマの建築は、宗教建築と世俗建築を問わずレンガやコンクリート、石材を用いた壁構造を主体としている。これらの技術は、エトルリアなど各地の技術を積極的に採用したためだと考えられている。しかしローマの神殿は壁構造を主体としながらも、古代ギリシアに起源をもつ柱・梁構造の造形を積極的に採用した。この結果、一種の混構造や柱・梁を装飾のように用いる例が多い。

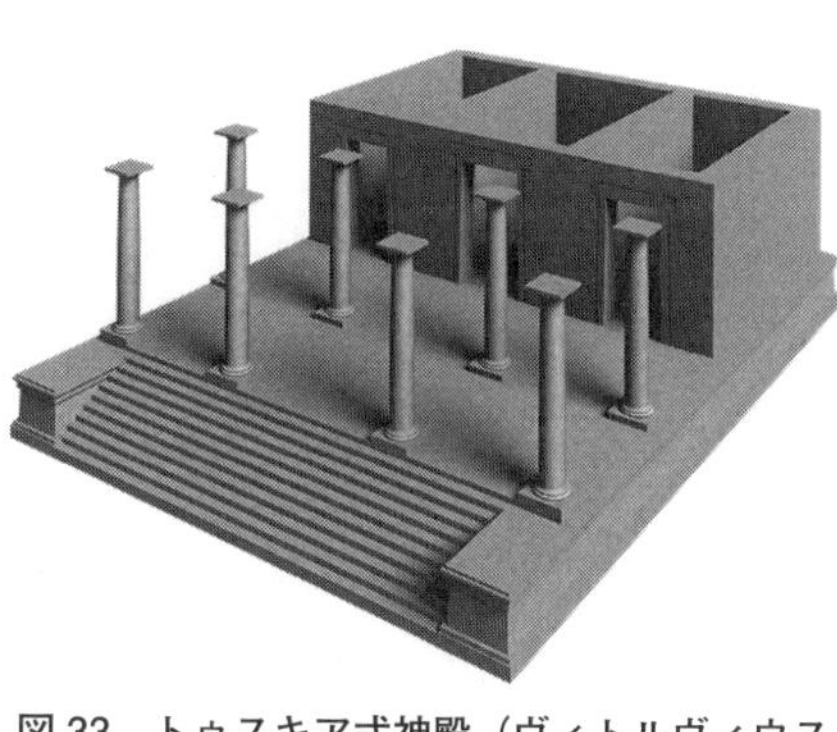

図33　トゥスキア式神殿（ヴィトルヴィウスによる）

古代ローマ固有の神殿形式は、前三〇年頃にローマの建築家ヴィトルヴィウスが著した『建築十書』に、「トゥスキア式神殿」として掲載されている（第四書・七章）[*49]。この神殿形式はギリシア神殿に比べて奥行が浅く、後半を壁構造として三室の神室を設け、前半は柱列をもつ吹き放しの空間とする（図33）。三室を並べる理由はおそらくユーピテル、ユーノー、ミネルヴァ（それぞれゼウス、ヘラ、アテナに相当）を三神一組とした国家神を祀るためであるが、場合により両脇室は「前に解放された翼室」になり、一神を祀る場合にも対応する。この形式は木造小屋組を載せて瓦を葺く点は古代ギリシア神殿と異ならない。しかしギリシア神殿が、軒を大きく延ばすために四周に軒先を支える柱列を設けたことに対し、トゥスキア式神殿は、前半に祭礼用

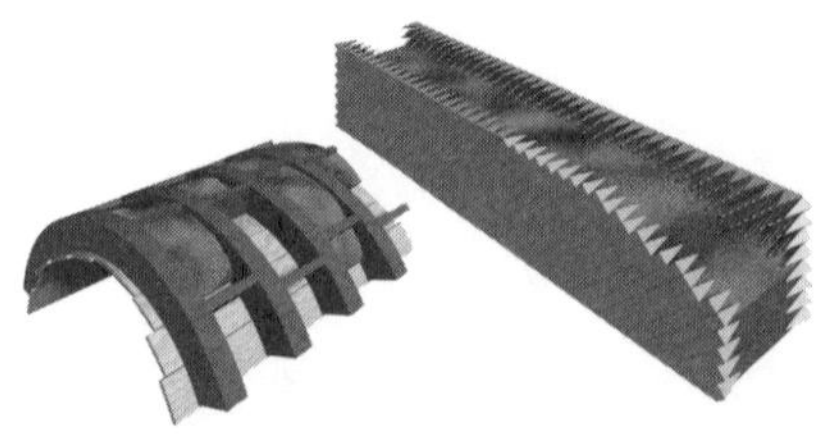

図36　コンクリートを充填した壁体とヴォールト

図34　メゾン・カレ（紀元前後）

図35　ローマの水道の構築過程

の吹き放し空間をとるために柱・梁の架構を設けている。そして建物後半に設けられた壁体で囲まれた神室は、おそらくこの形式の初期から焼成レンガなど耐水性の高い材料でつくられたと考えられる。

前方を吹き放しの柱列で構成し後方を壁面で囲む神殿形式は、のちのローマ神殿でも繰り返された。図34は紀元前後に建立された典型的なローマ神殿の形式を残すニースのメゾン・カレである。この建物は後方を壁体で囲み壁付（かべつき）柱を巡らせて前方に独立柱と階段を設けている。

各地の都市につくられた水道は、古代ローマの建築技術の特質をよく現している。図35は、右から左に向かって水道の施工過程を示している。まず、レンガ、石材、コンクリートなどを用いて橋脚を建て、木造の型枠を渡してこの上にアーチをかけて壁体を構築し、最後に型枠を撤去する。そして壁体最上面に樋状の溝を設けて水を誘導する。西アジアなどではアーチの構築に型枠を用いないため形状が円弧に近いが不定形のものもある。しかし古代ローマでは木材で型枠をつくり、正確な半円を守った。水道の造営過程に現れた構築技術は、どのような建造物であれ壁構造を用いて対応できたことを示している。さらに壁体にコンクリートを用いることも多く、壁体表面を形成するレンガないし石材の薄い壁をそのまま型枠として構築した（図36）。これらの技術はいずれも古代ギリシアにみられなかったものである。

しかしローマの建築は、これら壁構造の技術に加え、ギリシア神殿に由来する柱と梁の構造体を組み合わせている。複合した構造体がどのように捉えられていたのか、凱旋門に沿ってその様相をみてみよう。図37にみる凱旋門の三連の半円ヴォールトを構えた躯体は壁構造で構築されている。構造物としてはこれで十分だが、ギリシア由来の柱と梁の構造体（柱頭はローマ独自のコンポジット式が多い）を、一種の装飾として壁構造の躯体表面に接合している（図では柱と梁を躯体から切り離して表現している）。古代ローマ建築は、古代ギリシア神殿が確立した柱と梁の規範である「オーダー」を壁体に接続することで、建築の記念性を確保しようとしている。オーダーはまた、図38のように壁体と一体で構築され

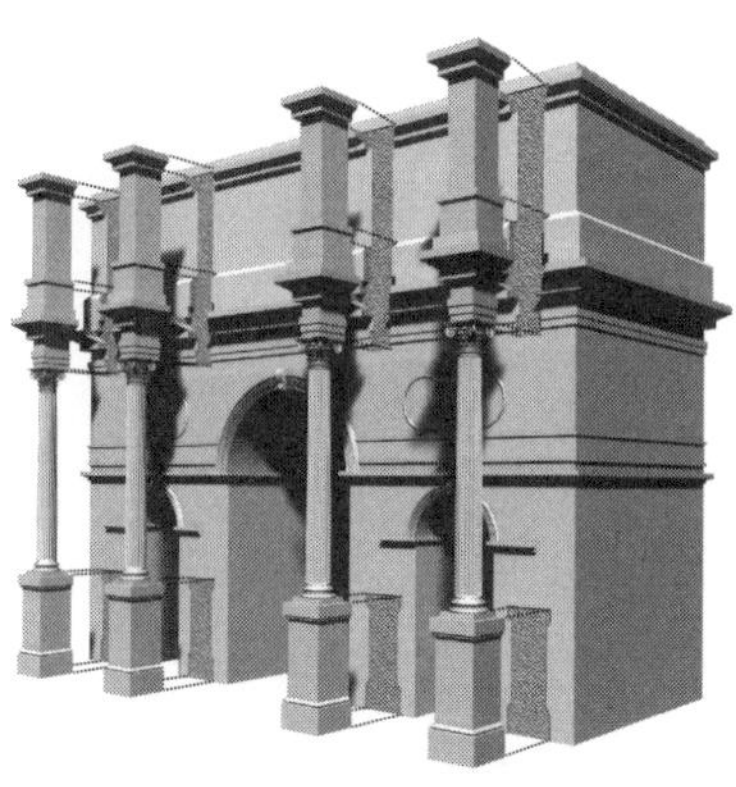

図37　凱旋門の意匠の特徴

図38　柱・梁と一体となった壁構造

ることも多かった。

したがって古代ギリシアと古代ローマの建築はよく似ており細部に共通点も多いが、建築に対する捉え方や考え方が大きく異なっている。古代ローマ建築は、高度な技能を要せずに施工が可能であるレンガなどの壁構造を主体としながら、要所に精緻な加工技術を要するギリシア風の柱と梁の構成を加えたものであった。絶え間ない戦争による大量の捕虜＝奴隷を抱えた古代ローマは、建築生産の体制が古代ギリシアと大きく異なるため、さほど高度な技術を必要としない壁構造を主体とした。[*50]

図 39　ウェスタ神殿・復原（前 2 世紀後半）

古代ローマの建築は、さらに独自の記念碑的建築を構築している。図39はフォロ・ロマーノに残るウェスタ神を祀る円形神殿である。円形神殿は古代ローマで多く造営されたが、その頂点はパンテオン（一一八年〜一二八年）である。レンガのアーチ列を重ねて半球状となる骨格をつくり、これをコンクリートで整形した大ドームを載せている。この内観は、後二世紀頃では異例の空間であった。円形の平面をもつ最大の理由は半球のドームを載せるためだが、半球ドームがもつ外界から切り離され自己完結した空間、中心をもつ独立した世界を生み出す特徴が積極的に採用された結果であろう。古代ローマ建築の記念性は、内観に実現したとも考えられる。また同時に、石造が進展しながらも木造小屋組と瓦葺を載せる段階に留まっていた古代ギリシア建築の構築技術を超え、ついに木造から完全に離れることが可能になった。とはいえパンテオンのポーチ（本体に付属する入口施設）は木造小屋組を載せていることにも注意しておきたい（図40）。

古代ローマの古典建築は、ギリシアが生み出したドリス式、イオニア式、コリント式の三つのオーダーに

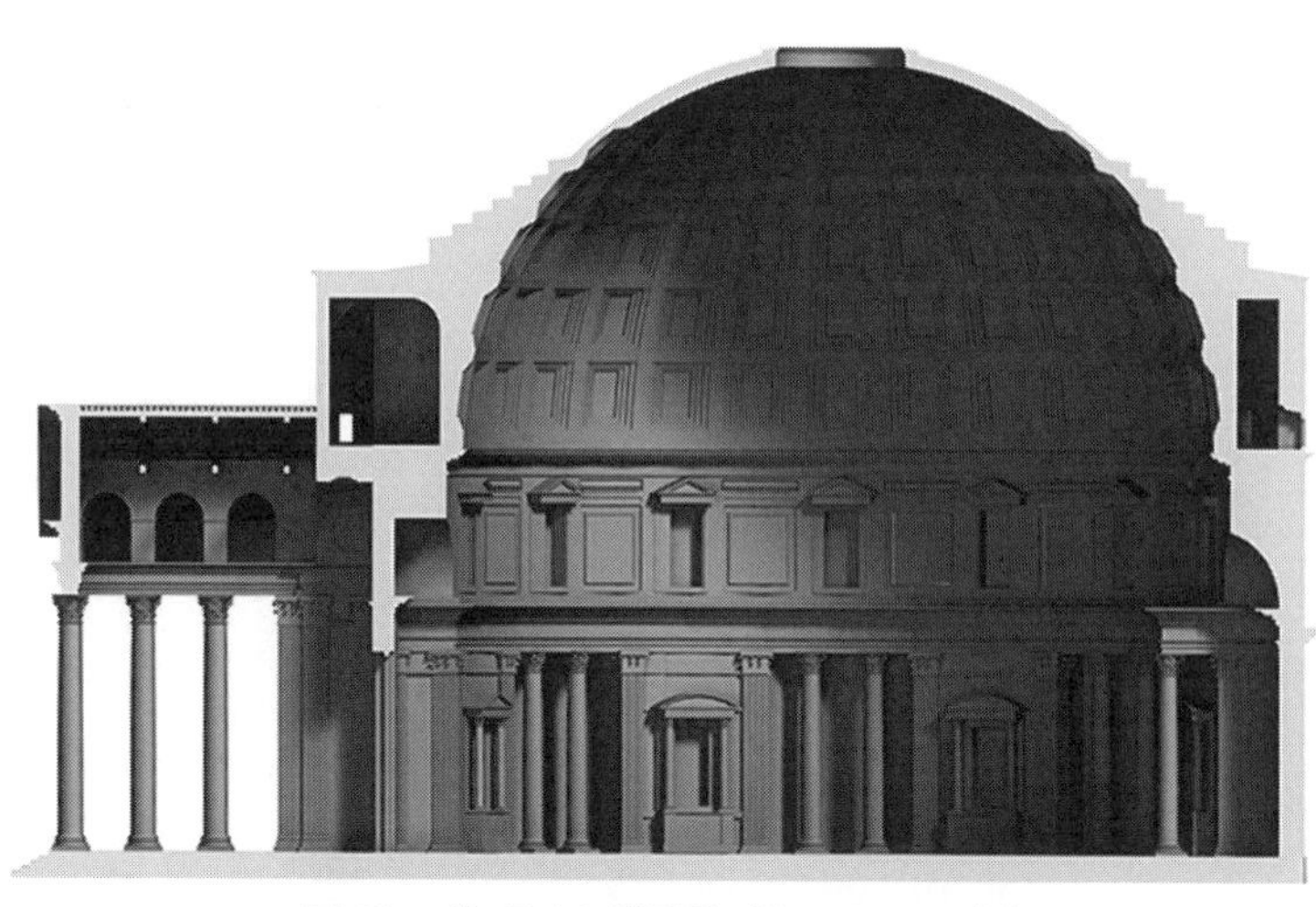

図 40　パンテオン断面図（後 118〜128 年）

加え、新たに二つのオーダーを加えた。一つはギリシアのドリス式オーダーを簡略化したともみえるトスカナ式とよばれるものである。いま一つは、先に凱旋門の言及で示したコンポジット式である。

トスカナ式はドリス式によく似た柱頭を載せるが、柱身にフルーティング（柱身を覆う縦の線条彫刻）をもたない。さらにギリシアのドリス式は柱基を設けないが、トスカナ式では柱基を付属させる。トスカナ式では上部の梁の装飾も限定されている。よく観察すればギリシアのドリス式柱頭のシルエットは、トスカナ式とよく似ているものの同じ形状ではない。しかし、ルネサンス時代以後同じものとして扱われた。

コンポジット式の柱頭は、コリント式のアカンサスの葉飾りの上部を省略し、ここにイオニア式の渦巻形を載せたものである。これらオーダーの構成は、ヴィトルヴィウスの説明によれば、それぞれ柱径を規準とした簡易な整数倍の高さをもつが、オーダーごとにその倍数の値が異なっている。したがって高さが同一であれば柱の太さに明確な相違が現れるはずだが、実例は多様で曖昧である。またたとえば、古代ローマの簡略化されたドリス式はトスカナ式と区別がつきにくい。

とはいえオーダーは建築の範形としての意味をもち、伝統的に古代ギリシアで三種類、古代ローマに至って二種類が加わり、合計五種類に区分できると考えられた。[*51] 図41は柱径を同一として五つのオーダーを並べたものである。左から順にドリス式、イオニア式、コリント式（以上、古代ギリシアのオーダー）、トスカナ式、コンポジット式である。

図41　古代ローマの五つのオーダー

第二章で述べたように、専制国家が生み出した建築の記念性は、国家の規模に相応しい巨大な施設として実現した。都市国家の集合体であった古代ギリシアでは、それぞれの国家で可能な小規模な施設を構築するほかはなかった。デロス同盟の資金に依存したアテナイのパルテノン神殿など、例外的に比較的規模の大きなものもあるが、もちろんエジプト古王国時代のピラミッドなどと比べるべくもない。しかし、小規模な施設であっても細部を緻密に統制し、複雑な装飾を丁寧に加工することによって記念的価値を得ようとする努力、さらに、構成部材や建築のシルエットに均衡美を追求する努力が続けられた。オーダーにみられる均衡と細部装飾はその努力の成果であり、それぞれの形式が固定していったことで記念的性格が一段とたしかなものになっていった。

古代ローマは、国家の規模に相応しい大規模な施設をつくる能力をもったが、古代ギリシアで成立した質の高い均衡と細部装飾で実現する記念的性格を積極的に踏襲した。その結果オーダーは、地中海北岸の古典古代の建築的特徴を代表する存在となった。

古代末期に近づくと、完成した柱（コラム）の形式を踏襲しつつアーチを積載するアイデアも現れる。このアイデアは、大材である梁を用いずに柱列を構築することを可能にし、見通しのよい内観や建物前面のアーケードなどを生み出した。壁構造と柱・梁構造の歴史をあらためて辿ってみれば、両者のアイデアが真に融合した柱・アーチ構造というべき第三の構造である。後のビザンチン帝国やイスラム教の建築も、柱頭を簡略化しつつもこのアイデアを積極的に採用した。また西欧では、後のゴシック教会堂へ至る教会堂の発展の素地となった。柱上にアーチを組むアイデアは一見して目立たないが、南アジア以西のその後の建築の展開をみれば、きわめて重要な発明であったことがわかる。

ミトラ教の秘儀の空間

すでに述べたように、ミトラ信仰は西アジアに広く分布しており、古くは前一四〇〇年頃のミタンニの楔形文字の粘土板に現れたインド・アーリア民族のミトラ神、イラン・アーリア民族のミスラ神ともとは同じ神格である。この神は、アケメネス朝とササーン朝のペルシアで信仰されたゾロアスター教の系統に連なる宗教においても重要な地位を占めていた。ヘレニズム時代にギリシアに伝わっていたが、古代ローマでは、西アジアで徴用された兵士たちがガリア地方（ヨーロッパ北部）など各地を転戦する過程でヨーロッパ全域に広めたと考えられている。*52

太陽神であり軍神であるミトラ神への祭祀は、牡牛を犠牲とする密儀を執行した。その聖域である神殿は、

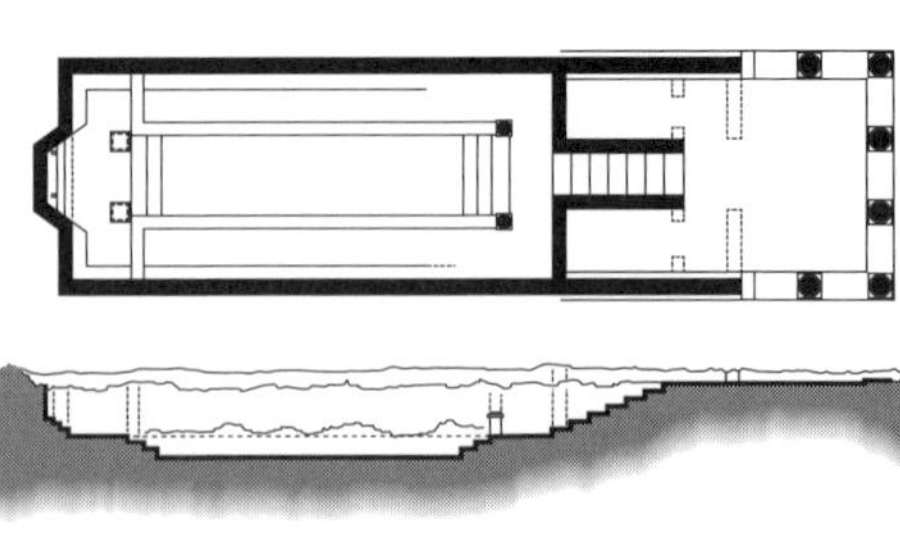

図42　ヘッデルンハイムのミトラ教神殿址（2世紀頃）

西アジアに残るヘレニズム時代の事例では、ギリシア神殿と大きく異なるものではない。しかし、ローマ時代にヨーロッパ各地に建立された神殿は狭く、窓のない半地下の小建築が主流であった。図42はフランクフルト郊外の街で発掘されたミトラ神殿遺跡である。この建物は当時の公道に面していたらしく上部が失われているが、ペディメント（切妻壁）を載せた柱列で囲む入口を構え、その奥に前室を備えて聖所へ至る構成であった。前室の両側は聖器室と考えられており、聖所は前室よりも床高さを下げ、踊り場を経て両壁に沿った参列者の座所へ通じている。そして聖所の中央は、さらに床高さを下げ、おそらくここで牡牛の供犠が執行された。最奥の至聖所はまた床面を上げ、牛を屠るミトラ神のレリーフないし神像が安置されていたと思われる。

聖所はゆるいトンネル・ヴォールトなどを架けていたらしい。フランクフルト近郊のヘッデルンハイムで発掘された神殿址は、中央部の幅が二・五m程、両側の座所の幅がそれぞれ一・五mほどの規模で、その内観は狭小である。これは古代ローマの駐屯地であったカルヌントゥム（現在のオーストリア東部）で発見された事例の復原案においても同様と考えられている（図43）。このような小神殿では、執行される秘儀に参加できる信者の数が限られるため、入信者が増えるとそれぞれに小集団を形成し専用の神殿を構築したらしい。ローマ市内だけで一〇〇を数えるミトラ神殿が存在したといわれている。入信資格は男性に限られていたが、たとえば奴隷、一兵卒、百人隊長、貴族などの地位にあっても教団の中では兄弟であり、疑似的な家族を形成した。固定した社会階級から解放される別世界をもつことは、おそらく一時的な現実逃避によって救済的性格を有したと思われる。秘儀のもつ演劇性によって救済を目指す宗教のなかでは最も隆盛した宗教であった。

初期キリスト教建築

ユダヤ教にとって絶対の権威をもっていたエルサレムの神殿が失われた後、民族としてのアイデンティティは、各地のシナゴーグで行われた定期的な集会、礼拝や律法の学習、子供たちの教育を通じて維持された。その分布はエジプトのアレキサンドリアや地中海東岸、アナトリア半島、ギリシア本土、イタリア半島、イベリア半島に拡がっている。イエスやペテロ、パウロもシナゴーグで説教を行いキリスト教の布教を試みていた。

帝政時代に入ると、古代ローマは多様な宗教を認めたうえで、皇帝を神として祀ることを強要した。多神教世界の宗教は、他の宗教に対して相互に寛容であり、個人で複数の神を祀ることがごく普通のことであった。しかしキリスト教は、他の神々とともにローマ皇帝の祭祀にもかかわろうとしなかった。キリスト教が排撃されるようになった原因の一つである。

ローマ皇帝を神として神殿を建て、定期的に祭礼を執行し市民の参集を強要するとはどういうことであろうか。共和制末期になって統治する版図が大きく広がると、ローマ市民権は前一世紀にはイタリア半島全域の自由民を対象に、そして二一二年には属州の自由民へも与えられるようになる。このため、特定

図 43　カルヌントゥムのミトラ教神殿の内観（復原）

の土地や都市への帰属意識が希薄になっていく。各地の都市は住民が流動的になり、都市は住民たちを結束させる力を失っていった。土地神や都市の守護神が凋落する一方、夥しい神々が出生の土地を離れて流入し、信仰の選択肢は多様かつ複雑な状況へ向かっていた。これらの信仰の中でも、ミトラ教のように秘儀を執行する宗教が隆盛をみるのは、密度の濃い宗教的（演劇的）体験を通じて教団への帰属意識をもつことができたためだと思われる。帝政ローマの時代、個人のアイデンティティや帰属意識が、所属する都市ではなく宗教に依存するようになったと考えられたのは、このような情勢の結果である。[*53] このため、あらためて国家への帰属意識を喚起する神格が求められたのは必然的な経緯であった。

ローマ皇帝を神とする宣言は、国家への帰属意識を取り戻す試みであったと考えられる。ただ、供犠を行う皇帝神の祭礼は旧来の宗教儀礼の延長にあり、個人の救済を目指したさまざまな宗教を知る市民たちにとって積極的な価値を見出せる時代ではなくなっていたのであろう。したがって帝国は皇帝神の祭礼への参加をローマ市民の義務とし、強制せざるをえなくなった。

当初キリスト教は、国家宗教の選択肢としてみられることがなかった。ユダヤ教からの迫害に加え、他の神々を認めない頑なさが弾圧の理由にされることが多かったようだが、弾圧や迫害はごく散発的なものであった。二世紀が終わる頃までのキリスト教は、教団の中から台頭するさまざまな異端思想と戦うことの方が重要であったと考えられている。この時代、定期的な集会の場所として個人の住宅を転用した「名義教会堂」が各地に現れる。これは司教や司祭の生活の場としても使われたことが知られている。

三世紀のローマ帝国では、ササーン朝ペルシアの台頭と北方の異民族の侵入が起こる。セウェルス帝（在位、二二一～二三五年）の没後半世紀のあいだ、皇帝は短期間で入れ替わることを繰り返し、ほぼ無政府状

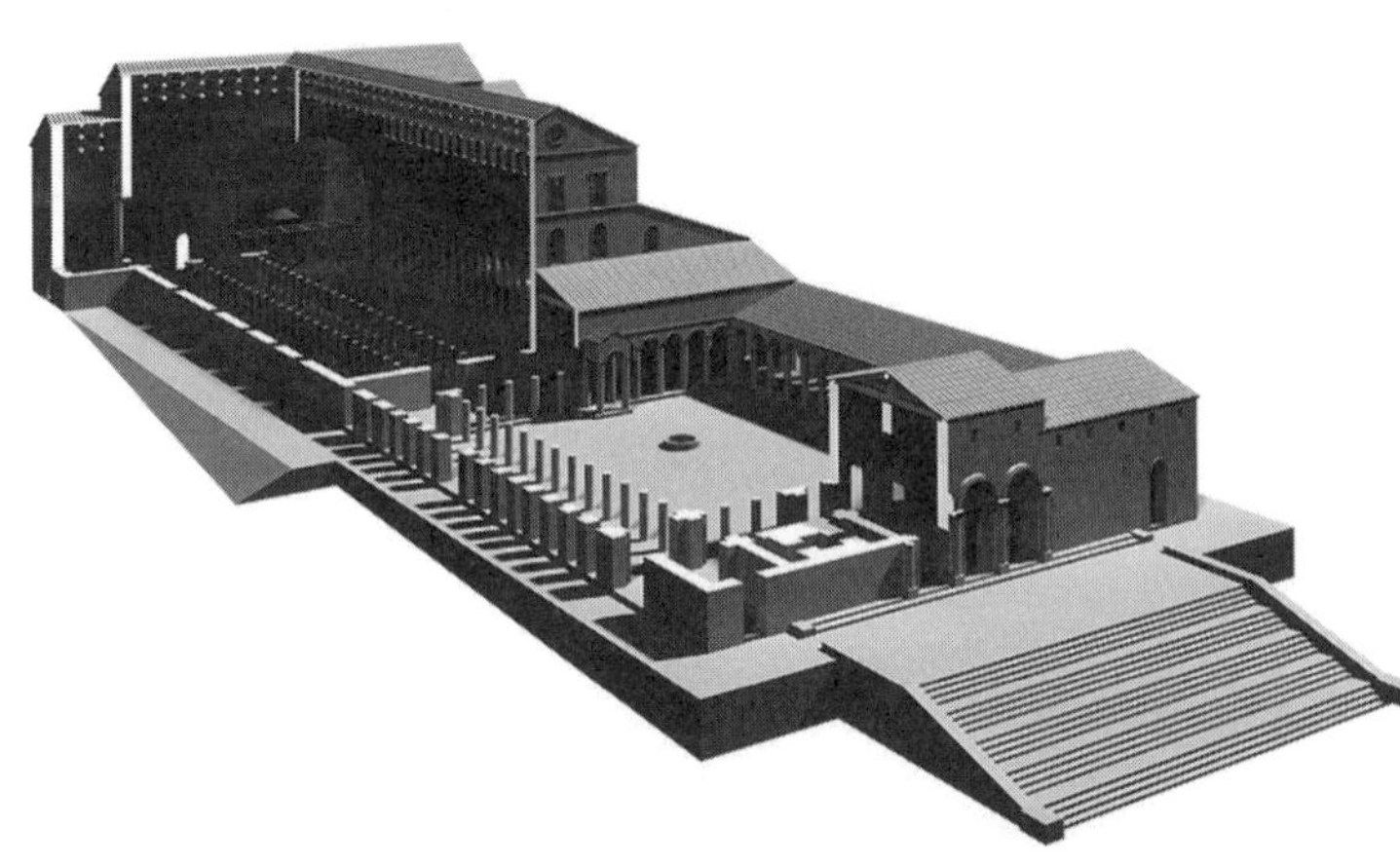

図 44　聖ペテロ教会堂・復原（ローマ、4 世紀中〜末）

態であった。同時に通貨危機が起こって交易が滞った時代である。いわゆる「三世紀の危機」とよばれたこの時代、中産階級が没落し社会不安が蔓延したことで、キリスト教への入信者が劇的に増加した時代であった。一方、デキウス帝（在位、二四九〜二五一年）によって、国家宗教の再興と統合のためにローマ全土の住民に神々への供犠を伴う祭礼を義務づけ、怠れば死罪とする勅令が出されたことで、キリスト教徒の多くが殉教し、また棄教することになった。

皇帝が交代するたびに寛容策と弾圧が繰り返されたが、三一三年にコンスタンティヌス帝（在位、三一一〜三三七年）による積極的なキリスト教擁護策である「ミラノ勅令」が発布され三八〇年に国教化されると各地に大規模なキリスト教教会堂が造営されるようになる。図44は最初期に建立されたローマの聖ペテロ教会堂（バチカン市国の現サン・ピエトロ寺院の前身建物）の復原図である。

古代ローマで裁判所や集会場などに使われたバジリカ形式を採用したと考えられているため、バジリカ式教会堂の呼称がある。聖ペテロ教会堂は、中央の身廊を挟んで左右に二つずつの側廊をもつ五廊式とよばれる平面形式で、身廊の奥に内陣（翼廊との交差部）を設け、その背後に半円形平面のアプスを構えている。入口前の横に連なる廊はナルテックスとよばれ、改宗希望者はここまで入ることができたとする解釈もある。その前面には回廊で囲まれた前庭であるアトリウムが付属する。躯体は石材やレンガでつくられ、木造小屋組を架けて瓦を葺いていた。

この建築形式が古代ローマの世俗建築であるバジリカに由来することは確実であろうが、身廊上部に設けられた高窓（クリアストーリー）から光を採る空間は、ユダヤ教のシナゴーグの内部空間の様相と重なる。

図45　ノチェーラのサンタマリア洗礼堂（6世紀）

バジリカ形式を教会堂の範形とした背後には、シナゴーグの影響も予想されるであろう。クリアストーリーを特別なものとする考え方は、初期の教会堂建築だけではわかりにくいが、上部架構を石造化した西ヨーロッパの中世教会堂の発達過程をみれば明らかである。石造の素朴なトンネル型ヴォールトから末期ロマネスク教会堂や初期ゴシック教会堂の交差ヴォールト、六分ヴォールト架構へ至る過程で一貫して意識された最重要課題は、石造架構のもとでクリアストーリーを確実に実現することにあった。

バジリカ式教会堂は、四世紀になって小アジアやシリア、ギリシア、ローマなど各地で造営され、その後のキリスト教教会堂の発展の方向を決定づけることになった。内陣に置かれた祭壇は、死後聖別されて聖者となった殉教者の墓所の真上に据えられ、教会堂はその聖者に捧げられ

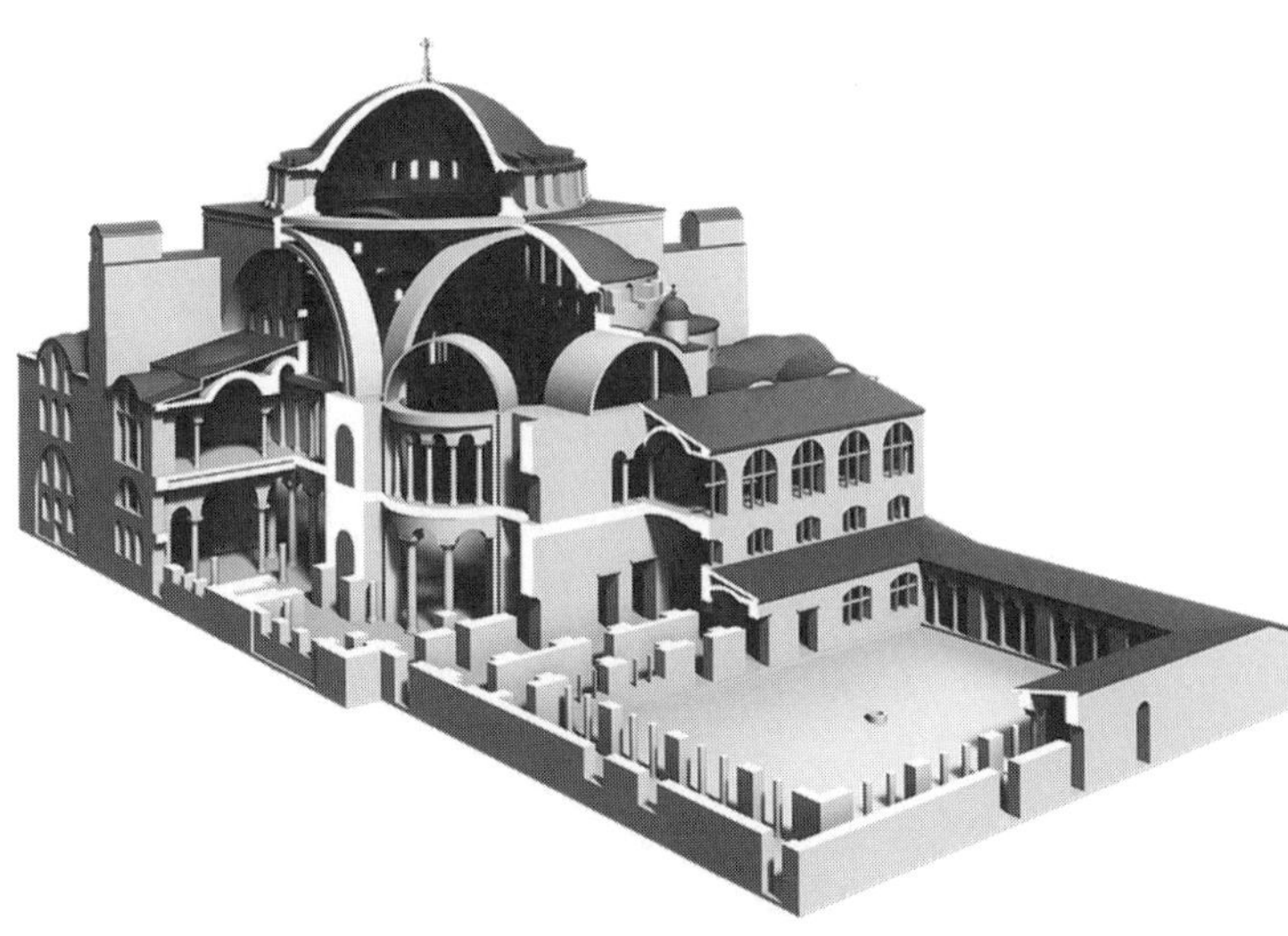

図 46　聖ソフィア教会堂（6 世紀）

ることも多かった。教会堂造営のために選定された土地は、新興宗教であるキリスト教にとって歴史的事実に基づく固有の聖地、霊的に特別な場所である聖者の墓所であった。

この教会堂はミサ集会所などとして機能したが、これとは別に各地に洗礼堂がつくられた。洗礼堂は改宗希望者に劇的な体験を与える施設である。中央に水盤を設けた小建築だが、改宗者は一定期間の断食などを経た後に司祭の先導に従って水盤に入り、疑似的な死と再生を体験する。イタリア・ノチェーラのサンタマリア・マジョーレ教会の洗礼堂（図45）は、六世紀頃の造営と考えられているが、洗礼堂としては例外的にやや規模の大きな施設である。一般に洗礼堂は中央の水盤上に半球のドームを架けるが、この洗礼堂は最上部にやや小さな半球ドームを載せ、これを安定させるため中段に、上部をとり去った一回り大きな半球ドームを挟んだ特殊な架構がみられる。全体として縦長になったドームを二列の柱が支持する。その柱上部にア

図47　ペンデンティヴ・ドーム

ーチとヴォールトを架けた外周の側廊は、ドーム下部の横方向への膨張による崩壊を防ぐ役割を果たしている。

西アジアで最も早くキリスト教化したアルメニアでは、早くから半球ドームを載せた教会堂が造営された。半球ドームを架ける教会堂建築はとくに東方で発達し、ビザンチン建築の構造的範形を形成した。

コンスタンチノープル（イスタンブール）の聖ソフィア教会堂は、四世紀中頃に造営された最初のバジリカ形式の教会堂以後、焼失と再建を繰り返し、五三八年になって現在はモスクとして残る巨大なドームを載せた教会堂がつくられた。前頁図46はこの時期に再建された聖ソフィア教会堂である。この教会堂の構造には、下部の壁体内側にペンデンティヴとよばれる球面状の三角形を四隅に設け、半球ドームを支持する技法が使われている（図47）。西アジアの項で述べたスキンチやトロンプに比べ、一段と規模を拡大することを可能にした技法であった。巨大ドームを支持する方法はこればかりではない。横方向に拡がろうとする大ドーム下部を、正面と背面では半割にした小ドームを並べて抑えている。側面ではそれぞれ二つずつのバットレス（控壁）を建ててドームの下部を側方から抑えている。巨大な半球ドームを支持する工夫が各所にみられるが、それでもこのドームは数次にわたる崩落を繰り返した。

ローマ帝国のキリスト教は、三一三年のコンスタンティヌス帝の擁護策以後も曲折があった。しかし、テオドシウス一世に至り、三八〇年の勅法によって国教であることが明確になり、翌年には異端諸派を禁じた。

さらに三九二年に他の宗教を全面的に禁止するに及んで（「ニカイア信条」の）キリスト教が国家の唯一の宗教となった。個人の救済を目指した宗教が国家宗教に位置づけられたのである。したがってその意味は、古代の前半にみられた守護神としての土地（国家）神と大きく異なっている。ここで起きたことは、夥しい数の民族と多種多様な生活習慣を呑み込んだ世界帝国が、総員が共通にもつ倫理観を手に入れたということを意味する。そして、皇帝もまた共通の倫理観をもつ一人の信徒にすぎない。ここに至って王権と宗教の関係は大きく変質したのである。

地中海を巡る巨大国家に善悪の価値基準を示す倫理上のものさしが導入されたことは、古代国家と古代宗教の歴史における巨大な事件であった。新宗教の象徴であるキリスト教建築は、ローマの聖ペテロ教会堂、コンスタンチノープルの聖ソフィア教会堂などいずれも国家の威信を表す記念碑としての役割を担っている。これらの建築は、古代前半の文明が創出した記念性の要点、巨大さや恒久性、造形の対称性を引き継ぎながらも、身廊上部のクリアストーリー（高窓の列）、やや遅れて多用されるドームで覆われた内観、祭壇周囲の構成や細部意匠など、内部空間の演出においても記念的性格を獲得しようとしている。

2・3　南アジア

バラモン教

アーリア民族がインド亜大陸に向けて侵攻を始めたのは、前一五〇〇年から前一〇〇〇年頃のことであった。彼らは多くの氏族、部族に別れ、西方や北西から幾波にもわたって現在のインド北部へ侵入したらしい。

平行してイラン高原やカスピ海南部にも侵入し、西アジアでも変動が始まっていた。それぞれ家父長制的な組織である大家族を単位とした集団がさらに集合して小部族国家を形成し、牛を中心とした牧畜生活を営む一方、二輪戦車を操る戦闘集団でもあった。彼らは牧畜牛の略奪や部族国家間の抗争で衝突を繰り返しながら、大きな部族国家へ統合されていったようである。[*54]

これらの氏族、部族のなかには、世襲の祭祀階級であるバラモンも含まれていた。前アジアの時代の宗教であるバラモン教は、その聖典である『リグ・ヴェーダ』にさまざまな神格への賛歌を集積している。この文献に表れた神格はすでに個々の出自がわからなくなっており、相互に役割を得て集合した世界をかたちづくっている。軍神であり雷霆神であるインドラ（帝釈天）、火神であるとともに祭祀の中で人間と神を媒介するアグニ（火天）、死者の国を開き死者を迎えるヤマ（閻魔）、契約、約束を司るヴァルナ（水天）、スーリヤ（日天）、ソーマ（月天）、ヴァーユ（風天）等々、多くの神格によって構成された世界である。[*55]

バラモンは日々の簡易な祭祀から通過儀礼に至るまで、人々の生活に密着した存在であったが、部族国家の中枢に位置する一部のバラモンは、王（ラージャン）の即位式に深くかかわっていた。即位式は年単位の時間をかけて夥しい儀式を執行するが、バラモンはこの過程でつねに重要な役割を果たしており、即位後に大きな報酬を受けていた。したがってバラモンはキングメーカーともみえる存在であった。このことがバラモンを社会階級の最上位へ押し上げていった理由の一つであったであろう。しかしこの役割は、部族国家という機構の中ではじめて成立するものであった。

アーリアの部族国家群は、インド亜大陸北半を西から東へ向かって勢力を広げ、ガンジス川流域に牧畜と農耕を営み定着するようになる。生活の拠点となった村落には必ずバラモンの家族が含まれており、共同体が要請する公的、私的祭祀のすべてを引き受けた。第二章で述べたように、これらの祭祀は執行のたびに地表に祭場を区画して祭壇と火炉を設け、草（バルヒス）を敷き詰めた聖域をつくって執り行われた。炉に火を熾(おこ)して供物を投じつつ神々を勧請し、賛歌や聖句を唱えるもので、祭祀が終われば祭場は跡を残さないよう注意深く撤去される。したがって恒常的な宗教施設をもつことがなかった。

インド亜大陸へ侵入したアーリアの部族国家のうち、ガンジス川流域に展開した国家のなかのマガタ国が、専制国家へ移行した最初の勢力と考えられている。部族国家の王たちは、部族の代表であっても部族間の合議制の上に成立した連合王国の代表であったが、マガタ国では中央集権的な王権が成立し、これを執行する官僚機構がつくられた[*56]。ガンジス川流域に、仏教やジャイナ教を代表とする多くの新しい宗教が現れた理由は、この王権がバラモン教から距離を置いたことにも起因すると考えられている。部族国家の時代にキングメーカーでもあったバラモン階級は、中央集権的な国家体制にとっては存在意義をもたず、特権的階級であることが統治にとって障害にもなりえたためであろう。

仏教

前六〇〇年から前五〇〇年頃のインドは、鉄器の普及によって穀物生産と軍事力が飛躍的に進展した結果、都市国家群が統合され、領域をもつ大国家の時代へ移行しつつあった。同時にヴァルナ（原義は色を意味する。祭祀階級のバラモン、世俗の貴族階級であるクシャトリア、商人などの市民階級であるヴァイシャの三階級のカースト）が固定し始め、生得的社会階級によって権利や義務の相違が明確になり始めた時代である。とくに最高位の階級として税や刑罰の免除などの特権を有したバラモンは、クシャトリア階級を中心に強い反発を受け始めていた。仏教やジャイナ教など新しい宗教が台頭する素地は、大都市へ富が集中し変質を始めた社会への批判とともに、特権的な階級に対する対抗的な側面をもっている。仏教、ジャイナ教などはいずれもヴァルナを否定する立場をとっているが、このことが商人など第三のヴァルナ、ヴァイシャの支援を受ける背景を担った[*57]。

仏陀の生きた時代は現在でも明らかではないが、前六世紀から前五世紀頃とみるのが一般的である。古代インドの例に漏れず、仏陀の思想も口頭伝承の時代を経て、紀元前後になってはじめてパーリ語を用いて記録された。第二章で取り上げた『大般涅槃経』（『マハーパリニッバーナ経』）は、仏陀の入涅槃に至る最後の時期を記録したものだが、世界を統べる「大善見王」のイメージなど、マウリヤ王朝のインド統一という経験なしには現れなかったであろう内容が含まれている。これらの記録は、初めて文字として定着されるまでの歴史上の事件が、多少とも影響を与えたことを示している。それでも私たちにとって初期の仏典以外に有力な手がかりがない。まず仏教の内容をみていこう。

仏陀の説いた「仏法」は、世界と世界内に存在する主体の認識のあり方が、生の抱える本質的な「苦」を生起させる原因だと捉える。「苦」はたんに具体的な苦痛や苦悩を意味するのではなく、認識主体の内面が外界の影響を受けて振り回される状況を指している。仏陀はこの状態を不正と捉え、内的世界が外界から影響を受ける過程を五つの要素に分解してそのメカニズムを解明し、「苦」からの解放へ至る方法（八正道（はっしょうどう））を組み立てた。この方法はきわめて倫理的で禁欲的なものだが、当事者の努力によって救済が可能であることを意味している点が重要である。個人の救済を目指した思想であり、極端な富の偏重や階級の固定化が進む社会に対する強い批判を伴っていた。

そのメカニズムを端的に指摘した表現は「これあるによりてこれあり、これなければこれなし」である。存在から認識へ至る過程の五つの構成要素（五蘊。色受想行識の五つ）は、相互の関係の中に置かれてはじめてそれぞれの機能が発揮される。存在＝認識は不安定であり、いずれかが変わればすべてが変化する。自在に変化するものであるから恒常的な存在はない（五蘊皆空）、という捉え方である。そしてこのメカニズムを理解することが外界の影響で喚起される執着、つまり苦からの解放の道であるとする。[*58]

このような分析的な捉え方は、たとえば古代ギリシア哲学などと対置されるべきものだが、哲学というカテゴリーを知らない古代インドにとって位置づけの難しいものであった。当初仏陀は人ではなく、半神とみられていたバラモンの名家「アンギラス族」のような存在とも受け止められた。[*59] このような哲学的思惟は『ウパニシャッド』に残されたように、当時、一部のバラモンたちが実践していたためであろう。したがって最初期の仏教は、インド文化・宗教の例に漏れず、超越的体験（瑜伽行）を重視しつつも一種の実践哲学とみることも可能である。

仏陀は、当時の社会の中でよく知られていたバラモン教の神々についてとくに言及していない。おそらく彼は、既存の宗教とは異なるカテゴリーの活動を行っているという自覚があったと思われる。しかし、仏陀が存命中に自己の思想をどのように捉えていようとも、仏弟子たちにとって、仏法と仏陀が帰依の対象であるかぎり、宗教的性格は当初から存在したと考えてよい。

原始仏教教団は、一切の生産行為に携わらず社会の余剰を受けて生存する。つまり、日々の托鉢によって日に一度の食事で生を繋ぐ。一方、インドには修業者の生活を支えようとする精神的風土があり、先に述べたように、ヴァルナが固定しつつあった社会への反発をもち、仏陀を支援する階級も存在していた。とはいえ無産の集団が一か所に滞在して日々托鉢を行えば、周囲にとっては大きな負担となる。したがって、余剰を求めて移動を続けなければならなかった。教団は、現在のインド北東部からネパールの南端にかかる広大な地域を、町や村を辿りながら徒歩で巡回していた。[*60]

仏滅後の僧団の生活も、アショカ王の時代までは大きく変わらなかったと思われる。それは、戒律を守りつつ移動を繰り返し、教義を学び考え瞑想を行う生活である。したがって特定の施設（寺院）をもつことはなかった。ただ、山野や洞窟などを拠点として定住する集団も現れたようであり、そのような形態も一部の僧たちによって後代へ引き継がれた。

アショカ王（在位、前二六八～前二三二年頃）は、バラモン教やジャイナ教、当時のさまざまな新興宗教を認め、とくに仏教を強く擁護した。碑文によれば仏跡を巡回しており、伝承では僧籍をもっていたとする。彼は、インド全域に仏舎利を収めた八万四〇〇〇の柱、いわゆるアショカ王の柱を立てて碑文を残し、サーンチーの丘陵にストゥーパ（仏塔）を建立したと伝える。

これらの行為は、初代チャンドラグプタの興したマウリヤ王朝の領土を亜大陸全域へ拡大したアショカ王が、統治のために善悪の価値の基準を社会に示そうと試みた行動と捉えられる。多種多様な民族と価値観を呑み込んだ南アジア未曾有の巨大国家を維持するには、おそらく当時の未発達な法制度では力不足であった。このため、いわば倫理上の度量衡ともいえる基準の提示を目指したものであり、その基準を仏教の戒律に求めたものである。たとえばジャイナ教のような他の新宗教にも寛容であった理由は、それらの宗教の多くがよく似た倫理観をもっていたためであろう。いずれの倫理観も、個人の所有物を極度に限定し、食物等を均等に分けあうなど、原始共産社会や定住以前の生き方を理想化したともみえる側面をもっている。アショカ王にとって仏教はそのような倫理観を代表する存在であった。

仏教が一般に向けて示した倫理的行動規範は、これよりもさらに厳しい戒律を実践し、規範を示し続ける僧団が存在することで強い説得力をもつ。アショカ王の施策は、僧団を国家の庇護下に置くことになり、徘徊と托鉢の日々を送っていた集団は拠点を得て変質を始めることになる。

アショカ王は各地に仏教の布教を実施している。セイロン島には、アショカの弟とも子とも伝えられる高僧マヒンダが渡っており、このとき仏舎利の一つである「仏歯」がもたらされた。各地に歴代の王権が建立した「仏歯寺」跡が残っている（現在の仏歯寺は古都キャンディーにある）。「仏歯」を所有することは、理念として全世界を統治する大王が認めたセイロン島支配の正当性の根拠を意味する。この認識は、近代に至るまでセイロン島の歴史を通じて機能し続けた。

マウリヤ王朝が消失した後、群立した王朝の中には、ヴェーダの供犠を執行し仏教徒を迫害した国家も現れる一方、マウリヤ王朝と同様の仏教擁護の施策を踏襲した国家もあった。

北西インドでは、中央アジアの諸民族、ギリシア系民族が相次いで侵入し国家を築いた。後一世紀に侵入したクシャーナ王朝は、インダス川下流域からガンジス川上・中流域まで、西は現在のアフガニスタンやイランの一部を含む広大な地域を支配下に置いた。およそ紀元前後に起きた仏教の「根本分裂」は、僧団と在家仏教徒との立場、成仏（救済）の可能性をどのように捉えるかなどの問題を含みながら、上座仏教（長老部）と大乗仏教（大衆部）に分裂することとなったが、クシャーナ王朝は、とくにカニシカ王のとき上座、大乗を問わずに仏教を擁護した。彼がガンダーラに造営した僧院は、長く大乗仏教のセンターとして機能する。また仏教は、中国とローマ帝国を結ぶシルクロードに乗って東は日本、西は地中海まで拡がった。西方では三世紀頃に地中海まで伝来したが、帝政下の古代ローマの享楽的な価値観が根強く残っており、仏教の禁欲的で虚無的ともみえる性格が受け入れられることはなかった。とはいえ影響が皆無であったわけではなく、キリスト教が修道院を生み出す契機の一つになったと考えられる。

サーンチーの仏塔

原始仏教教団は当時の社会に対する強い批判的立場に立つもので、決して過激な行動をとることはないが反社会的といってよい性格を有していたと思われる。しかし、アショカ王による積極的な擁護を受け、社会的な価値の基準、行動規範、倫理を示すモデルとして機能するようになると、僧団の社会的位置が明確になっていった。そしてこの時期、初めて僧院というべき施設が生まれることになった。

前三世紀の中頃、アショカ王がサーンチーの丘の上に建立した仏塔（第一塔）は、仏舎利を納置した直径一五m程の小規模なレンガ造の施設であった。この塔は、前一五〇年から前一〇〇年頃のシュンガ王朝の時代にほぼ二倍の直径をもつ規模に拡張され、さらに表面を石材で覆われた。現在の仏塔は、この時代の状態に復原されている。[*61]「伏鉢（ふくばつ）（アンダ）」中段を巡るプラットフォームもシュンガ王朝の拡幅工事に加えられたと考えられている。

周囲を石造柵（欄楯（らんじゅん））で囲い、四方に合わせて鳥居型（トーラナ）を構えた四つの入口をもち、伏鉢の頂上に四方位に合わせて四面に石柵を巡らせた「平頭（へいとう）（ハルミカ）」を構え、その中央に石造三重の「傘蓋（さんがい）（チャトラ）」を立てる。中段のプラットフォームは南側に左右二つの階段を設けるが、この配置は、南から欄楯の中に入り、右回りに三周する礼拝である「右遶三匝（うにょうさんそう）」を行う際、二周目に伏鉢の中腹を巡るための遶道（にょうどう）として機能したと考えられる（図48）。

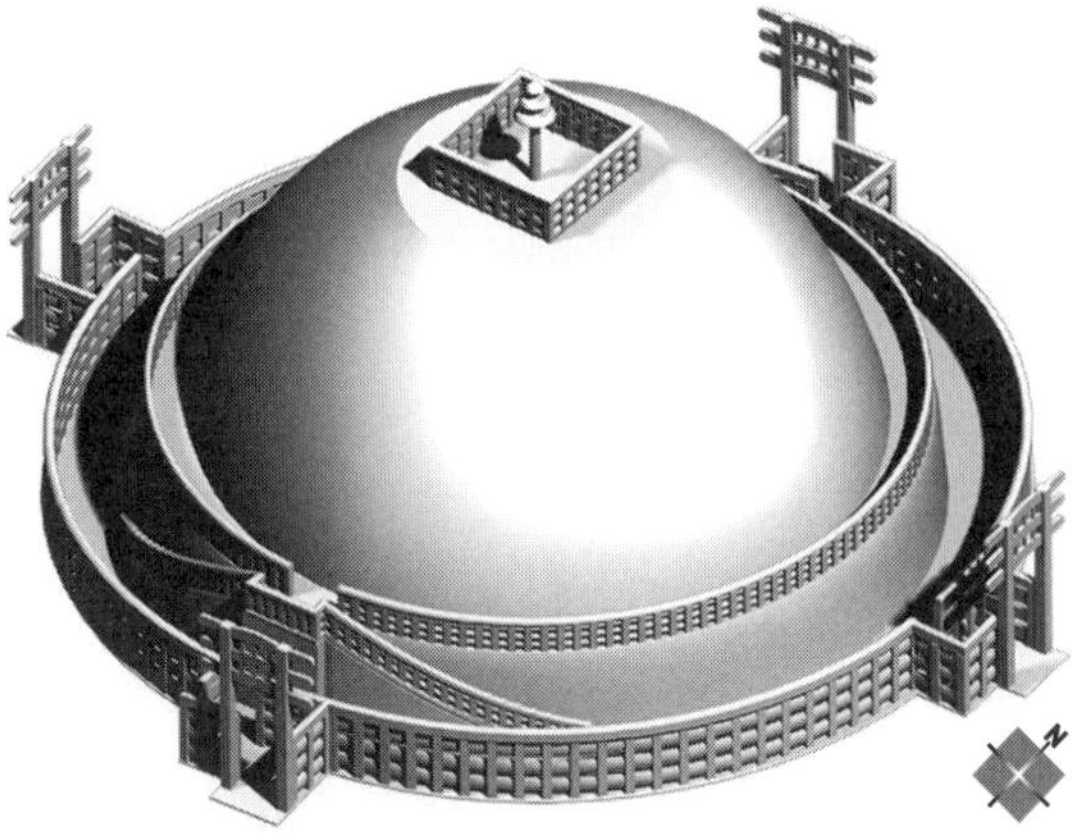

図48　サーンチーの仏塔（第一塔）

第一塔を中心に、残る小型の仏塔、第二、第三塔もアショカ王の時代につくられた。第二塔は第一塔の西北西にやや離れて位置し、アショカ王時代の比丘一〇名の舎利を安置する。四方に入口を設けた石造の欄楯で囲まれるがトーラナをもたない。レンガ造のまま置かれた簡素な仏塔である。第三塔は、第一塔の北に位置し、第一塔の増築の時期に合わせて石材で覆われた。欄楯を巡らせトーラナを四方に設けていたが、現在は一基のトーラナだけが残っている。仏陀の十大弟子のうち、舎利弗（シャーリプトラ）と目揵蓮（マウドガリヤーヤナ）の名を刻した舎利容器を納置した仏塔である。

現在に残る周囲の痕跡は、ほとんどグプタ王朝（後四世紀）以後の石造、レンガ造の建築遺址でサーンチーの丘の頂上とその周辺に多数点在している。しかし痕跡から推定される最初期の伽藍の状況は、丘の頂上の範囲にレンガ造の仏塔があったことだけが確認されている。このため、丘頂の輪郭に沿って点在する自然の石室が一種の僧坊として使われたとも考えられている。現在のタイの修業僧院のように、初期の僧侶たちは横臥して眠ることをせず、おそらく半跏趺坐の姿勢で瞑想し、夜を過ごしていたとも考えられるためである。しかし簡素な木造建物

図49　「三道宝階降下」図（右）とアーサナへの礼拝の図（左）

であったとしても、後の僧坊や後述する布薩堂(ふさつどう)にあたる施設が存在した可能性は小さくないと思われる。[*62]

前一世紀頃の姿に復原された仏塔は、トーラナと平頭（ハルミカ）の様相から四方位を意識してつくられたことが明らかである。ピラミッドと同じように、世界の中心に位置することを視覚的に示そうとするデザインである。しかし四つのトーラナを潜り欄楯の内側に入ろうとすると、いったん曲折した入口を通過する。このアプローチの意図については、後に検討する。

仏陀の図像化

仏陀の姿を図像として表すことはタブーであった。これは仏教に限られたことではなく、インド・イラン民族の宗教全般に、そして西アジアの「拝火教」にも共通する特徴であった。たとえば「三道宝階降下（従三十三天降下）」のレリーフは、夏安居(けあんご)（雨安吾。僧団は夏の雨季には移動せず一か所に滞在した）の期間、三十三天に昇っていた仏陀が地上に戻る場面を表しているが、仏陀は三列の階段の最上段と最下段の中央に描かれた二つの足跡だけで表現されている。周囲に合掌する人物を多数配置することで、この足跡が仏陀であることが示される（図49右）。また図49左に掲載した、菩提樹前面の台座に向かって帰依者が合掌するレリーフも同様の主旨で、台座上に座して瞑想する仏陀の姿を意図的に省略している。

ところが後二世紀に入ると北西インド、ガンダーラやマトゥラーを中心に、おそらく当初はレリーフに仏陀の姿を表すことに始まって造仏の風習が現れる。[*63] 仏像がつくられたことは、あらためて仏像を安置する施設、仏堂を生む契機となった。この結果僧院は、仏舎利を納置するストゥーパと仏像を安置する仏堂という、二つの記念碑的施設をもつ姿へと変貌していった。

仏教伽藍の原形的構成

前一世紀中葉から後七世紀まで使われたガンダーラ（現パキスタン）のタフティ・バハイ（僧院）は、山頂に位置し、僧院と塔院という二つの区画が併置された伽藍構成をもっている。塔院は中央に小型のストゥーパ（基壇のみ現存）を配置し、この三方を石造の小祠堂が連なってとり囲んでいる。これら祠堂の中にはそれぞれ仏像が安置されていた。仏塔をとり囲む小祠堂群はもちろん仏像が現れて以後、早くとも二世紀以後に増築されたものである。塔を中心に祠堂が囲む構成は、当初、仏像の価値が仏塔に遠く及ばなかったことを表している。記念碑の区画である塔院に隣接する僧院は、小室（おそらく僧坊）が並び、瞑想行等に使われたであろう地下空間や食堂（じきどう）の跡が残っている（図50）。

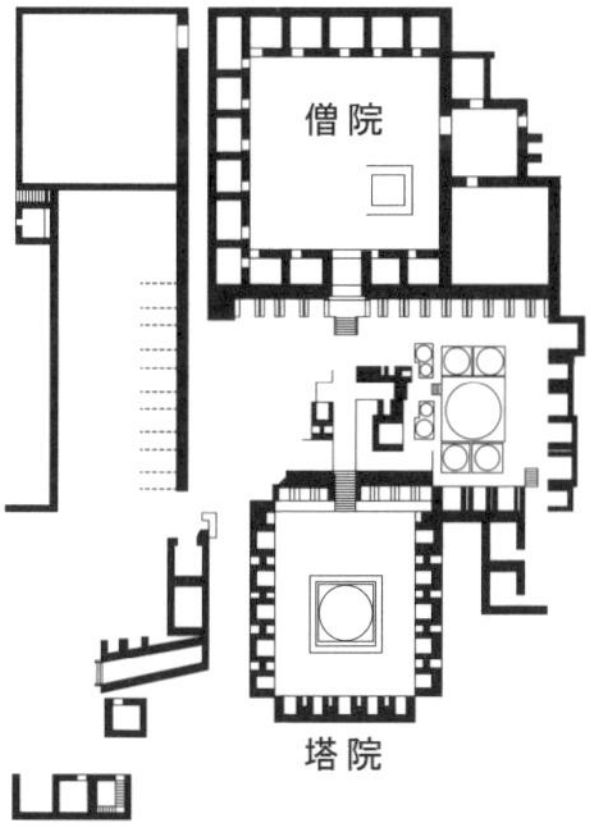

図50　タフティ・バハイ平面図

この伽藍構成は、僧の修行道場としての僧院と仏陀を記念する施設とがほぼ対等に併置され、塔院では中央の仏塔を多数の仏像が囲んでいる。仏像が生まれた頃の仏教寺院の姿をよく残

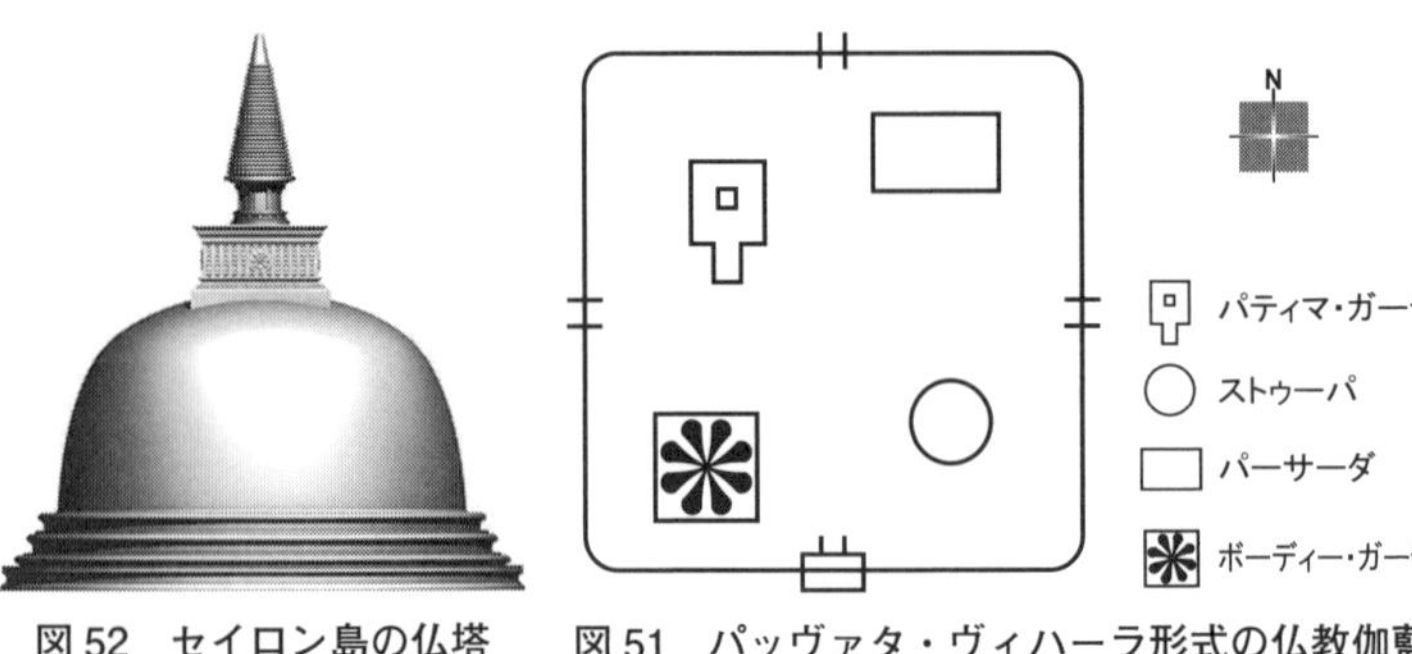

図52　セイロン島の仏塔

図51　パッヴァタ・ヴィハーラ形式の仏教伽藍の構成

していると思われる。

古代の仏教僧院の伝統を受け継ぐ伽藍構成は、現在でもセイロン島に残っている。一〇世紀以後に下るが、パッヴァタ・ヴィハーラとよばれる伽藍形式は、伽藍中央を区画して仏塔（ストゥーパ）、仏堂（パティマ・ガーラ）、菩提樹寺（ボーディー・ガーラ、アーサナ・ガーラ）、布薩堂（パーサーダ、ウポサタ・ガーラ）の四つの施設を配置する伽藍形式である。伽藍全体を「田の字型」に四つの区域に区分し、四つの施設をそれぞれ軸線を外して配置する点は共通するが、その組み合わせには多様なヴァリエーションがある。図51はそのうちの一つを取り上げている。

仏舎利を安置する仏塔の姿は、本来は火葬骨を納置する土饅頭であり墓所であるが、貴人の墓所に日傘を差し掛けた風習に倣い、基壇上に伏鉢、平頭、傘蓋を重ねる記念建造物として成立した。ただ、仏塔はアショカ王が建立したサーンチー第一塔の成立以来、専制王権の倫理的な正当性を含意し象徴する存在へと変貌したと考えられる。一二世紀に仏教が廃絶したインドでは明確な事例が残らないが、王権の正当性を主張する機軸に一貫して仏教を据え続けたセイロン島では、比較的小規模な仏塔に、代々の王たちが増築を繰り返すことで、ルワンウェリ・サーヤ大塔のような巨大な仏塔が誕生した。図52は一二世紀頃に造営されたキリ・

ヴィハーラ寺の仏塔である。セイロン島では仏塔の形式に大きな変化がなく、長期にわたってよく原形を留めた。宗教的背景は異なるが、王権が求めた仏塔はその力量を示す記念性を有する施設という点で、古代エジプトのピラミッドに比定される存在である。つまり仏塔は、仏陀を記念する施設であると同時に、これを擁護し善政を執行する専制王権の正当性、そしてその王権の力量を表すものであった。

仏堂の形式は時代と地域、建築材料などによってさまざまだが、タフティ・バハイにみられた小室に仏像を安置する形式に始まり、内部に礼拝空間を含む大きな施設へと発展する。これは仏像の前面で執り行われる祭祀や儀軌（ぎき）が発達していったことを示している。

仏像の周囲を右回りに巡る（右遶）礼拝、前面で五体投地を繰り返すなどの作法は、本来、インドの王に対する礼拝に由来する。さらに仏像の前面で経典を読誦する作法は、持経者の暗唱に由来するのであろう。仏陀の入滅後、経典が文字に書き起こされるまで、僧たちは持経者、持論者、持律者のいずれかの役割を請け負い、仏説の忠実な伝承を担った。経典が文字に起こされるようになった後も、読経は儀礼的性格とともに行（ぎょう）としての意義を保ち、さらには経典とその読経が呪的な効力をもつと考えられた。

花、香、水等を用いて仏像を供養する作法は、『大般涅槃経』では四辻に造立された仏塔に対して行われているが、この種の儀礼が転用されたものである。これら多様な儀礼はいずれも仏堂の中で執行された。行の性格を兼ね備えた仏像への儀礼が成立し、このことが仏像の価値を一段と高め、後代の仏堂を仏塔と同等ないしそれ以上の存在に押し上げる力になったと考えられる。

菩提樹寺（ボーディー・ガーラ）は、中央の菩提樹の四周をとり巻くように建物を配置した施設である。一見して聖樹信仰の施設のようにもみえるが、通例は菩提樹の前面に台座が置かれることから、実態はアー

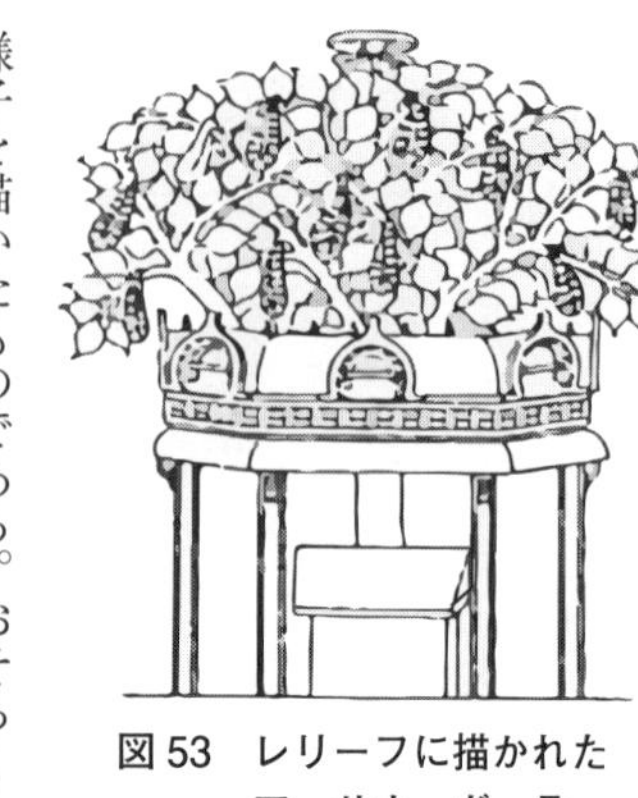

図53　レリーフに描かれたアーサナ・ガーラ

サナ・ガーラであったことがわかる。アーサナ・ガーラは菩提樹そのものを祀るのではなく、その前面に置かれた台座の上に、座して瞑想する仏陀の姿（アーサナ）を想像して礼拝するための施設であり、仏陀の姿を図像化することをタブーとしていた時代の名残りだと考えられる。

二世紀中頃に建立された南インド・アマラヴァティーの巨大ストゥーパ（現存せず）は、腰壁に施された夥しいレリーフを残している。図53は残されたレリーフのうち、当時のアーサナ・ガーラの様子を描いたものである。おそらく八角形の平面をもつ建物で囲まれた中央に小さな中庭があり、ここに菩提樹が繁っている。そしてその前面に台座を据えた状態がみてとれる。先の「三道宝階降下」の図と同様に、ここに描かれていない仏陀の座像こそレリーフが描こうとした真の主役である。

背後の菩提樹とその前面で瞑想する仏陀の姿は、彼が悟りを開く場面、あるいは瞑想する場面を再現しようとしたもので、ここに描かれた建物は仏陀の事跡を記念した施設である。背後の菩提樹は、前面の台座がたしかに仏陀の座所であることを保証する（図53）。

アーサナ・ガーラは、仏像を祀る慣習が成立する以前に仏陀の姿を祀ることを目指した施設であった。したがってのちの仏堂と性格の近い施設であり、仏堂の成立を潜在的に促す存在であったのかも知れない。一方、セイロン島の古都アヌラーダプラには、ボードガヤの菩提樹の枝を植樹して祀る寺院が存在する。この寺院「菩提樹寺」は、アーサナ・ガーラではなく正しくボーディー・ガーラである。しかし、ボードガヤの菩提樹こそ仏陀がその前面に座して悟りを開いた聖樹と信じられているから、仏陀を記念した施設に相違するものではない。

セイロン島各地に残る仏塔の周囲では、上面に足跡を二つ並べて刻んだ石製の台座をみかけることがある。セイロン島の最高峰アダムス・ピークの山頂にも同様の装置が置かれている。この台座は仏陀が空を飛んで現れた跡とする伝承が残っている。しかしこの装置は、仏陀の描写をタブーとする時代の慣行を受け継いだもので、仏陀の立ち姿を、ここにありありと想像して礼拝を行うための装置であった。のちの「仏足石」は、仏陀を象徴する数多くの繊細な文様で「足跡」を埋め尽くし、それ自体を礼拝の対象とするようになるが、「仏足石」の起源は古く、仏陀の入滅後前四世紀頃には現れたもので、当初の意図は仏陀の立ち姿を想像するための装置であった。したがってこの装置は、のちのアーサナ・ガーラのアイデアへ、そしてさらに造仏と仏堂の発明へと続く、仏陀の姿を（想起し）礼拝する慣行の最初の一歩であった（図54）。

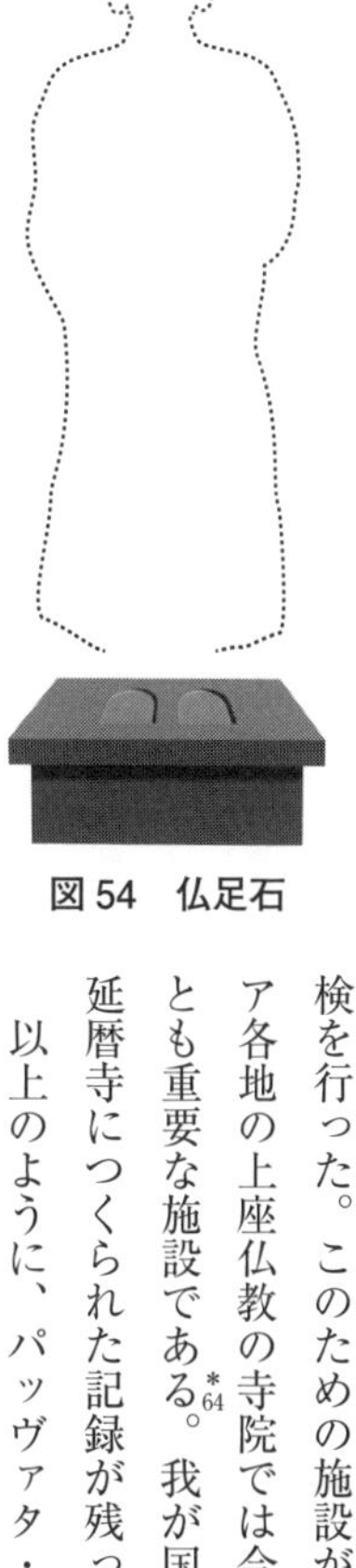
図 54　仏足石

布薩堂（パーサーダ、ウポサタ・ガーラ）は、僧侶たちが戒律を守る様子を確認し、懺悔を行う施設である。僧侶は受戒の儀式を通じて正式に僧侶となる。以後、戒律を厳格に守り続けることが僧侶であることを意味した。したがって僧院では戒律の遵守がたしかに実行されているかどうか、満月の日などに定期的に点検を行った。このための施設が布薩堂であり、アジア各地の上座仏教の寺院では今日でも寺院内でもっとも重要な施設である。[*64] 我が国では例外的に比叡山延暦寺につくられた記録が残っている。

以上のように、パッヴァタ・ヴィハーラ形式の伽藍には、仏塔に始まりアーサナ・ガーラを経て仏堂の成立へ至る、それぞれの時代に生まれた仏陀を記念する施設をみることができる。ここには初期仏教の建築史の変遷とその成果が凝縮しているのである。

ヒンドゥー教の建築

第二章で述べたように、バラモン教は特定の施設をもたず儀式ごとに専用の祭場を設営した。前アジア的な性格をもつバラモン教は、紀元前後になって民間の信仰を積極的にとり入れるようになる。部族国家時代に王権と強く結びついていた祭祀階級であったが、専制国家が現れるようになると王権と宗教の分離が進む。さらに仏教に代表される新宗教の台頭によって、前アジアの時代の特別な地位を失いつつあった。バラモン教の民衆への接近は、新しい社会状況への適応であったと考えられる。この状況を経て以後のバラモン教を、私たちはヒンドゥー教と称している。

北インドを支配していたクシャーナ王朝が廃絶すると、この地はグプタ王朝（後三二〇～四五五年）が統治することになった。グプタ王朝もさまざまな宗教を認める施策をとったが、バラモン教以来の社会秩序を強く維持しようとした結果、仏教教団は国家の庇護を受けることがなくなったと考えられている。王家は歴代にわたってヒンドゥー教を信奉した。この時代、ヒンドゥー教ではヴィシュヌ信仰とシヴァ信仰が隆盛をはじめ、また仏教の影響で神像がつくられるようになる。そして神像を安置するための施設がつくられ、これに合わせた祭祀が行われるようになった時代である。

初期のヒンドゥー教祠堂は木造の施設も多かったと思われるが、当然のことだが残存した例はみあたらない。しかし、早くから躯体に焼成レンガや石材を用いた寺院もあったようで、ごく少数の遺跡が発見されて

図 55　カンボジア・マハー・ロセイの部材構成

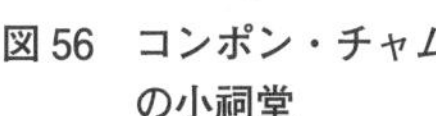

図 56　コンポン・チャムの小祠堂

いる。ただ上部架構まで復原できる例が残っていない。おそらく多数の石造、レンガ造建築がつくられた可能性があるが、そうであっても後代に多くの寺院が規模を拡大しつつ建て替えられた。シヴァ・リンガを祀る寺院などでは本尊の位置を動かさずに建て替えるため、前身建物が残る機会がない。したがってここでは、石造ヒンドゥー教建築の最初期の様子を残すと思われる事例として、カンボジアに残る「アシュラマ・マハー・ロセイ」をみてみよう。

プレ・アンコール時代の首都であったサンボー・プレイ・クックに残るマハー・ロセイは、およそ六世紀の建立と考えられている。ごく小規模な施設だが、砂岩の部材一つひとつに大材を用いており、初期の砂岩建築の素朴さをよく示している(図55)。構成部材を分解した図(図55左)をみると柱と壁、屋根がそれぞれ一材でつくられている。コンポン・チャムの小規模な砂岩建築でもアイデアは同様だが、屋根材を三枚の砂岩の板を用いて覆い、雨漏りを防ぐため板どうしの接続に丁寧な継手を加工している。(図56)。いずれも低い基壇しかもたないが、初期のヒンドゥー教祠堂であったと考えられる。

空間を覆う方法として、いずれの祠堂も部材の大きさに依存する構法であり、扱うことのできる部材の大きさがそのまま祠堂の規模の限界と

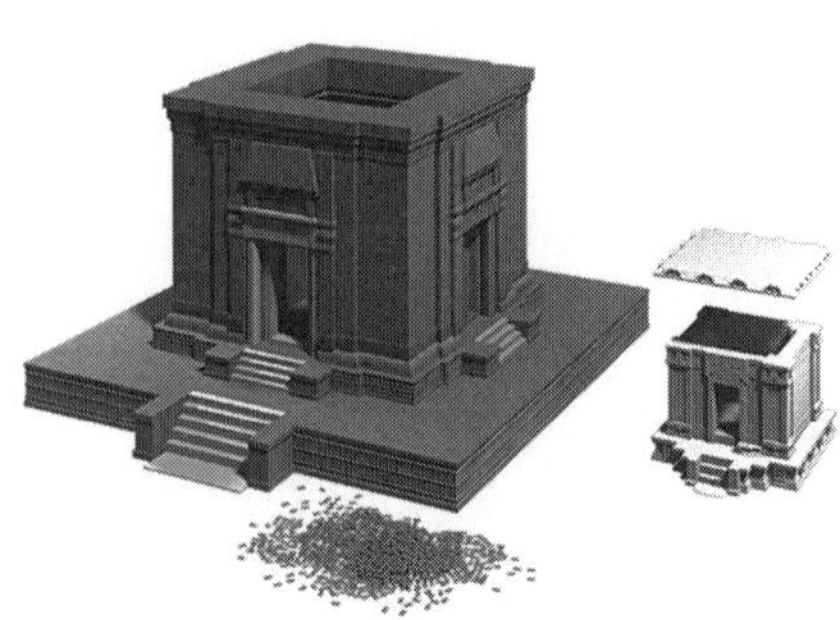

図57　マハー・ロセイとプレ・アンコール期のレンガ造祠堂

なる。それでは、大規模なレンガ造や砂岩造の祠堂はどのように構築すればよいだろう。図57は八世紀から九世紀のサンボー・プレイ・クックの大規模なレンガ造祠堂とマハー・ロセイを比較したものである。巨大な砂岩材で覆うことにも限界があることが明らかである。

プレ・アンコール期の塔状祠堂はいずれもレンガ造で、空間を覆う方法として迫出(せりだし)構造を用いている。レンガや砂岩などのブロックを水平に積みながら、少しずつ内側に寄せて空間を覆うという素朴なアイデアに従ったものである。経年変化による不動沈下など、水平が少しでも崩れると不安定になるが、基礎がたしかな遺構は一〇〇〇年を過ぎても安定している。

水平に積載しながら少しずつブロックの位置を内側に寄せるアイデアは、当然のことだが寄せる距離が小さいほど個々のブロックが安定する。しかし寄せる距離が小さければ空間全体を覆うためのブロックの段数が増えて祠堂の背は高くなる。したがってこのような構法は、祠堂を必然的に塔状建築へと向かわせるものであった。図58は、インド・オリッサ州ブバネーシュワルのムクテーシュワラ寺院である。本尊を安置する本殿（祠堂・ヴィマーナ）とその前面の拝殿（マンダパ）を組み合わせた形式は、ヒンドゥー教建築の標準的な構成である。拝殿は内部に柱や壁体を補って低い屋根を載せる場合が多いが、この拝殿は規模が小さいため壁厚を増して対応している。したがって内観は外観から想像されるよりもかなり狭い。

図 59　アンコール・ワット

図 58　ヒンドゥー教の本殿と拝殿
（ムクテーシュワラ寺院）

この寺院の本殿は、迫出構造で構築された塔状の姿をみせているが、独特のゆるやかな曲線のシルエットをもっている。これはアンコール・ワットの本殿（中央祠堂、プラサート）や回廊の隅建物にも（図59）、地中海に残る石造住宅（イタリア・アルベルベッロの住宅など）にも観察される成熟した迫出構造の特徴である。ブロックを直線的に積み上げるよりもゆるやかに外に孕む曲線を形成するように積むことで、迫出構造は一段と安定する。このことが経験を通じて理解されてきたためである。

次頁図60は迫出構造のブロックが安定する臨界点を辿ったものである。左端の最上のブロックを支持できる下のブロックの位置は、内の端が上ブロックの重心直下にある場合が限界である。この二つのブロックを支持する第三のブロックは、上二つのブロック全体の重心の直下に、内の端が載る位置を限界とする。この三つのブロックの重心に、第四のブロックの内の端を合わせる……という操作を繰り返すと、図のように曲率が徐々に変化する曲線状の輪郭が生まれる。

これは極端なモデルにすぎず、臨界点に合わせて構築する理由などないので正確に合致する遺構が存在するわけではない。しかし迫出構造の限界である積載ブロックの臨界点を辿ることで、安定を求めると曲線のシルエットが形成されることが直観的に理解できる。

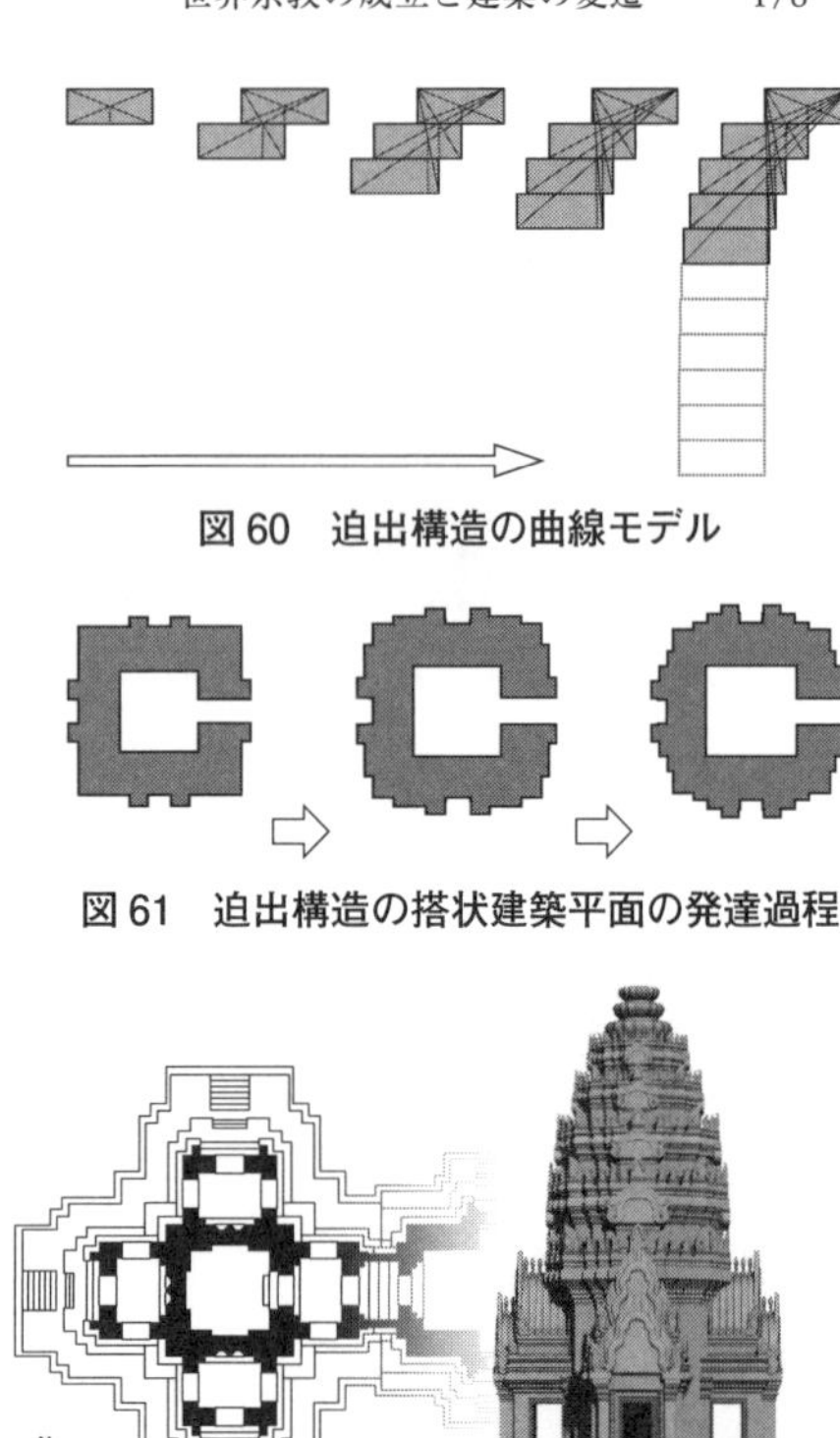

図60　迫出構造の曲線モデル

図61　迫出構造の塔状建築平面の発達過程

図62　トマノン中央祠堂

こうして積み上がった塔状の建築は背が高くならざるをえず、またそのことで強い風などの横力を受けやすくなる。このため、正方形の平面から出発した塔状祠堂は、四面それぞれの壁面中央に厚みを与えて横力に対抗するように発達した。平易な正方形平面から始まって複雑な凹凸をもつに至った壁面の変化は、迫出構造がもつ構造的特質、塔状化の進展に付随する必然的な結果である（図61）。そしてこの変化は、祠堂の規模の拡大に呼応するものでもあった。平面の輪郭は複雑になっていくが、全体としては円に近づいていくようである。

クメール寺院の本殿は、後一〇〇〇年代に入ると四方に突き出した入口（以下ポーチとよぶ）を構えるようになる。拝殿が付属する例では、このうちの一つが拝殿との接続部である作合（相の間、アンタラーラ）の役割を担うが、祠堂の平面は全体として太い十字をかたちづくる。比較的小型の本殿では、ポーチの奥壁に入口を設けずに壁体のままとする場合が多い。通例、奥壁を扉型につくりだしているが、これでは祠堂の中に入ることができない。したがってこれらのポーチは形式的な見かけのもので装飾のようにもみえる。しかしこれらポーチは、中央に聳える塔状躯体を四方から押さえ、安定させるバットレスとして機能している。図62は一二世紀初頭に建立されたトマノン寺院の中央祠堂である。東の拝殿との接続部のほか三方にポーチを設けているが、いずれのポーチからも祠堂に入ることが叶わない。このように四面にポーチを付属させるという構造上のアイデアは、平面の複雑化の過程が一段落した後に現れた。当初、比較的小規模な祠堂に現れたが、一一〇〇年代にはアンコール・ワットの中央祠堂のように壮大な塔状祠堂を実現している。ポーチの発明は祠堂の規模を一段と拡大することを可能にしたのであった。

祠堂のシルエットと宗教的象徴

以上のように、さまざまな工夫を重ねてできあがった塔状建築は、天に向かって屹立するその姿によって、早い時期から宗教的な象徴的意味を帯びることになった。一一世紀の碑文によれば、クメール王国では当時から、中央祠堂が「須弥山（しゅみせん）」を象徴し、回廊や周壁で構成された伽藍がこれを巡る山脈を象徴した。こうして伽藍全体として「須弥山世界」を象徴すると考えられた。[*65] 木造架構を一切排除してレンガや石材で構築できる形状は限られている。一定以上の規模があれば、アーチ構造を知らなければ迫出構造がほぼ唯一の選択肢である。そして空間を安定して覆うことを目指せば、完成する形状は塔状にしかならない。塔状建築の構造的安定を求めて四面相称の形状を守ろうとすれば、拝殿を別構造でつくり塔状の祠堂に接続するというアイデアもほぼ必然的なことである。この結果、屹立する中央祠堂の象徴性が維持され強調される。したがって、本来は材料と構法に制約されて現れた建築の形状が、造立を繰り返す過程で次第に象徴的な意味を帯び、

図63　アジャンタ第十九窟（5世紀後半頃）

そのことが建築の形式を積極的に固定させる契機となった。そしてこのことは、造形上の洗練過程を推し進める枠組みを与えることになったと考えられる。

建築の発達過程をみれば、材料に制約された技術的、構造的な必然がまず存在し、ここに、やや遅れて宗教的、象徴的な意味が付与されたと考えなければならない。とはいえ、象徴的な意味を付与され、これを担うこともまた宗教建築の重要な側面であった。

インドの木造建築と石造化

インドの木造建築も、古代ギリシア建築のように石造へ移し替えるという過程を辿った。この過程がいつ頃始まったのか、また初期の木造建築がどのようなものであったのかわからないことが多い。しかし、早い時期の木造建築の様相は、アジャンタやエローラに残る石窟寺院から推定することができる。図63は、アジャンタ石窟寺院群のうち、仏塔を収めたチャイティヤ窟の一つ、第一九窟（五世紀後半～六世紀）の構成を示したものである。仏塔の後半を囲むように半円に並んだ柱列は、前方で入口まで左右に並行する柱列を形成している。この柱はおそらく木造柱に比べて太くデフォルメされていると思われるが、柱頭に肘木の形をもつ部材を削り出している点が注目される。

図64は、取り上げたアジャンタ第一九窟の柱を挟み、アジャンタの柱のうち、より古層と思われる柱とエ

ローラ石窟寺院の八世紀頃の柱を並べたものである。柱頂にたんに板状のアバクスを載せた素朴な形状の柱もみられるが、木造柱を忠実に移したものかどうか判断がつかないためここでは割愛する。ここにあげた五本の柱のうちとくに注目すべき点は柱上の部材の形状である。十字に組んだものも含めていずれも木造肘木の形状を写したものであろう。

図 64　アジャンタ・エローラの石造柱

古代ギリシア神殿の項で取り上げたように、肘木が現れる原因は、桁の変形（屋根荷重による柱間中央の垂下）を抑制しようとしたためで、もとの原因は大きな屋根荷重が出現したためであった。つまり、古代インドの木造建築も瓦を葺くようになった時代があり、その時期に肘木が工夫された。おそらく草葺であった古代インドの木造建築は、瓦を導入することによって長寿の建築へ向かった、そのような変革期がたしかに存在したことを示すものである。

インドの瓦はギリシア・ローマ起源と考えられており、インドを経由して東南アジアまで伝播した。[*66] 一方、中国の瓦はベトナムに伝わっている。起源の土地が不明ながら、早い時期に中国と地中海に現れた本瓦葺のアイデアは、ユーラシア大陸の東西に展開しメコン川を挟んで対峙している。

意図された非対称

第二章で述べたように、古代インドの方位観は、専制国家の時代につくられた四方位を配して至高の中心を示そうとする方位システムと、前アジアの時代に遡る対立する価値を帯びた方位観とが併存し重なり合っている。前アジアの方位観が容易に消失しなかった原因は、バラモン階級の力とその祭祀に起因する。彼らは東（プラ。本来は「前」の意）をもっとも価値の高い方位とみなし、西の価値を反対項の負の価値をもつと捉えていたが、そのような価値観が祭祀とともに生き延びてさまざまな場面に影響を与えた。とくに四方相称の姿をもつヒンドゥー寺院において、このような前アジアの方位観がどのように反映しているか興味深い問題である。

第二章で述べたように、『マヌ法典』に残る前アジアの時代の世界像では、対立する二つの世界を画する境界は、コスモスの外にあるネガティブな危険な存在である。このため必然的に中心をタブー視するという見方が現れた。これは前アジアの時代には存在しなかった捉え方で、左右対称、四方相称と中心の概念が成立したことではじめて現れた観念であった。

ヒンドゥー寺院本殿の内部では本尊をガルバグリハ（本殿室内。聖域）の中心から外し、東を向く入口から向かって右奥に配置することが文献に記されている。[*67] 本尊を中心位置から外す方法は、インド文化圏に多様なヴァリエーションを認めることができる。まずインドの事例について紹介されたものを取り上げよう。小倉泰は寺院遺構を実測調査し、文献と対照しながら分析を試みている。[*68] この中で取り上げられたタミール・ナドゥー州のムーヴァル・コイル寺院（九世紀後半）の本殿は、本殿に設けられた入口、本尊（シヴァ・リンガ）の台座、本殿背後の壁龕の中心が同一直線上に載るが、この直線が本殿平面の中心から外れている例である（図65）。この図に明らかなように、室内では対称性が保たれているが壁体の厚さが均等ではなく、平面全体でみたとき、ガルバグリハの位置そのものが偏向を起こしている。問題は、外部からみたとき、正面の入口および背面の壁龕が、本殿中央から外れていることである。小倉はこの現象を奇妙なものとするが、

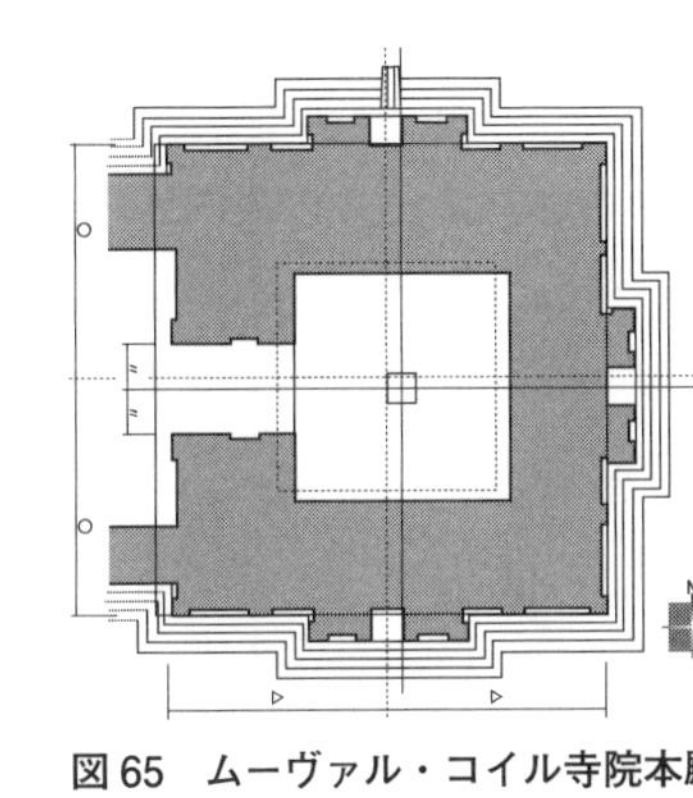

図65　ムーヴァル・コイル寺院本殿平面図

ガルバグリハはバラモン以外立ち入ることができないため、一般の参拝者たちにシヴァ・リンガが中心を避けていることを知らしめるための処置と思われる。

小倉はまた『マヤ・マタ』や『ラウラヴァ・アーガマ』などの建築技術書を引用し、たとえば南面する寺院のとき本尊をガルバグリハの中心から「北東に幾分ずらして」配置すると記されていること、中心線は「ブラフマーの線」（『マヤ・マタ』）とよばれ、本尊の位置をこの線から外すよう指示していることを示し、中心を避けることがたしかに意図されて行われたことを指摘している。ここで中心を通る線を「ブラフマーの線」とよぶ理由は、第二章で述べた「マンダラ」を想起すれば理解が容易である。四つの顔をもち四方を一挙に見通す全知の神は、世界の中心を居所とするため、中心を象徴するのである。

クメール王国のヒンドゥー寺院では、一見して伽藍の中心線（ブラフマーの線）の上に東ゴープラ、拝殿、本殿、西ゴープラなどが載っているようにみえるが、この軸線は中心線から必ず外れており、圧倒的多数を占める東面する伽藍では、わずかに北側に偏向することが通例である。中心を外すばかりでなく意図して北へ偏向する理由は、第二章で取り上げた古代インドの事例と同様に、北の方位を肯定的に、南の方位を否定的にみるためである。

したがって伽藍を構成する建築は、それぞれが左右対称のシルエットを保ちながら、伽藍全体として意図して対称性を外している。ただ、クメール建築では、さりげなく中心を外すことが目指されたようで、東面

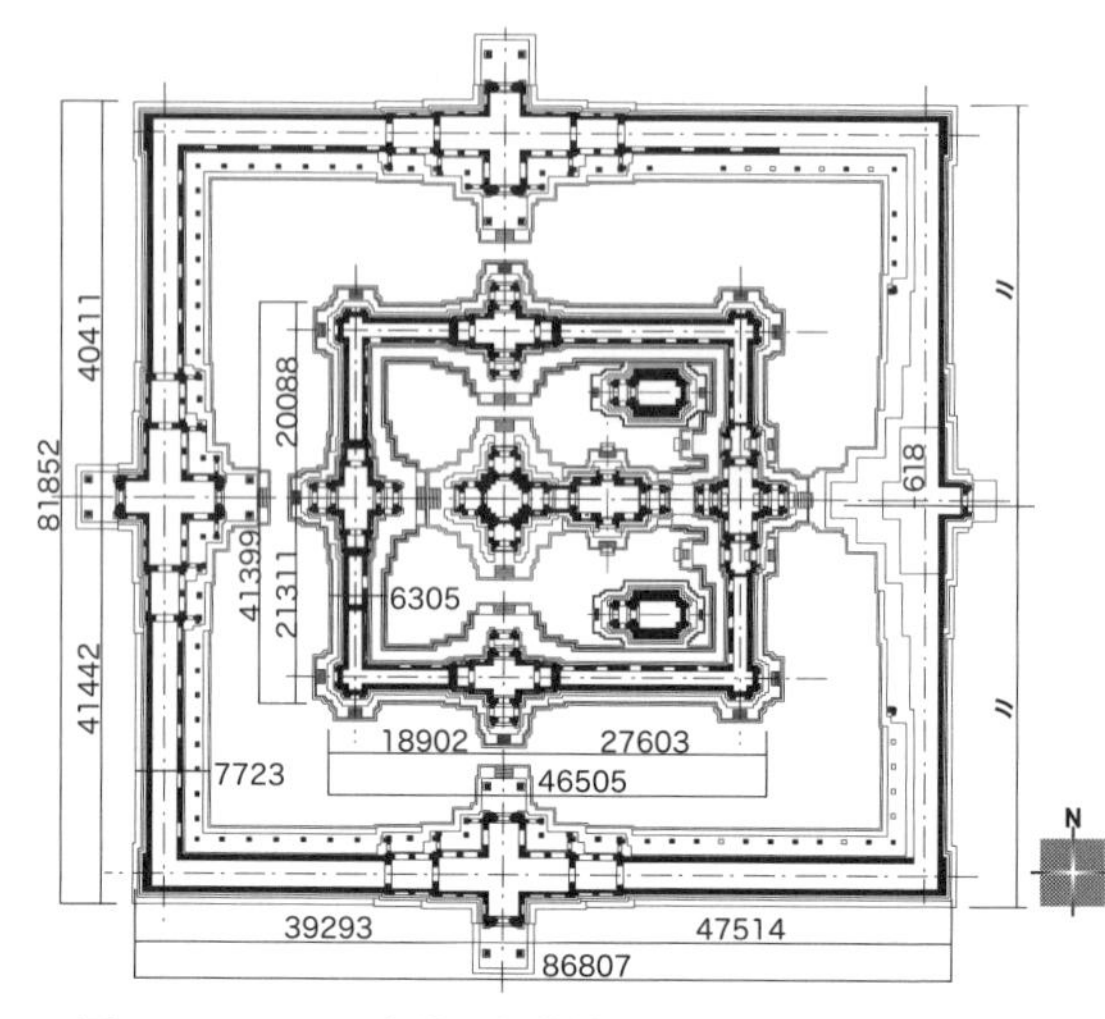

図66　クメール寺院の伽藍構成（バンテアイ・サムレ）

する伽藍の正面からみると、左右（北と南）の回廊の長さが異なることは、よく観察してはじめて気づくほどわずかなものである。回廊の長さの相違は、回廊に並ぶ連子窓あるいは窓間壁の幅の相違に現れる。柱列の構成をとる回廊では、柱間数の相違などによってようやく理解される。図66は一二世紀後半に建立されたバンテアイ・サムレという比較的小規模な寺院の伽藍平面図（図面の数値の単位は㎜）である。図面ではわかりにくいが、東から西へ一直線に並ぶ建物群（東外ゴープラ、東内ゴープラ、拝殿、本殿、西内ゴープラ、西外ゴープラ）を貫く中軸線は、回廊の南北幅を等分する中心線（ブラフマーの線）に対しわずか六〇㎝程北に偏向している。しかしこのわずかな寸法の差で、中心線は入口に向かって左側（南側）の壁の中に隠れることになり、参拝者が間違って中心線上に載ることがない。

アンコール・ワットは西を向き、中軸線が南に偏向する例外的な構成をもつ寺院である。三重に巡らせた回廊のうちもっとも外の回廊を正面（西面）から観察すると、回廊全幅が二〇〇ｍほどもありながら、偏向の距離は中心からわずかに一・六ｍほど南に位置しているにすぎない。しかしこれだけの偏向で、中心線が

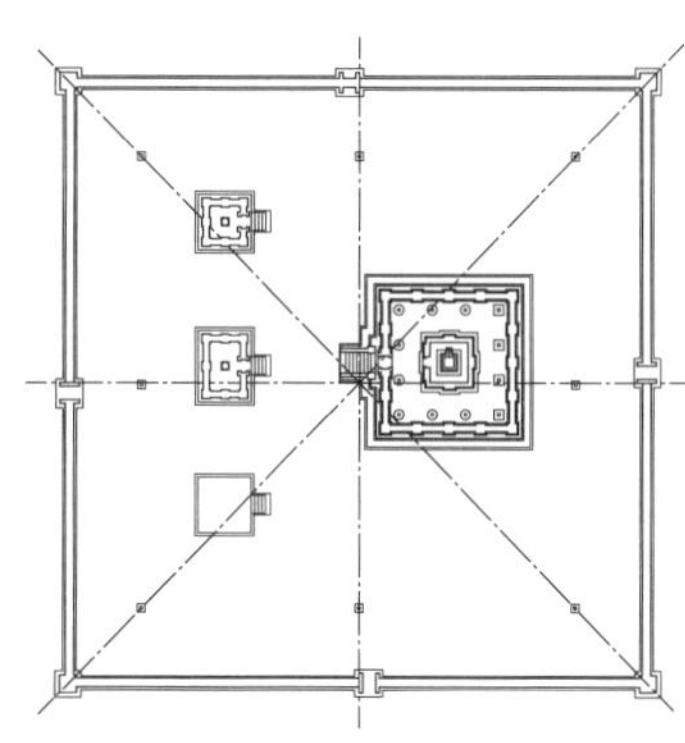
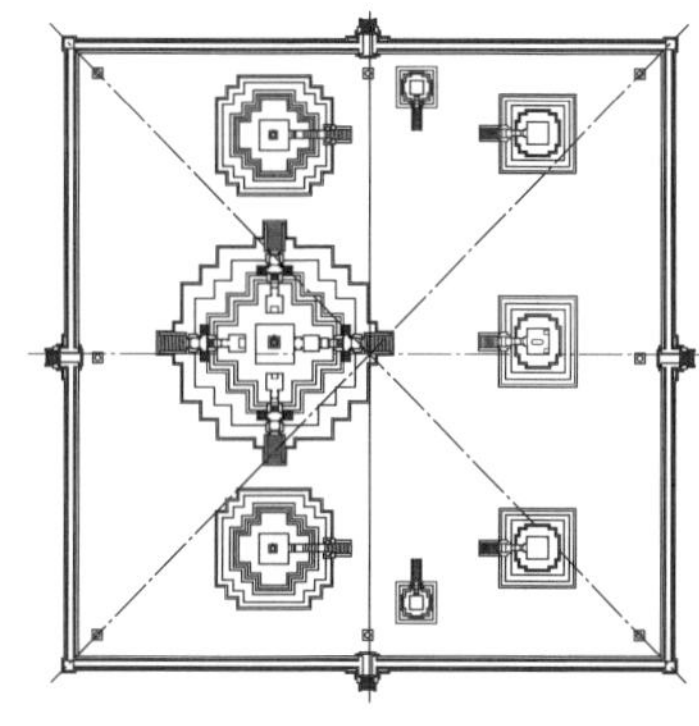

図 67　インドネシアのヒンドゥー寺院の伽藍構成　(右) ロロ・ジョングラン、(左) チャンディ・サンピエリ

ゴープラ入口に向かって左側（北側）の壁の中に隠れる点は、バンテアイ・サムレ寺院と同様である。このようにわずかに非対称をとる構成は、クメール寺院では通常の構成である。[*69]

一方、インドネシアのヒンドゥー寺院では、矩形の伽藍輪郭が表す中心（対角線の交点）に、それとわかる指標（小型の石塔など）を建てて中央の祠堂が中心から外れていることを明確に示そうとする（図67）。また伽藍への入口も、必ず中心線を外して設置するが、これはクメールの伽藍でも結果的に同様の状態になっている。[*70]

ヒンドゥー寺院は、一見して左右対称の構成をとっているようにみえるが、上記のように中心線を外す操作が加わっている。もともと恒常的な施設をもたなかったヒンドゥー教は、専制国家の時代になってはじめて恒常的な施設を生み出した。したがって建築や伽藍構成は、当時すでに成立していた左右対称の構成を前提としている。しかしその構成が中心を生み出してしまうため、わずかな偏向などの調整を施す必要が生じた。この調整の中に、前アジアの時代の方位の価値観が潜み、生き延びていることがわかる。

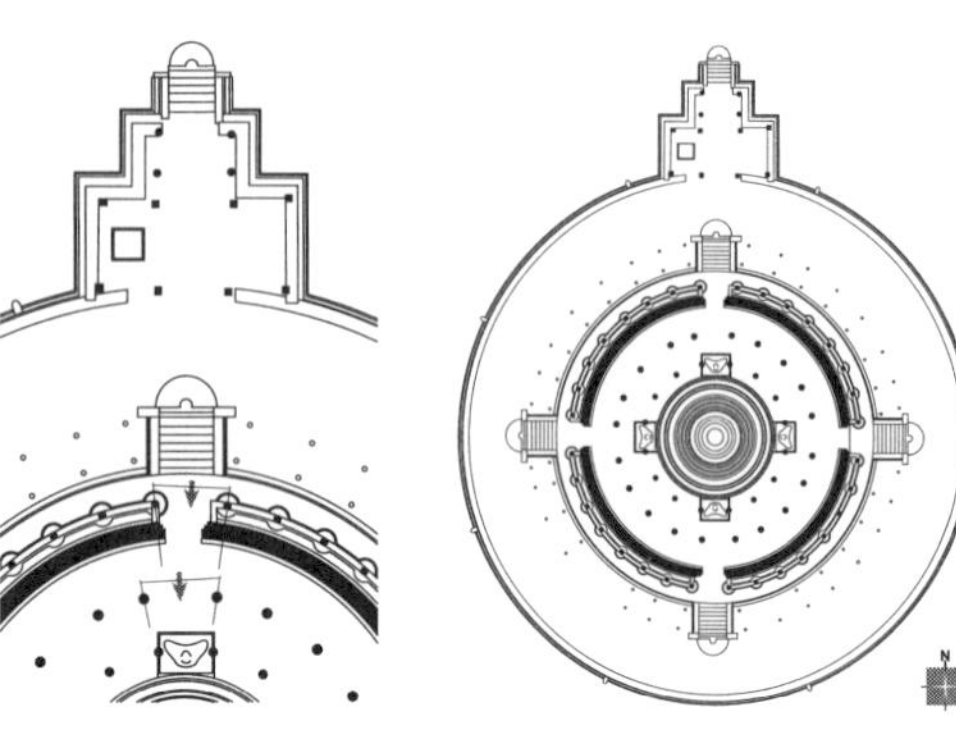

図 68　ダラダーマルワ寺院のワタダーゲ平面図（ポロンナルワ・スリランカ、12 世紀）

さて、先に触れたサーンチーの仏塔にみられた四方の入口構成について考えたい。トーラナを設けた四方入口が屈曲するアプローチをもつ理由は、参拝者が中心線上に載らないための工夫だと考えることができる。これは、クメールやインドネシアの伽藍の入口構成と、基本的に同じアイデアと考えてよいであろう。参拝者である一般の人々にとって、前アジアの時代の世界像とその価値観は見過ごせない存在であり、中心線上に載ることはタブーであったと考えられる。この屈曲するアプローチは、仏塔が中心を創出してしまうことへの対処なのである。

同様の主旨は、セイロン島、ポロンナルワのダラダーマルワ寺院のワタダーゲとよばれる仏塔（一二世紀）にも見出すことができる(図68)。この施設は二重の円形基壇の中央にレンガ造の仏塔を置き、中央にある上部基壇の四方に階段を付した入口を設け、仏塔を背後に、入口に相対する位置それぞれに四方に向いた須弥壇と仏座像を安置している。そして仏塔の外周を同心円状に三重に巡らせた石造柱列が囲み、外側の二列のあいだにレンガ造の壁体を設けている。最奥の柱列は須弥壇を両側から挟むように一六本を巡らせ、第二列は二〇本、壁より外の第三列は三二本の柱列で構成される。柱頭に残る痕跡などから、この柱列は失われた木造屋根を支持していたことが明らかである。

三重の柱列を実測してみると、須弥壇を挟んで並ぶ最奥の柱列を除き、二つの柱列がわずかな回転を起こし、柱間が四方の入口に正確に向き合っていないことがわかる。回転の方向は、第二列が中央に向かって右の方向に、もっとも外の列はその逆の方向に回転している。この結果、それぞれの柱間の中心は四方の入口から中央のストゥーパに向かう中心線からわずかに外れている。この構成は施工誤差のようにもみえるわずかなものだが、近隣のマンダラギリアのワタダーゲにおいても三列の構成で同じ本数の柱列がみられ、ポロンナルワのワタダーゲとそれぞれ同じ方向にわずかな回転を起こしている。したがってこの構成は、意図してつくられたものであることに疑いの余地はない。

柱間を通過するとき、階段の中央を通ってそのまま直進すれば、結果として柱間の中心を外した位置を通過する。この構成は簡略なものだが、サーンチーの仏塔と同義である。[*71]

サーンチーやワタダーゲのアプローチの構成は、かえって仏塔（仏陀）が中心を占めていることを強調しており、ヒンドゥー教の本尊（シヴァ・リンガ）が中心を避けていたことと対照的である。アショカ王の宗教政策によって、仏教は王権の四方位システムを引き受け、仏陀を世界の中心に君臨する存在とみなした。これは『マヌ法典』に描写された、大王が世界の中心を占める文脈と同じもので、仏陀の埋葬の際に「世界を統べる帝王（大善見王）の遺体を処理するしかたで」仏陀の遺体を扱い、都市の中心である四辻に舎利塔を建てるよう指示する『大般涅槃経』の記述も、仏陀の前世が転輪聖王であったとする本生譚の位置づけも、このことをよく表している。またこのことは、ヒンドゥー教が前アジアの時代の世界像を積極的に踏襲しようとしたことと、表裏の関係にあるといえる。

南アジアの宗教と建築

南アジアのバラモン・ヒンドゥー教と仏教の建築について対比しつつ概観を試みた。これらの建築は、いずれも理念的な永続性を求めて焼成レンガや石材を用いている。さらに、伽藍構成も含めて記念碑的造形を保っている。これらの施設は直接に王権の記念性を示すものではないが、王権と深くかかわり王権を支えつつその擁護によって現在まで続く信仰を獲得している。[*72]

しかし記念性の核心の一つである対称的造形については、二つの宗教は異なる立場をとっていた。大きく分類すれば、ヒンドゥー教の寺院はバラモン教に由来する前アジアの時代の世界像を引き受け、仏教寺院は前アジアの世界像とともに専制国家の時代の世界像を引き受けている。それぞれの宗教が生まれた時代、四方の概念が導入された時代の王権との距離のあり方が、世界像の捉え方ひいては建築や伽藍のデザインに、大きな相違を与えた原因である。

アショカ王の施策にみられる国家と宗教の関係は、祭祀と信仰、神話と神官団がいずれも王権の正当性を主張するために機能していた古代前半の様相と著しく異なっている。一般社会から距離をとり個人の救済を目指した仏教は、アショカ王によって巨大国家の維持のための倫理的な基準を示す機能が期待された。これは、後のササーン朝ペルシアのゾロアスター教の国教化や古代ローマ末期のキリスト教の国教化の先駆けであった。古代の後半になって現れた個人救済のための宗教は、古代前半の守護神の宗教に替わって国家宗教として受け止められ、世界宗教へ向かうことになった。社会へ向けて倫理的な基準を示すこと、そしてこれを日々実践し社会に規範を示す集団が存在すること、さらにこの宗教を大国家が認め擁護すること、これらのことが世界宗教へ至る条件なのであった。そして、新しい宗教が生まれ国家がこれを擁護したことによって、南アジアに初めて宗教建築が誕生したのであった。

2・4　東アジア

王権の宗教

殷代の最高神は上帝（帝、天帝）とよばれ、北天の周極点に座す宇宙の主宰者と考えられた。地上世界を統治する大王は、上帝を後ろ楯とすることで天下に号令をかける正当性と権威をもつ。上帝は人格神かどうか不明瞭だが、殷代の青銅の祭器にみられる獣面紋（饕餮文（とうてつもん））は上帝を描写したものとも考えられている。上帝の神意が直接問われることは少なく、卜占などを介して神意を諮（はか）るときには下位の神々へ向けて問うた。天子が悪政を行えば、上帝は民衆の反乱や諸侯の紛争、災害や飢饉、天変地異等々をもってその神意を表明するものだと考えられていた。殷代の上帝への祭儀は殷の王室だけに許されていた。最高神である上帝は、殷王朝を権威づける存在として生み出された神格であろう。ただ、殷王朝の祖霊に対する祭儀は別途執り行われていたから、上帝が王朝の祖先神という位置づけではない。王権の正当性を主張するためには、血統と離れた客観的な立場の最高神が求められたのかもしれない。

周の王朝は殷の王朝が上帝を祀ったように「天」を祀る。天も周の祖霊とは別の神格であり、殷の上帝にあたる周の最高神ともみえ、上帝と交代した神格とも帝と天は同一の神格とも考えられてきた。しかし周の時代以後でも、稀に天とは別に上帝に言及した記録が残されている。[*73]『礼記（らいき）』では、天を祀ることができるのは天子に限られた権利であることに対し、上帝は聖人だけが祀ることができると記している。この二柱の神格の関係は複雑である。周の時代に至っても上帝という神格が残る最大の理由は、殷周革命（前一〇四八年頃）の正当性を宗教的に説明しようとすれば、殷代の最高神である上帝の意を受けて周の文王と武王が殷の紂王（とその王朝）を倒した、とする説明が必要であったためであろうか。とすれば、上帝という神格は周代にほぼ必然的に引き継がざるをえなかったとも考えられる。したがって、おそらく周王朝の民族的な最高神であった天とともに、存在感は希薄だが上帝もしばらくは生き延びることになった。しかしこの二柱の神格はともに世界最高神（「天帝」）の性格をもつため、時代が下るにつれて北天の周極点に座す同一の神格と受け止められるようになった。[*74]

殷を倒した周王朝の歴史は、よく知られているように前七七一年までを西周、それ以後、遷都して春秋、戦国時代の列強の一つとなって前二五六年に滅亡するまでを東周と区分する。春秋時代、孔子は過去のものとなった西周時代の統治のあり方、武王と周公旦によって組み立てられた社会体制を理想とし、その礼制を復原したと主張する。そして魯国においてこの礼制を教える学校を開いた。孔子の思想は、高い倫理観をもつ天子の執政下に諸侯が収まることで民の安寧な生活が確保される、とする考えである。天子の権威を軽視して群雄が衝突を繰り返す春秋時代の状況に、社会秩序を回復させる方向を示そうと試みたものである。社会秩序の回復は、身分による人間関係の正しいあり方への復帰と捉えられ、西周の時代につくられた「礼」の復活を目指した。諸侯が天子に対して礼を尽くし、諸侯に対してそれぞれの臣が礼を尽くし、……民衆が村落の長に礼を尽くし子が親に礼を尽くせば、理想とされた西周の秩序、社会的安定が復活すると捉えたのである。

世界の頂点に君臨する天子は、『礼記』に「天子は天地を祭り、四方を祭り、山川を祭り、五祀を祭り、歳ごとに偏し」とあって天ばかりを祀っていたわけではないが、天に対して礼を尽くす祭祀王の性格をもっている。礼は礼儀であるとともに祭礼でもあった。しかし、孔子の思想はたんに礼の形式に意味があるとするのではなく、形式を守ることで身分に相応しい敬虔さや謙虚さを醸成することに意味があると主張する。それぞれ社会的な地位に従う礼とともに、あらゆる人々が祖先への祭儀を大切にすべきことも強く述べている。これもまた、敬虔さの醸成にとって重要なことと考えられた。

孔子の思想は社会階級を固定し停滞をよびかねない道徳論とする批判もあり、宗教ではないとする指摘も繰り返されたが、その本質は宗教と捉えなければならない。[*75] あらゆる礼のなかで最も重要な礼を、天子自ら行う天への祭礼である「祭天の儀」とし、孔子個人も天に対して強い信仰をもっていたとみえるためである。ただ注目すべきは、孔子が捉えていた天が素朴な人格神ではなく、世界を支配する理法というべき非人格神の性格がうかがえることである。その性格は自然法則であり守るべき社会のルールなど、「秩序」を司る神格である。つまり天は、日月星辰の運行から天変地異までを支配する世界の理法であり、同時に周の初期に組み立てられた社会体制を肯定する存在と捉えられていた。西周初期の天の理解から大きく変貌しているとも思われるが、これは神格に対する解釈の深化に違いない。

孔子の主張もゾロアスター教や仏教と同じように個人の救済という問題を中心に据えている。ただ彼の主張は、王権の側に立って進めるべき社会状況への解決法であって、人々の救済とは為政者によって達成される社会の安定であった。その主張は西周時代の社会システムを理想としたものであるから、天子を頂点として諸侯がこれを支える封建体制を是とする。秦始皇帝が目指した、諸侯を廃し全土を単一の中央集権の国家、専制国家として統治しようとするシステムとは相入れないことが、秦代の焚書坑儒（ふんしょこうじゅ）の一因になったと考えられる。それでも礼を中心に据えた道徳観は社会体制を維持する力となる。他の古代の新宗教と同様に、巨大国家にとって一律の社会的規範を示すものであるから、王権にとって魅力的なものであったに違いない。漢代以後、儒教は支配的な価値観となって東アジア全域に拡がることになった。

孔子の思想は、社会状況に沿った個人の身分相応の救済を目指すもので、個人の内面に踏み込む主張ではない。このことが儒教を宗教ではないとする見方を喚起してきた原因の一つであろう。古代の後半になって現れた他の新しい宗教と異なり、人間存在への考察は、祖先を含む血族集団と社会的地位との交点という個人の相対的な位置から一歩も離れないのである。しかし一方、実際的な性格に限定したことが力となって、宗教としても思想としても長く生き延びることになったと思われる。

個人の精神的な救済という視点は、孔子の思想に前後して現れる老荘思想に顕著にみられる。老荘思想は、天の摂理に従う世界の中に人事も包括されると捉え、天の理法に従うことを理想とみなした。ここで受け止められた天は、孔子の考え方よりも一段と自然法則的で非人格的な神、意思のない一種のメカニズムとして捉えているようである。このメカニズムに組み込まれた人間が行う作為的行為は、メカニズムを乱す以外のなにものでもない。あるべき姿は徹底した非作為である。老荘思想は、個としての人間のありようが問われている点で儒教と対比される。この非社会的性格は、支配的な思想に発展する契機を掴むことがなかったが、後の道教に強い影響を与えている。道士たちの実践が支えた道教の核心は、神秘的活動と体験を通じて個人救済を目指す宗教である。老荘思想は道教の神秘主義の実践に、理論上の背景を与えたことで後代に継承されていった。[*76]

礼制建築

春秋、戦国時代の曲折の後、東アジアの王権は儒教を国家宗教として位置づける。したがって王権のつくり出す記念建築は、儒教の指示する祭礼の施設が中心を占めている。「礼制建築」といわれるものである。西周に遡る礼制建築は天子の祭礼の中心的施設であり、後の時代の文献が「明堂(めいどう)」とよぶ建築であった。その様子は後の時代に編纂された『礼記』に記されるがその実体はきわめて不明瞭である。そしてさらに、後代に『礼記』に加えられた「礼器図」の項では、『考工記』の明堂の説明では五室が存在したと記し、『大戴礼』では九室と伝えるとして二つの異なる説があると記している。また、天子の祭礼が月令に従うから一二室あったとする指摘もある。後述のように、『礼記』「月令」では「一二个」(个は屋根の意)が存在したと記している。

すでに初期の明堂の実体はわからなくなっていたが、『礼記』「明堂位」では周公が三公、諸侯、諸伯、諸子(子爵)、諸男、九夷、八蛮、六戎、五狄等々を明堂の周囲や門外に配置する位置について克明に記している。明堂は諸侯の尊卑を明確にするものだと述べていることから、祭祀王の性格を残す周の天子の執政にとって重要な施設であったことがわかる。

『礼記』「月令」では、天子は月ごとに明堂の中で居室を替え、季節ごとに車、馬、旗、衣服の色、食物を替えるが、その様相は四方位に合わせて組み立てられ、一年をかけて一巡する。[*77] 天子の行動を天の運行、季節の推移に合わせたものである。したがって明堂は、四方位に合致した四方相称の平面をもっていたと考えてよさそうに思われる。しかし「礼器図」では「考工記周人明堂　度九尺之筵　東西九筵　南北七筵　堂崇一筵」

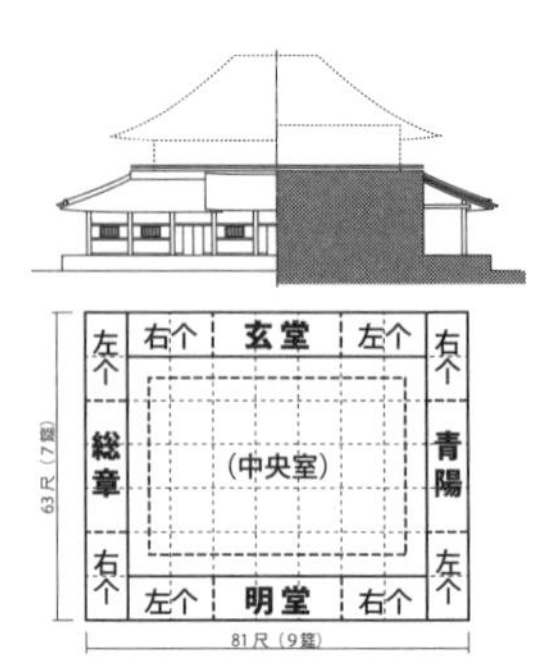

図69　明堂平面図（『考工記』から復原）

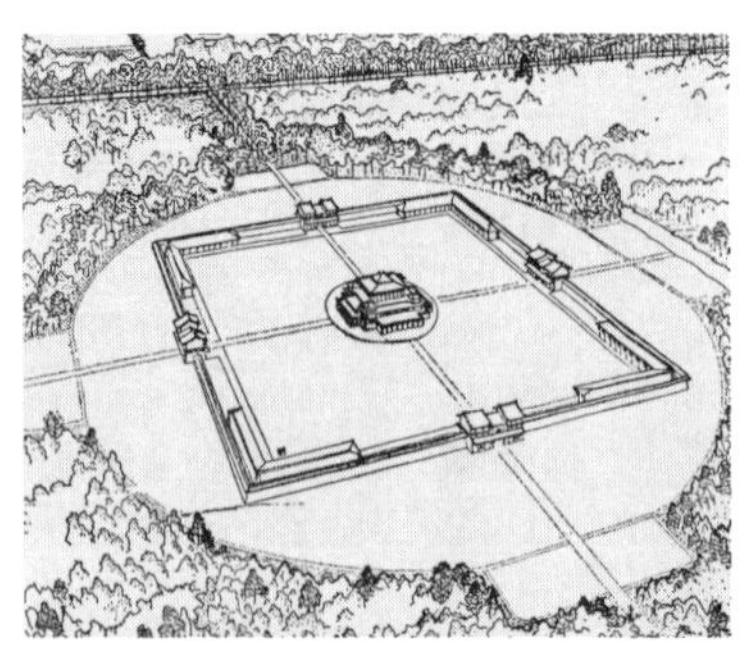
図70　復原された漢代の明堂・辟雍

と記している。『考工記』に記された周の明堂は、九尺を一単位として東西をその九単位、南北を七単位とし嵩(たか)さを一単位とする。記述が前提とする一尺の実長が不明だが、正面は八一尺、側面は六三尺となるから、東西にやや長い平面をとる大きな施設であった。寸法値を手がかりに復原を試みると、図69のような平面構成が復原できないわけではないが、もちろん正しい形状である保証はない。

漢の長安城の南郊で発掘された祭礼のための施設は、紀元一年から五年頃に造営された明堂と辟雍(へきよう)を合体させた施設と考えられている。辟雍は明堂とは異なる一種の教育施設とみなされている。この二つの施設を合体させた漢代の礼制建築は、巨大な円形の敷地の中央を、四方位を向く正方形の輪郭をもつ牆壁(しょうへき)が囲んでいる。その一辺は二三五ｍに及ぶ。四面の中央に門を配備し、四隅にL字形の平面をもつ建物を牆壁に接して設けている。牆壁のすぐ内側は一辺二〇五ｍ程の正方形の大基壇が立ち上がり、その中心に直径六二ｍの円形の「台基」が施設され、その上に四二ｍ角の正方形に収まる「「亞」字形」（四角が入隅の矩形平面）の主殿堂が載っていた。したがって建物の平面は太い十字型で、その中央には一七ｍ角の版築基壇が立ち上がる。東西南北に向かって突き出た「庁堂」は、『礼記』の記録に従って東の「青陽」、南の「明堂」、西の「総章」、北の「玄堂」に比定された[*78]（図70）。

この建物址について複数の復原案が提出されているが、全体のシルエットから細部に至るまで不明な点が多い。しかし、配置にみられる構成は、四方位に合致させ円と正方形の基壇を繰り返し重ねるという明快な構成である。月令に合わせた礼制に則って天地を鎮め、社会秩序の維持と安寧を天子自らが天に祈願する。国家のもっとも重要な祭礼が執行される施設として、天子を中心に布置した宇宙観を反映した姿である。

恒久化へ向かう木造建築

第二章で述べた中原の「鳳雛宮室遺址」は、殷周革命の時期に遡る周の王家の施設であり、部分的だが瓦を葺いた跡が確認できる世界最古の事例である。そして西周後期（前八五〇年頃）には屋根全面に瓦を葺く例が出土している。その記念的性格から明堂も早い時期に瓦葺へと発展したであろう。

木造建築の耐用年限を延ばす工夫は、世界的な趨勢でみると早い時期に放棄され、石材を用いる方向へ向かった。しかし東アジアでは、木造のまま耐用年限を延ばす工夫を継続した。この耐用年限の獲得へ至る歴史は、短くみても一〇〇〇年を大きく超える時間を経て、さまざまな工夫を重ね合わせたものであった。その工夫について第二章で日本の古代建築を対象として簡単に整理したが、それは以下に列挙した内容である。

一、瓦葺であること、二、大きく梻出させた軒をもつこと、三、木材の木口などを金属で覆い、各所に液体金属（丹。硫化第二水銀）を塗布すること、四、柱を礎石上に載せて安定させること、五、基壇をもつこと、などであった。ここでは比較的後代に工夫された「二軒（ふたのき）」を省略する。これらの中でもっとも革新的なものは、すでに記したように焼成瓦の発明である。しかし瓦が突然現れても、それだけで瓦葺が実現できる

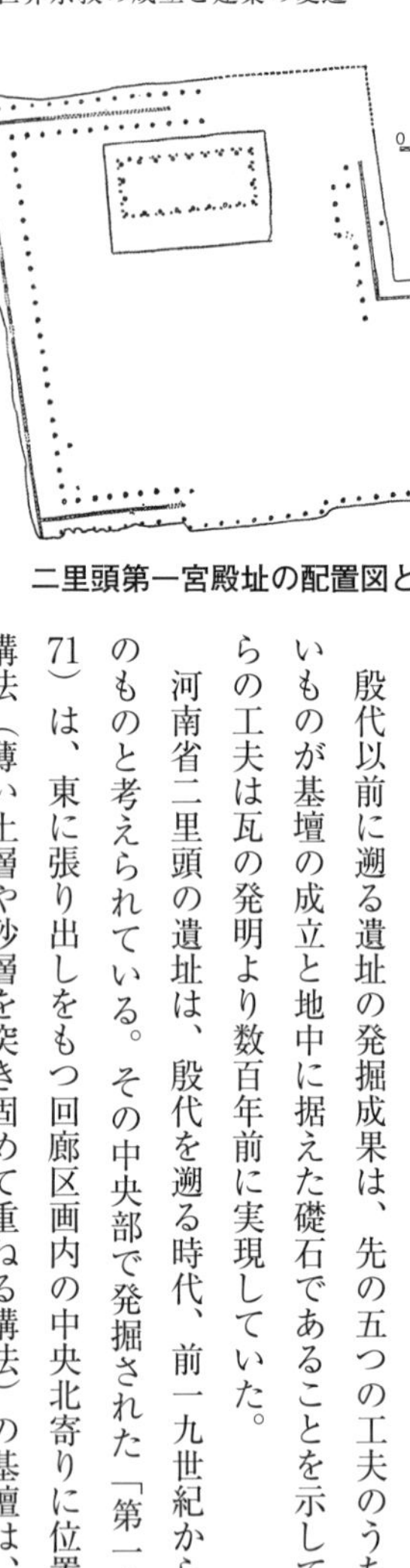

図71　二里頭第一宮殿址の配置図と平面図

わけではなく、この荷重を受ける躯体の側に、ある程度の準備ができている必要があった。

殷代以前に遡る遺址の発掘成果は、先の五つの工夫のうちもっとも早いものが基壇の成立と地中に据えた礎石であることを示しており、これらの工夫は瓦の発明より数百年前に実現していた。

河南省二里頭の遺址は、殷代を遡る時代、前一九世紀から前一六世紀のものと考えられている。その中央部で発掘された「第一宮殿址」（図71）は、東に張り出しをもつ回廊区画内の中央北寄りに位置する。版築（はんちく）構法（薄い土層や砂層を突き固めて重ねる構法）の基壇は、東西約三六m、南北二五mほどの規模であった。回廊内側の敷地は薄い版築で構築されるが、基壇は地下深くから上面まで三mを越える版築層でつくられている。この基壇上に、宮殿本体を形成した掘立柱（ほったてばしら）を据えた円形の穴列が並び建物の輪郭を表している。柱間構成は正面八間、側面三間、柱穴列がつくる輪郭は東西約三〇m、南北一一m程で基壇の北寄りに位置する。柱間はおよそ三・八m、柱穴の直径は四〇㎝ほどと報告されている。また図72に表したように、各柱穴の外側六〇㎝から七〇㎝踏み出した位置に左右二つ、直径二〇㎝ほどの柱穴を付属させる。[*79] 建物の輪郭の内部は柱穴などが一切観察されず、架構を復原する手がかりに乏しい。

外周の柱穴でまず注目すべきことは、柱穴の底にほぼ方形で大きさが不揃いの礎石が一つずつ据えられ、外側の小さい柱穴の底では三～五個の自然石をまとめて礎石ないし割栗石としていることである。柱穴の底に据えた礎石は、上部荷重を受けて掘立柱が沈下することを防ぐものであることは疑いない。正確な柱径はわからないが、やや細身であった可能性があり、このことが柱が沈みかねない原因の一つであった可能性がある。[*80] しかしそればかりでなく、草葺であっても大きな屋根荷重を支えていた可能性が高い。つまり、葺厚が大きい（日本の近世民家の萱葺では一mほど）か、大陸の竪穴住居の発掘例のように土の層と草の層を重ねた葺き方などが想像される。

もっとも注目される特徴は、図72に掲載した柱穴の構成である。主柱前面に六〇cmから七〇cm離れた位置に、主柱の半分ほどの太さの二本の柱（報告では「簷柱（のきばしら）」と表現）が立っていたことを示している。平面で二等辺三角形を形成するこの柱配置をどのように考えればよいだろう。

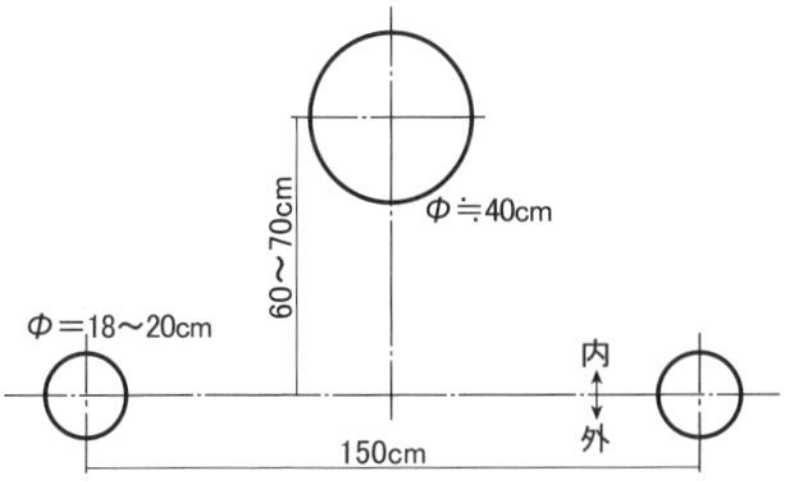

Φ≒40cm
60〜70cm
Φ＝18〜20cm
内
外
150cm

図72　柱穴の詳細平面図

軒（簷）の先端を、丸桁（がぎょう）（軒先にもっとも近い桁）を介して支持するための簷柱であれば、主柱の先に真（芯）を合わせて一本だけ柱を立てる構成であってかまわない。しかしこれを左右に振り分けて二本立てたことは、主柱の上部で梁先端が外に延びだし、この上に丸桁を載せた構成であった可能性を示している（次頁図73右）。つまり軒を延ばそうとする構成である。そしてここに簷柱が存在する理由は、梁の先端に載った丸桁が屋根荷重を受けて撓む変形を防ぐことにあったと考えられる（次頁図73中）。細部では不明な点も残るが、このアイデアは、丸桁の変形を防ぐために工夫された後の組物の祖型を示すものとも考えられる。

三本を一つのセットとする柱の構成に論理的な筋道を想定すれば、おそらく

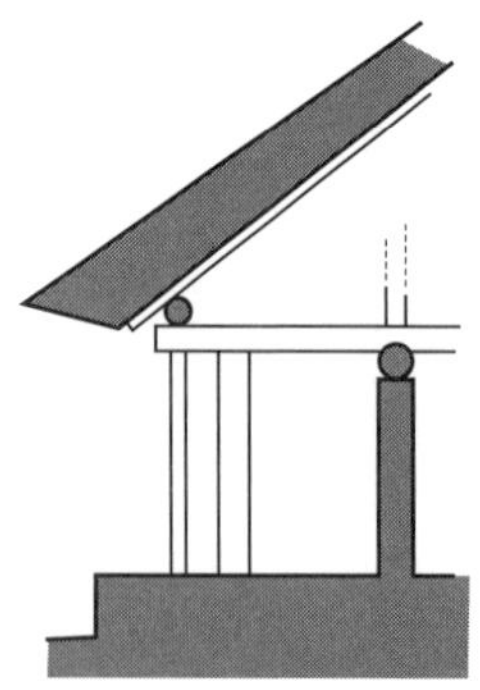
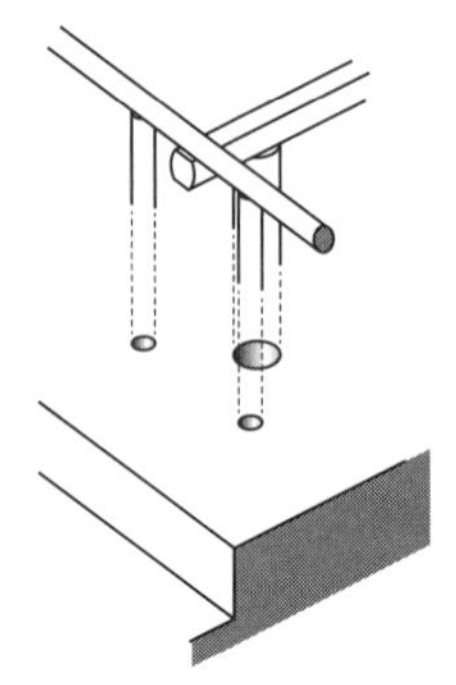
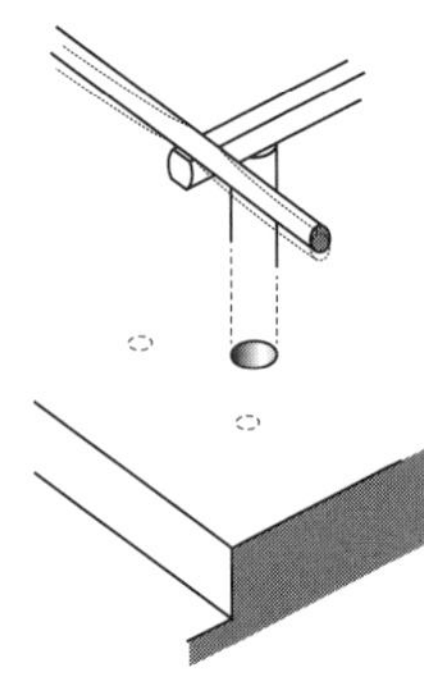

図73　二里頭第一宮殿址の柱構成

以上のようである。この構成は屋根荷重が大きく丸桁の負荷が大きいことを暗示している。従来の復原案では、寄棟造の大屋根の下に、別に薄い屋根を想定して二重とし、簷柱はこの下屋根の支持用と考えている。屋根構成を上下二重とした復原は、『考工記』に記された「四阿重屋」に由来すると思われる。しかし簷柱が屋根荷重の負荷による丸桁の変形を緩和する目的で施設された可能性が高く、さらに、基壇の端から柱位置まで比較的大きな距離をとっていることから、葺厚があって丸桁を変形させるほどの大荷重をもつ軒の深い屋根、大屋根か錣葺（しころぶき）様の屋根を載せていた可能性が高い（図73左）。

およそ前一五世紀頃、殷代前期に遡る河北省黄陂の盤龍城（ばんりゅうじょう）遺址の宮殿跡においても、版築の基壇に掘立柱の柱穴を穿ちその底に礎石を設置している。[*81] この宮殿址は二里頭のものよりやや大きく、柱穴の径も四五cmから五〇cmである。版築構法の基壇および地中に礎石を据える技法、主柱の先の基壇外に柱真を手挟むように左右に簷柱を施設した痕跡についても二里頭の宮殿遺址と同様である。主柱の柱間数は南面と北面で異なっているが、主柱と簷柱が平面上で三角形をかたちづくる構成は共通している。したがって二里頭遺跡と同じ仕組みで軒荷重を支持したものであろう。ほぼ同一の構成だが、主柱と簷柱の距離

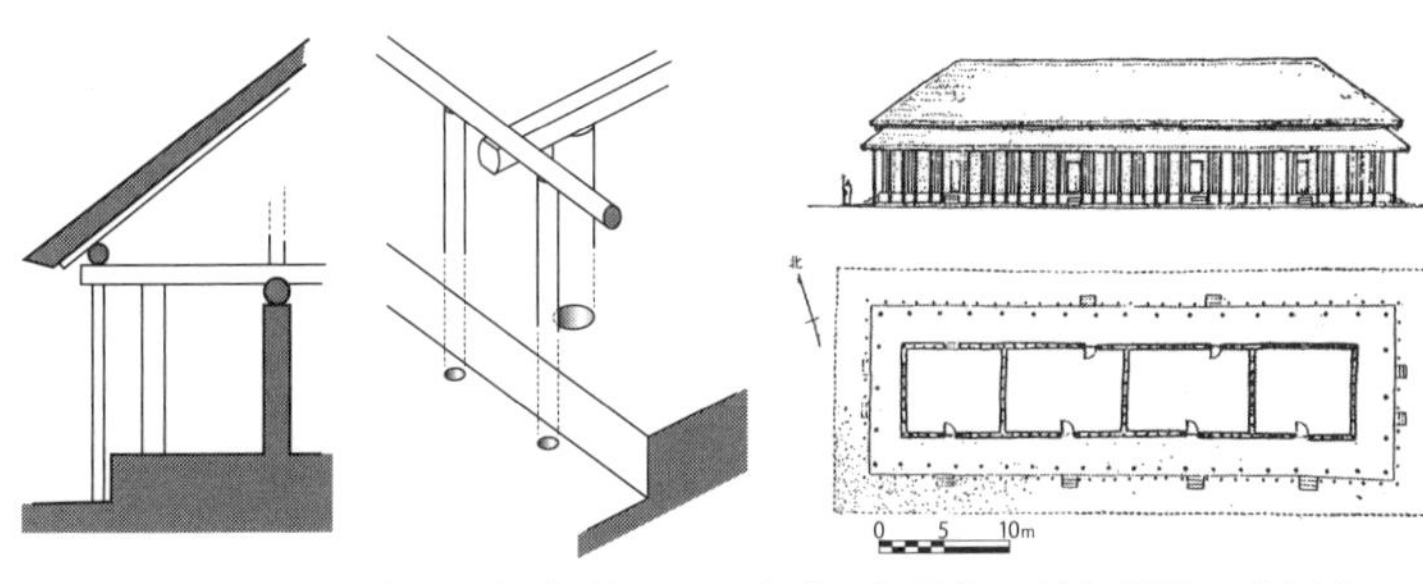

図74　盤龍城宮殿　（左）第一号土台址の復原案、（右）既往の復原案

は盤龍城遺跡の方が大きくとっており、軒をさらに深くとろうとした意図がみられる。

丸桁の変形を防ごうとする簷柱の工夫は、従来の復原案にみられる二重屋根（図74右上）よりも一段と重量のある屋根（図74左）であった可能性を示唆している。ただ、簷柱が外に踏み出すほど短い基壇の出は、丸桁から外の軒の出が短いことを示しており、たとえば厚板葺と押さえの石材を組み合わせる葺き方、あるいは草と土を組み合わせる葺き方など、重量を伴うものの葺厚が比較的薄かった可能性を暗示している。屋根形状は大屋根とも考えられるが、錣葺など「重屋」であった可能性も残る。いずれにしても、従来の復原案の屋根形式とは異なるシルエットが想定される。

二つの建築遺址は、いずれも軒先の回りで大きな屋根荷重を受けていた可能性が高く、そのため柱の沈下に備えて柱穴の底に礎石を据える技法が工夫された。これらの遺址から予想される屋根葺材は痕跡を残さない植物性のもの、茅などが予想されてきた。葺材の選択肢は限られていたであろうが、定期的に葺き替えたとしても長期の使用に耐える宮殿の記念的性格を積極的に獲得しようとしている。主柱と簷柱三本をセットとした柱穴、そして穴底に施設された礎石の存在は、結局記念性の萌芽を示すものである。

瓦の発明以後

大きな屋根荷重を受ける工夫は、殷代早期に前後する王権の成立期に始まっており、瓦を葺く前提となる構法が準備されていた。中国古代の建築はこの工夫が下地となって、早い時期に瓦葺建物へと移行したと考えられる。瓦を葺くようになると屋根荷重は一段と増加し、この荷重に耐える躯体の工夫、とくに軒を支持する丸桁の変形を緩和する工夫が求められたはずである。この様相について、私たちは紀元前の確かな手がかりをほとんどもたないが、後漢（紀元前後〜三世紀初頭）の画像石によってその様子をうかがうことができる。図75は二世紀後期、江蘇州徐州で出土した画像石である。瓦葺とわかる寄棟屋根を支持する左右二本の柱頂に組物の形状が描写されている。もちろん図像としてデフォルメされたものであろうが、それでも柱頂に大斗（だいと）を置き、その上にU字形に屈曲した肘木（ひじき）とみえる部材、そしてその左右上端に後の時代の巻斗（まきと）に該当する部材が描かれている。しかし屋根荷重を受けて垂下する桁の変形を緩和するだけであれば、柱頂に簡易な肘木を載せればすむことで（一三二頁図25）、画像石の図のような柱頂の工夫はやや複雑にすぎるとも思われる。

図75　漢代画像石の組物（2世紀後期）

柱頂に複雑な仕組みを載せた理由は画像石の図だけでは不明瞭だが、先に挙げた二里頭や盤龍城の宮殿遺址で考えられた、柱頂に直接載る梁端の想定、そして第二節で取り上げたペルセポリスのアパダナ（ダレイオス一世謁見の間）の柱頭やナクシェ・ロスタムの墓所入口のレリーフなどが手がかりになる。

上部が二股に分かれる理由は、柱上に桁と直交する横材や桁の下に奥から延び出す梁の先端が載る収まりに起因し、柱頂に簡易な肘木を載せただけでは桁の下端に届かないためであった。ところが画像石の図では桁下に梁の木口とみられる描写がない。隅柱の上部など、場所によっては梁を受けない場所がある（隅では同じ高さの丸桁どうしが交差する）ためで、本来は梁端が収まるために工夫された形状が、梁の有無にかかわらずU字の肘木と二つの巻斗の組み合わせとして定式化したものだと考えられる。また、大きくU字形を描く独特の肘木の起源は、二里頭や盤龍城の宮殿にみられたように、もとは二本の簷柱を立てる形式に由来したものであったのかもしれない。

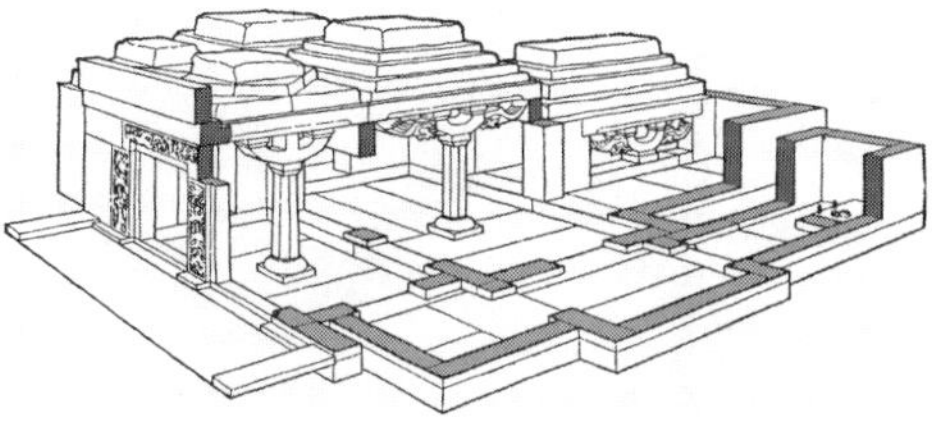

図76　山東省北寨墓群一号墓（2世紀後期頃）

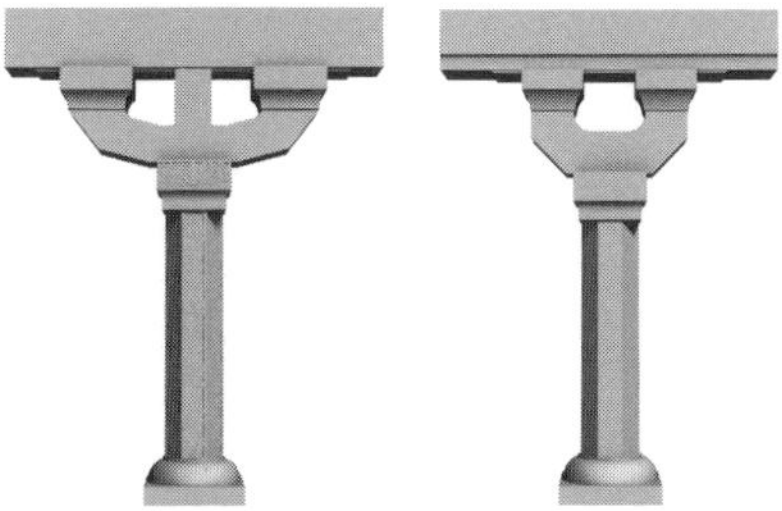

図77　山東省北寨墓群一号墓の石造柱（2世紀後期頃）

図76は後二世紀後半から後三世紀初頭に遡る、山東省の貴族墓の様子を示したものである。図77はその中に施設された二種の石造柱である（装飾は省略する）。多少のデフォルメも予想されるが、木造の組物の様子をよく伝えていると思われる。図77右は背の低いU字形の肘木に巻斗を二つ載せるが、図77左は肘木の中央に束を立てている。柱状に梁の先端を載せない場合の処置の一つであろうが、後の三斗（みつど）形式へ至る初期の様相とみられる。三斗は肘木上に三つの斗を並べたものである。さまざまな形状が工夫されたらしい発展期の組物

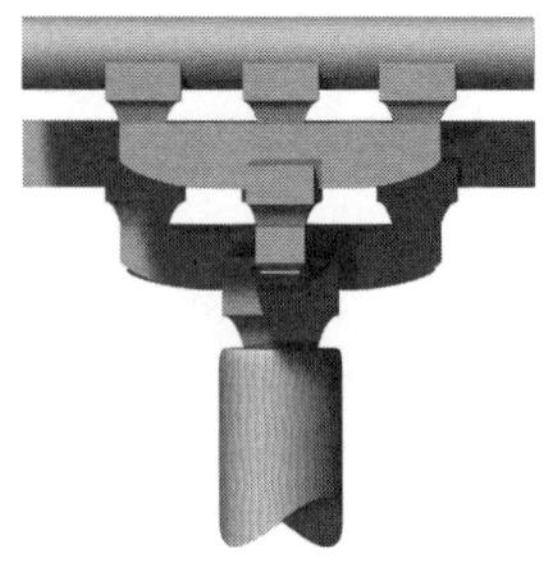

図78　丸桁を梯出する組物

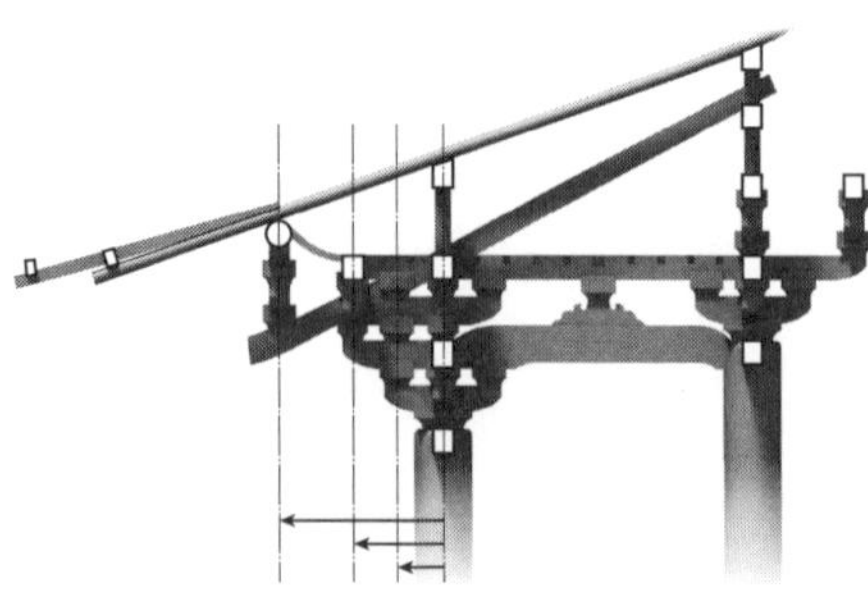

図79　三手先尾垂木付組物

は、結局「三斗組」に落ち着くことになった。

先に挙げた二里頭や盤龍城の宮殿で採用された簷柱は、いずれも軒先よりもかなり内側に位置したと思われるが、それでも雨水による腐食から逃れる位置ではない。古代ギリシアの神殿では、軒先を支持する柱を石造に置き換えて腐朽を防ごうと試みた。しかし中国建築では、木造のままの発達過程の途上で、丸桁を支持しつつ軒先の柱を省略することを目指し、軀体の柱筋から長く延び出す軒をつくる工夫を繰り返した。その方法は肘木を十字に組み（枠肘木という）、先に延びた肘木の先端にさらに三斗組（秤肘木という）を載せて丸桁を支持する工夫であった。のちに定式化した工夫の基本となる姿を図78に掲載する。枠肘木を用いて三斗組を手前に送り出した状態である。送り出された三斗組が丸桁を支持するから、その分だけ軒を深くとることができる。前頁図77の組物はまだ柱頭の一種に過ぎないが、図78ではたんなる柱頭の域を越えた仕組みに発達している。丸桁直下の三斗組は、南アジア以西の他の柱頭と同じように桁の垂下による変形を緩和させる役割を果たしている。しかし柱直上に載る下方の組物は、上部の三斗組を柱筋から外に向かって送り出す役目を担っている。同形の部材を重ね合わせて柱頭の機能と丸桁を梯出する機能とを複合させたものが、世界に類のない東アジアの組物の特徴である。

この工夫の一応の完成形は日本古代の寺院建築に残されている。伽藍の中心となる塔や金堂でもっとも多く使われた組物は、三手先尾垂木付組物である。図79はその好例、古代和様の初例である唐招提寺金堂（七七〇～七八〇年）の組物である。この組物は、まず枠肘木を下から二段重ねることで順に肘木を水平に送り出す。それぞれ肘木の半分の長さをもって送り出す単位を一手、二手と数えるが、三手目は斜め下方に向かって延びる尾垂木の鼻の上に斗（捨斗）を置き、秤肘木を載せて丸桁を支持している。尾垂木は小屋組に組み込まれて屋根の裏面に沿って降り、軒裏に延び出して丸桁下の秤肘木を支持する。三斗などの組物とは異なる仕組みで丸桁を送り出そうとした「昂」に由来する部材である。三斗組と尾垂木が合体した理由は、斗と肘木を何段も重ねる梯出の方法では、軒を深くとろうとすると次第に丸桁がもち上がり、雨水を躯体から遠ざける能力が殺がれていくためである。これを避けるために尾垂木を挿入し、丸桁を外に送りつつその位置を下げようとした。組物は先に延びるほど尾垂木を用いる利点が増える。このため後代には複数の尾垂木を重ねた組物が使われるようになる。

図80　遊離尾垂木

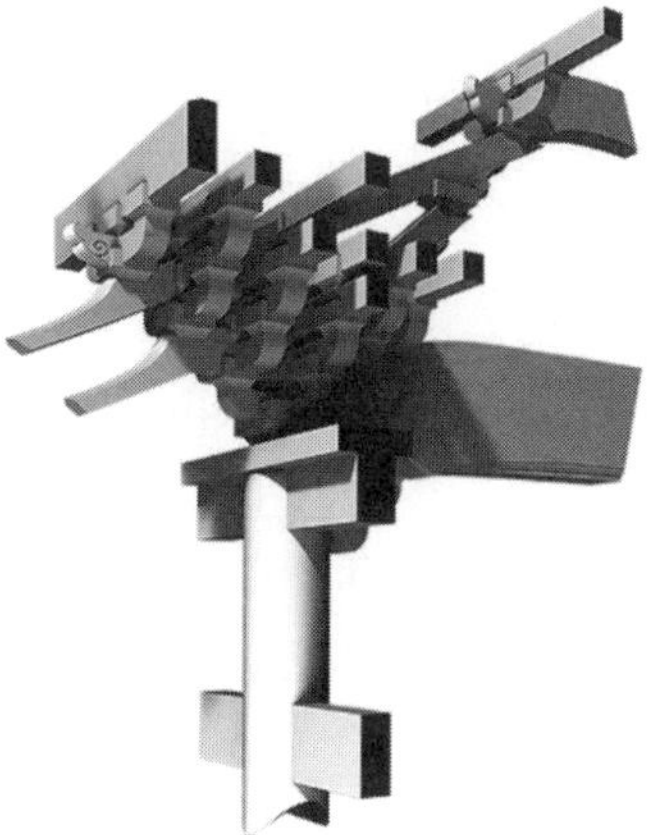

図81　禅宗様組物

　日本建築では中世に下る大仏様の遊離尾垂木として原形である「昂」（下昂）の技法

が伝わり（前頁図80）、複数の尾垂木を重ねる工夫は、禅宗様の仏殿などに形骸化した形式として残っている（前頁図81）。

降雨量によって相違があるが、掘立柱の柱根の腐朽は木造の躯体にとって避けがたいものであった。このため、礎石を基壇上に露出させこの上に柱を載せる工夫が現れた。殷代に地中に据えていた礎石を、基壇表面に露出させるようになると、柱はたんに礎石に載ったままの不安定な状態になる。このため横架材によって柱どうしを強く結びつけることで安定した架構を実現しようとした。一方、法隆寺五重塔の心柱が、仏舎利を納置した巨大な心礎とともに、地中に埋設した掘立柱であったことが知られている。寺院建築であっても状況によって遅い時期まで掘立柱が残ったことを示している。

建築に用いられた被覆用の金属部材は遅くとも秦の時代、前二〇〇年頃に遡る。梁木口の腐朽を防ぐために梁の先端を覆った装飾の付された青銅の箱形金物が出土している[*82]。我が国では古代にはさまざま部材の木口に板金を貼って腐朽を防いだが、垂木の木口に関しては軒丸瓦の瓦当を一回り小さくした垂木先瓦を用いたものもある。そして中世後半頃からは胡粉を塗布するようになった。さらに木材の表面に液体金属である「丹」を塗布する工夫も、金属の板材を用いて木材の木口を被覆しようとしたアイデアの延長にある。

東アジアの記念建築

我が国では、大陸から導入した技術の成果と建築形式は、寺院建築に顕著に現れている。この建築形式は大陸では宮殿のために成立したものであった。したがって日本の寺院建築は、東アジアの王権の記念性をほぼそのまま引き受けたものである。古代寺院は多くの僧侶を擁した修院であり、講堂のほか僧坊や食堂などの生活施設を備えていた。これら伽藍の周辺を構成する施設は、瓦葺であってもごく簡素な組物をもち軒も短く基壇も低い。一方金堂や塔、中門など伽藍の中心を占める建築ほど太い部材を用い、高い基壇と複雑な組物を擁して深い軒を形成している。部材の太さ、組物の複雑さ、軒の深さ、基壇の高さなどの相違は、つきつめれば雨水を躯体から遠ざける程度の相違であり、そのまま耐用年限の相違を意味する。そしてこれら技術の集約の度合いは建築の格式の高低を象徴するものとして受け止められた。

東アジアの木造建築の記念性は、南を正面とした対称性のある配置と建築形態、そして当時としては巨大な規模をもち、太く大きな部材を複雑に組み合わせることで実現した。東アジアの古代では恒久性のある材料（石材や焼成レンガ、金属部材など）を限定して用い、木造の躯体から離れることなく恒久性を追求するという過程を経た。私たちが記念性を見出す古代の寺院建築のシルエットは、木造のまま恒久性を追求する過程で得た、目的と必然をもって工夫されたさまざまな技法が、幾重にも重なって生まれた姿なのである。

2・5　イスラム

古代の宗教建築について語るとき、遅れて現れたイスラム教とイスラム建築の位置づけは、やや異質な性格を含んでいるように思われる。しかし現代に至るまで大きな影響を与え続けている世界宗教として見過ごせない存在であり、西アジアから中央アジア、南アジア、東南アジアにかけて、いわゆるイスラム建築が各地に造営されている。最後にイスラム教とその建築について簡単に触れておきたい。

イスラム教の成立

六世紀の後半、ササーン朝ペルシアとビザンチン帝国（東ローマ帝国）の衝突が激化し、シルクロード、ペルシア湾からチグリス・ユーフラテス河に沿う交易路のいずれもが、両国の接する紛争地域で途切れることになった。アジアからの交易ルートは紅海の東岸中央部に上陸し、マッカ（メッカ）を経由して内陸を進む代替ルートを使うようになる。交易路の中枢に位置するオアシスの一つマッカは、当時、商都として大きく発展しつつあった。アラビア半島の西側はササーン朝ペルシアも東ローマ帝国も強い影響力をもたず、強力な王権が存在しない空白地帯であったらしい。このため群立する部族国家間の抗争を抱え、外からは東ローマ帝国と連携するアスクム王国（現在のエチオピアからスーダン北部、イエメン、ソマリアなどに拡がった王国）などから侵略を受ける不安定な地域であった。六世紀後半から七世紀初頭頃のマッカは、多数の土地神や部族神を祀るカーバ神殿が存在し、商都の性格ばかりでなく多くの部族国家に共有された聖都であった。さまざまな部族が集散する都市であり、新しい交易路が引き起こす揉めごと、抗争、侵略などが凝縮された都市であったと考えられる。

イスラム教の創始者であるムハンマド（五七〇年頃〜六三二年）は、マッカを統制する氏族の出身でこのオアシスで生まれた。交易路にかかわるベドウィンの部族国家は、古くからの遊牧生活に基づく戦士集団であるとともにキャラバンを組む運輸の担い手である。商取引が契機となって部族間の抗争へ発展する場合も多かったのであろう。ムハンマドは、古い部族国家の体制と急速に発展する交易との不均衡によって引き起こされた不安定な社会状況の中で、商人として生活していたと考えられている。

彼の宗教的啓示に始まる信仰は、不穏な社会から生まれた個人の救済を説くものであった。最初期の教団が貧困層の集まりであったことも救済を目的とした教義の表れであろう。古来の民族神を信奉する集団とともに、ユダヤ教やキリスト教の部族集団が犇(ひし)めく状況下で成立した宗教であった。[*83] イスラム教の唯一神アッラーは、カーバ神殿に祀られていた古神に起源をもつ神格と考えられているが、唯一神とみなされた時点でユダヤの神ヤハウェと同じ神とみなされた。最後の審判、終末論を説く点も、ゾロアスター教に起源をもつユダヤ、キリスト教と共通する。ゾロアスター教が隆盛していた時代には、他宗教の偶像崇拝はおそらくただの侮蔑の対象にすぎなかったが、イスラム教では徹底的に否定される対象となった。

イスラム教は古代の西アジアに最後に現れた宗教であり、古代前期にみられた国家や部族の守護神という性格をもたない。さらに商人ムハンマドの啓示に始まる教説であるため専門の神官や僧侶に相当する階級もなく、構成員全員が「神の前で平等」である一律な信仰集団であった。[*84] したがって最初から国家の概念を越えた普遍性をもつ宗教である。しかし一方、『クルアーン（コーラン）』と並ぶ聖典である『ハディース（伝承の集成）』では、ユダヤ教の律法から組み込まれた規制、たとえば太陰暦などの規制を記しており、現在でも守られる戒律として機能している。[*85] これらの戒律は、生活に関して民族的慣習に起源をもつ強力な限定を与えており、神学がもつ普遍的性格と著しい対照を示している。特別な生活を実践する神官や僧侶などの階級をもたないイスラム教にとって、これらの戒律は倫理的な基準として共同体に共有されるものであった。

イスラムの建築

ムハンマドは、マッカで行った布教活動に対して迫害を受けた結果、拠点をマディーナ（メディナ）に移して布教活動を続け、信仰共同体（ウンマ）を組織してマッカを武力で落とし、カーバ神殿をイスラム教の神殿とする。部族国家群の共通の聖域であったカーバ神殿の内外には多くの偶像が祀られていたが、ムハンマドがこれらの偶像を徹底的に破壊したことはよく知られている。

マッカを拠点として発展した宗教共同体は、アラブの部族国家群と同盟を結び、アラビア半島を覆う巨大な勢力へと急成長する。そしてこの勢力は、ムハンマドの没後ただちに同盟軍を組織してビザンチン帝国領であったシリアを占拠し、エジプトに侵攻してエジプトをイスラム教の国家とした。六四一年の出来事である。また同時期にメソポタミア平原に侵入してササーン朝ペルシア領を東へ進み、六五一年にはペルシアを滅亡させた。こうしてイスラム共同体は短期間のうちに巨大な国家として成立することになった。

ムハンマドの死後、共同体の指導者としてカリフが立てられたが、カリフの解釈を巡ってシーア派とスンニ派との分裂が生ずる。カリフの立場は宗教上の指導者であり、最後の預言者であるムハンマドの代理という立場である。しかし同時に政権を掌握する王の性格を有している。政教が重なる宗教国家であるため、宗教上の戒律が国家の法としても機能する。国家として成立した結果、王権の記念的性格を有するイスラム教の施設もつくられるようになった。

イスラム教の礼拝は、決められた時間にマッカに向いて行うことはよく知られている。神の前で平等とする考え方は、社会階級にかかわりなく定時の礼拝を構成員全員が守るべき戒律とした。そしてこの平等の意識は、他の宗教にみられない独特の礼拝施設であるモスクを生み出した。

初期のモスクは、ペルシア軍を追う東征の時期、西アジア各地につくられた軍事拠点である軍営都市（ミスル）につくられたごく簡素な施設であった。とくに最初期は、葦や濠などで囲み区画した空間にすぎなかった。イラクのクーファに建設された現在のモスクは、六三八年頃の前身のモスクの敷地を踏襲したと考えられている。前身建物はマッカの方角に辺を合わせた一辺一〇〇mを越える正方形の平面をもち、その輪郭を壁で囲み、マッカに向いた辺の内側に転用材である石造柱を四列並べて木造屋根を載せたものだった。[*86] 中庭と屋根をもつ礼拝空間というモスクの原形が認められるが、マッカへ向けた壁面の中央につくられる壁龕（ミフラーブ）が早い時期から存在したのかどうかよくわからない。この簡素な施設は兵士たちを中心に、男性構成員全員を一か所に収容することだけが目的であったと考えられている。

イスラム教徒はすべて神の前で平等であるから、マッカに向かい横一列になって礼拝することが目指されたが、可能な範囲で実現を目指した結果、幅広く奥行きの浅い独特の礼拝空間を生み出した。最奥壁面の中央にはミフラーブを設けてマッカの方角を示す指標とする。この幅の広い礼拝空間の手前に中庭を付属させ（清めのための水盤を備えることもある）、全体を周壁や回廊、建物などで囲むと、おそらく初期のモスクの典型的な平面ができ上がる（図82）。さらにミフラーブの横に説教壇（ミンバル）、外部いずれかにミナレット（クルアーンの定時の詠唱用の塔）が建てば、西アジアから地中海にわたる各地のモスクの基本的な特徴がほぼ備わることになるであろう。しかしこの宗教は西はイベリア半島、東はインドネシアまで拡がったことで、地域によって多種多様な形式のモスクを生み出した。それ

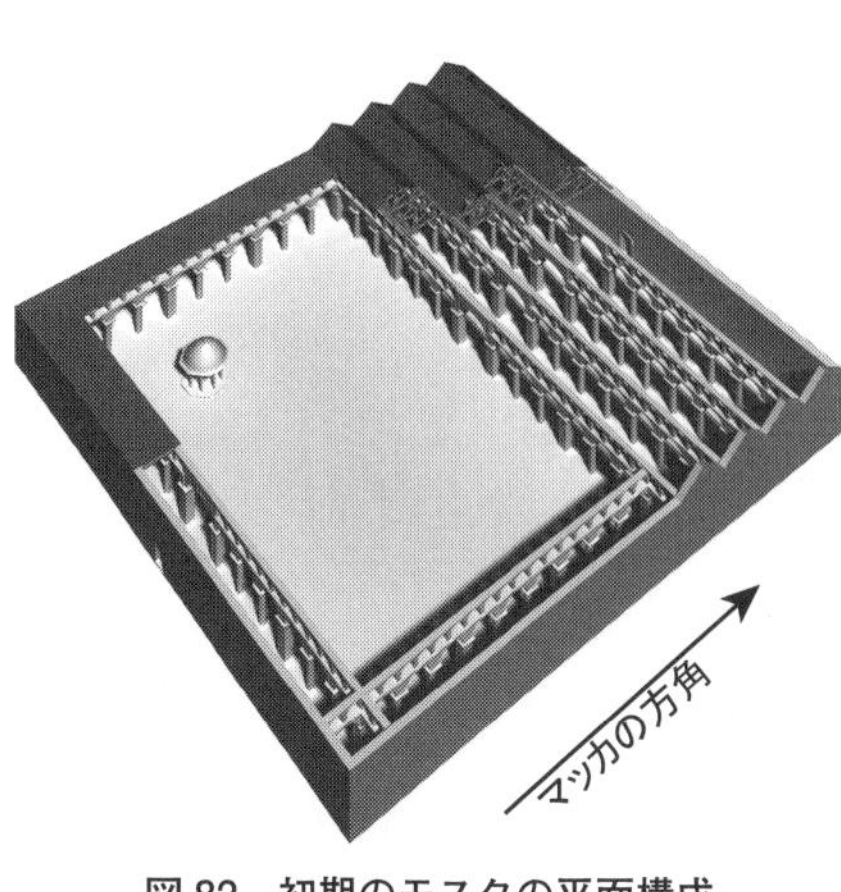

図82　初期のモスクの平面構成

図 84　サーマーン廟

図 83　クバ・アルスレイビヤ廟

ぞれ各地域の慣習、材料、技術などに合わせて対応する柔軟さは、転用材を抵抗なく多用すること、聖ソフィア寺院のようにキリスト教教会堂をモスクに転用して使い続けることなどに共通する特徴である。精緻な装飾を全面に施した王権の記念碑となるモスクから、小さな共同体による簡素なモスクに至る幅の広さは、背後で王権が支えてきた他の宗教とは異なり、宗教共同体である民衆が王権を支持するという宗教国家の構造が生み出した結果だと思われる。

要塞や宮殿を除けば、イスラム建築の中でとくに王権の記念的性格を示す施設はほぼ王廟ないし聖者の廟に限定される。廟に安置される遺体は廟の地下に埋葬されるか、あるいは棺に納めて廟の中央に安置される。遺体は右脇を下にしてマッカに顔が向くように安置された[*87]。現在確認されている最初期の王廟（カリフ廟）は、ティグリス河南岸のサーマッラーに建つクバ・アルスレイビヤ廟である（図83）。サーマッラーはアッバース朝（七五〇〜一五一七年）の時代、八四〇年頃から半世紀にわたって首都となった古都である。廟の被葬者は八六二年に没したカリフのムンタシルであった。

この廟は正八角形の平面をもつ建物だが、中央に載る尖頭形のドーム直下の内陣が正方形の平面をもつため、ドームの四隅を支持

図 85　アーナンダ寺院と寺院の入口構え

する工夫が必要になっている。ここでは対角線と平行するように隅に跨がるアーチを架けて正方形上に八角形平面をつくり、隅には稜のある半ドームを架けている。西アジア以東では、先に古代ローマ建築の項で述べたペンデンティヴ・ドームはあまりみられず、トロンプの発展型と思われるアーチと半ドームを接続させた形式がよくみられる。

イスラムの廟はこの後各所に建立されるが、比較的小規模であっても精緻な装飾を施した建物が多い。図84はウズベキスタンのブハラに建つサーマーン廟（九一四〜九四三年）である。レンガの積み方で全面に精緻な文様をつくっており、艶やかな印象を与える廟である。

西アジアから中央アジアでは極端に規模の大きな王廟は限られている。しかし時代が下ると巨大な王廟が現れる。とくに一六世紀中頃に興るインドのムガル帝国では、フマユーン廟、タージ・マハル廟など王権の記念性を表す壮大な廟を生み出している。ムガル帝国は宗教を問わない人材登用や貴族制を導入するなど、イスラム教初期にみられた宗教国家の性格が希薄であり、強い王権のもとに統治された国家であった。そのような国家体制がイスラム教の廟を、王権の力量を示す記念建築として巨大化したことに現れている。

後発の宗教であったイスラム教の建築は、先行する建築のスタイルや

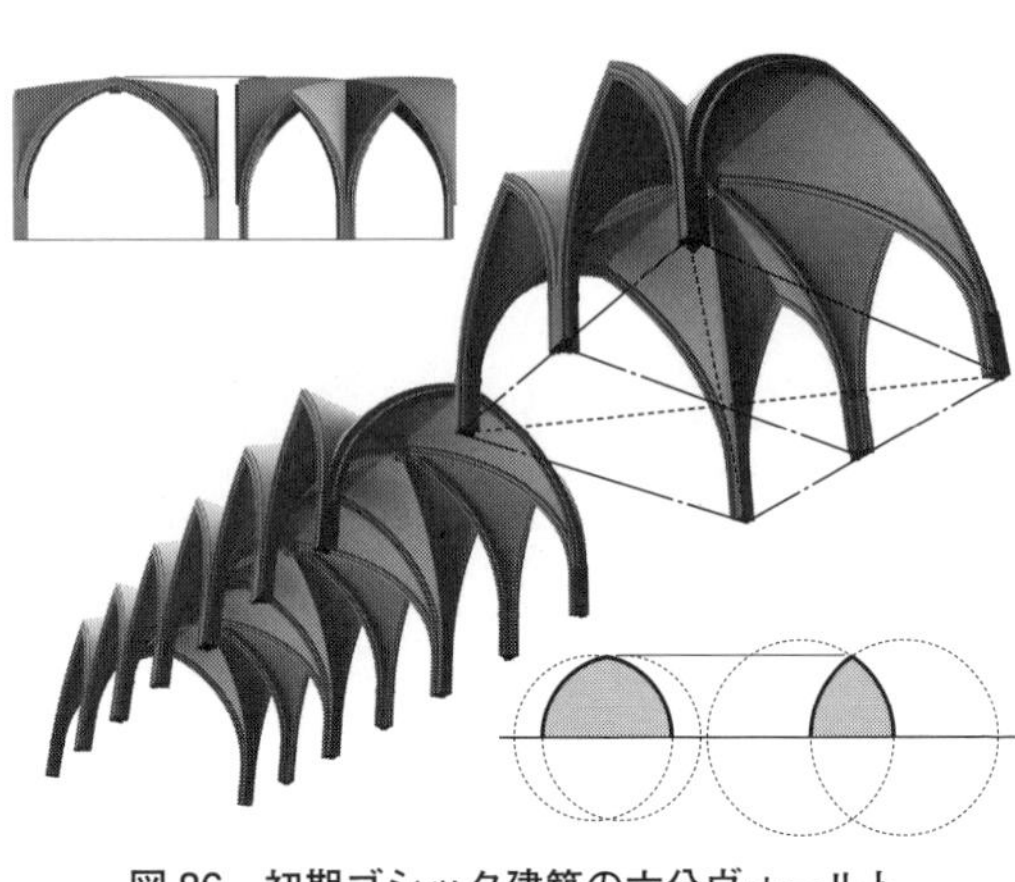
図 86　初期ゴシック建築の六分ヴォールト

アイデアを積極的に摂取したが、それに基づいて新しい架構の技術を生み出すということはとくになかった。石材やレンガを用いた壁構造を多用し、正方形平面をもつ壁体上に円形平面のドームを載せるという架構を繰り返した。それでもアーチに関しては、半円アーチに基づいて多様な形式を生み出している。なかには他の文明圏の建築へ大きな影響を与えたアイデアもあった。

パガン王朝（ミャンマー）の仏教寺院や西欧のゴシック教会堂など、一二世紀初頭から中頃の時代、ユーラシア大陸の東西に分かれて唐突に尖頭(せんとう)アーチが現れている。この原因については、具体的な伝播の経路が解明されたわけではないが、さまざまな研究者によってイスラム建築の影響が指摘されてきた。

レンガ造の膨大な遺跡を残すミャンマーのパガン王朝の寺院建築群は、南アジアから東南アジアにかけて支配的であった迫出構造のなかで、ただ一つ例外的にアーチ構造を用いている。前頁図85はパガンの代表的な仏教寺院であるアーナンダ寺院（一〇九一年建立）とその入口の構成を示したものである。主にレンガを用い、補強のために薄い砂岩の板材を要所に用いて構築した尖頭アーチとヴォールトがみられる。規模の大きさと広く高い内部空間、二層、三層を重ねるパガン王朝の寺院建築は迫出構造で構築することが難しい。尖頭アーチの構法なしには成立することのなかった独特の外観と内部空間をみせている。

尖頭アーチは円弧の一部を用いる点で半円アーチの技法の延長にあるが、その性質は大きく異なっている。最大の特徴はアーチの底辺と高さが相互に独立している点で、幅と高さの関係が固定している半円アーチのような不自由さがない。この特徴はゴシック教会堂の発生と発達に大きな影響を与えた。図86は一二世紀中頃に現れる、初期ゴシック教会堂で試みられた「六分ヴォールト」である。正面の柱間に対し、側面の柱間の幅はほぼその半分にあたる。尖頭アーチを用いたことで、アーチの幅と無関係に正面と側面のアーチの高さを揃えることが可能になっている。これは半円アーチを用いていては、決して実現できない柱間構成である。尖頭アーチの工夫だけに依存したものではないが、ゴシック教会堂はこのアーチの採用を契機として、西欧中世の教会堂建築に構造上の劇的な発展をもたらすことになった。

イスラム建築の記念性

古代の最後の時期に現われたイスラム教は、固有の建築的伝統をもたなかったため先行するビザンチン建築や西アジアのドーム架構から影響を受けつつ、徐々に独自の宗教建築を創出していった。このため積極的に新しい架構法を生み出すことはなく、大局的にみれば先行する建築様式の延長上から大きく踏み出すことがなかった。しかしアーチに関しては、尖頭アーチを工夫してドームやヴォールトに用い、さらに馬蹄形アーチ、多弁アーチなどさまざまな形式を生み出した。その主旨は、アーチを構造的にではなく装飾的に扱おうとしたものである（図87）。また壁面に夥しい装飾を施すこと

図87　馬蹄形アーチ（アルハンブラ宮殿）

で記念性を確保したが、偶像を描くことがタブーであったため抽象的、幾何学的な文様が発達し、よく知られているように『クルアーン』の短文を装飾文字で表すなどの工夫もみられた。

地域によっては、やや例外的に巨大な王廟が造営される時期もあったが、古代後期に現われたイスラム建築は、総じて前代の伝統的な架構を守り続け、漆喰やタイル、レンガなどによる蜜度濃く繊細で精緻な装飾によって、その固有の記念性を実現しようとするものであった。その一方、各地それぞれの土着的なモスクの形式が容認され、東漸するにしたがい多様性をもったことに、世界宗教としてのイスラム教が生んだ建築の幅の広さが現れている。

3　古代建築の記念性の展開

前三〇〇〇年から二〇〇〇年代中頃にエジプト、西アジアに生まれた巨大文明は、前二〇〇〇年を過ぎると後進の地中海、中央アジア、南アジア、さらに遠く東アジアも含めて大きな影響を与え、ユーラシア大陸の各地に新興勢力の勃興を促すことになった。そして前一〇〇〇年代の中頃から、新興勢力どうしや新旧勢力の衝突と交代が繰り返された。各地に興った不安定な大国家群は、自らに起因する天災や人災を招き、人類は初めて大規模な災厄を恒常的に抱える時代に突入していった。

国家の安寧を求めて守護神を祀る古代宗教は、国内と国家間にわたる複合する深刻な社会状況に対応できず、前四〇〇年頃までに、各地で個人の救済を目指す新しい宗教が誕生した。新宗教は、国家間の抗争や国家の未熟な統治などへの危機的状況から必然的に生まれたものであり、最初から国家の枠組みを超えた存在であった。この段階に至って世界宗教が生まれる素地が現れる。人間存在への深い洞察を伴う新宗教は、多民族で構成された巨大国家において、高い倫理意識と戒律をもって倫理の規範を示すことで、国家宗教へ位置づけられるようになる。この過程が建築の歴史にとっても重要な契機となった。

第二章で述べた、初期文明が生み出した建築の記念性（巨大さ、恒久性、記念碑的形状）は、それぞれの文明の状況に応じて引き受けられた。エジプトでは石造の柱・梁構造によって内部空間をもつ恒常的な神殿を生み出し、西アジアの焼成レンガと瀝青（れきせい）を用いた耐久性の高いジグラトは、限られた都市空間の中で巨大さを獲得するため高層の建築へと進展する。地中海の都市国家群では、木造神殿の恒久性を求めて石造化を進め、木造小屋組と瓦葺を戴く石造神殿を生み出した。新興の諸文明は必ずしも大規模な施設を構築することが可能ではなかったため、建築各部に精緻な細部意匠や彫刻、彩色を施すことで価値を高め、欠落した巨大さを補う記念性を獲得しようと試みた。そのような例の一つであるギリシア神殿は、広大な版図を獲得した後発の古代ローマに引き継がれた。コンクリート造を加えて木造部位を駆逐し、規模を拡大したローマ建築は、同時にギリシア起源の細部意匠などの装飾を積極的に踏襲した。

以上の建築の発展と平行して、西アジアでは救済の宗教であるゾロアスター教が勢力をもち、これを王家の宗教とするアケメネス朝ペルシアが誕生する。前五〇〇年頃のことである。固有の聖地や施設をもたない新宗教の初期的段階にあったため、この宗教は専用の施設をつくった形跡がみられない。

ゾロアスター教は、ユダヤ教に影響を与え、紀元後の古代ローマのミトラ教の隆盛もこの宗教が契機となった。古代ローマでは、潜在する個人救済への希求がエジプトや東方の神々への信仰と秘儀の隆盛を招いていたが、とりわけミトラ教が勢力をもち狭隘（きょうあい）な神殿が数多く建てられた。しかし四世紀末にはキリスト教を除く他の宗教が禁じられることになり、ミサ集会場などの壮大な教会堂や規模の小さい洗礼堂などが成立する。

一方、西アジアのゾロアスター教は、五〇〇年の空白の後、ペルシアを復興したササーン朝によって国教として再興された。神官階級の王家が興したこの王朝は、領土の各地に拝火壇をもつ寺院を設けた。拝火壇でいったん熾された火は消されることがない。石造のドームを載せて拝火壇を覆う施設を中心に、火種庫などの周辺施設を周壁で囲む簡素な寺院が西アジア各地、とりわけイラン高原に数多くつくられた。

南アジアでは、前三〇〇年頃にマウリヤ王朝が台頭し、その三代アショカ王の時代にインド亜大陸全域に及ぶ巨大国家が生まれた。この国家は新宗教である仏教を強く擁護し、各地に布教のための碑文を立て、サーンチー丘上に仏塔を建てて最初の僧院をつくった。以後古代インドでは、複数の国家が旧宗教を引き継ぐヒンドゥー教と新しい仏教のいずれかを選択的に擁護する時代を迎える。

二世紀に至って仏像がつくられるようになると、これを安置する施設である仏堂が建立されるようになり、仏塔とともに伽藍の基本形式が整っていく。一方、民間の土俗信仰を吸収したヒンドゥー教は、仏像の影響を受けて神像を祀るようになる。恒久的な祠堂をつくるようになるのはやや時代が下るが、レンガや石材を用いた迫出構造の塔状祠堂を生み出した。南アジアから東南アジアにかけて拡がったヒンドゥー教とその寺院建築は、四方位に依存する記念碑的デザインを前提としながらも、前アジアの時代の対立する価値をもつ方位観を複合させた、非対称性を含んだ伽藍を構成する。

東アジアで支配的となった儒教は、過去の統治システムを理想化して回帰を目指し、王権の最重要施設として天子の儀礼のための礼制建築を生み出した。東アジアの建築にとって最大のテーマは、木造の躯体のままで恒久性を確保することにあり、他の文明に例をみない試みが繰り返された。多様な工夫が重ねられた複雑なシルエットをもつ王権の建築は、我が国では古代寺院建築の姿をとって今日に伝えられる。文明の初期から認められる四方位の世界像と、これに基づく左右対称、四面相称、四方相称などを実現した建築の記念性は、東アジアにおいても長く踏襲された。

七世紀以後、西アジア、中央アジア、南アジアではイスラム教国家が生まれる。当初、簡素な施設であったモスクは、古代ローマ末期の建築様式を下敷きとして大規模な礼拝用の建築へと変貌していった。この宗教は各地に王廟を残すとともに、とくに南アジア以東では、地域ごとの多様なスタイルをもつ礼拝堂（モスク）を生み出し今日に至っている。

古代の宗教建築は、前アジアの守護神とその発展形態である専制国家の守護神を祀る施設を生み出す過程で、王権の力量を示す記念性を成立させていった。この記念性は、各地に起きた新興の文明にも受け継がれ、細部意匠や装飾などの表現が加えられていった。

新しい宗教では、それまでの王権と神の特別な関係が失われ、王もまた信仰者の一人にすぎない立場になる。こうして王権と宗教とは決定的に分離し、それぞれ独立した二つの存在として受け止められるようになった。とはいえ王権から離れて成立した新宗教は、かえって国家の積極的な擁護を受け、世界宗教へと発展していった。古代初期に形成され、旧宗教と王権が担った建築の三つの記念性は、精緻な細部意匠や装飾を躯体に付し、内部空間の充実などをもって記念性を獲得しようとする方法を加え、新宗教の時代においても積極的に踏襲された。そして王権から分離した宗教建築のシルエットは、王権神話とは異なる自律した宗教的象徴を帯びていくことになる。

終章　古代の国家・宗教・建築の変遷

一万年ほどの過去から、農耕を営み定住生活を始めた人類は、各地に小集落を形成し、徐々に耕地を拡げて人口増加を繰り返し、集落の規模を拡大していった。数千年にわたる前アジアの時代、宗教世界では、過酷な自然界の中で安定した収穫や家族の安寧を守る家族神が現れ、集落の拡大に伴って土地と共同体の守護神が生まれた。集落の長は守護神を祀って祭礼を行い、神の意図を共同体に伝える神官でもあった。彼らは神々と交感する特別な力をもつ者として共同体を主導する。祭祀を執行する権利と共同体を主導する立場とは不可分であり、宗教と王権は一体のものであった。こうして祭祀王が誕生し、共同体の中に階級の分化が進展していく。宗教施設のおよその状況は、祭礼のたびに仮設の祭場をつくる、あるいは共同体の長の住居などで祭礼を執行する段階にあったが、専用の施設の萌芽もみられる。

＊

小国家群は、狩猟採取の段階に比べて一段と生活が安定した。大河に臨むような特別な地域では、出生や流入によって人口増加と組織化が進み、この状況が耕地面積を拡大させるという循環が進展する。この結果、徐々に拡大していった耕地面積は隣接する別な勢力の耕地と接触するようになり、土地を巡る抗争の時代へと移行していった。前アジアの時代の第二段階は群小国家間の抗争の時代である。小国家を主導する祭祀王は、軍事的指導者に臨時の全権を与える必要に迫られる。繰り返される小国家間の抗争は、軍事的権力の恒常化を招き、祭祀王権から離れた世俗の王権の成立を促した。

この段階までの神々は、それぞれの地縁的共同体を守る土地神ないし都市神として成立し、それぞれ狭い地域に限定された存在であった。極論すれば神々は、少なくとも小国家や共同体の数だけ存在したから、広域を俯瞰すればいわゆる多神教世界が観察される。連合する小王国間では神々の役割分担も現れた。宗教施設は専用化が始まり、また共同体の力量に応じた規模へと拡張される傾向にあった。

*

文明によって経緯や時期に相違があるが、歴史の次の段階は、抗争を経た群小国家の統合が進み、連合王国の時代を経て専制国家が生まれた時代である。中央集権体制を構築した強力な王権は、官僚機構を組織し、度量衡や太陽暦に従う暦法などのスタンダードを施行し、そして文字を発明して計算技術を実現し、これらを用いて官僚による記録化を推進した。いずれも巨大国家の内政を円滑に運営するために工夫された、文明の基調となった制度である。各種の生産技術は前アジアの時代と同程度の水準に留まるが、度量衡制度と計算法や記録化による高い管理能力によって組織的な生産活動が可能になり、確実な再現性を手に入れた時代である。

この時代、各地の有力な神々は、王権の正当性を主張する文脈に合わせて再編され、巨大国家とその王権を擁護する存在へと変貌した。王は世界創造神の末裔、死後に神となる存在、王権は神に授けられた権利、王は世界神の代理者等々、既往の有力な神々をもって後発の世俗王権の正当性を保証する文脈が組み立てられた。これは、古い時代に祭祀階級に所属していた権利を、世俗の王権のもとに統合しようとするものでもあった。限定された土地や地縁的共同体の守護神群から選ばれた特定の神々は、王国全土を守護する存在に位置づけられ、出生地や民族を問わず広域にわたって祭礼の対象となった。

このような状況下で王墓と神殿、あるいはその複合施設がつくられるようになる。王権の生み出す建築は、国家の力量を表す記念性の獲得を目指し、幾多のモニュメントを生み出した。古代専制国家の建築デザインは、地域を超えて巨大さと形式美的洗練、そして恒久性と記念碑的形状を追求するという特徴を共有している。

施設の巨大さや形式美は労働力や技術を結集できる力量ばかりでなく、緻密な計画を立てて運営し実現する能力を示している。

恒久性の獲得は、不死なる神の居所に相応しい施設を実現することであり、神々に支持された王権の絶対性、不可侵性、永遠性を象徴しこれを顕示する。専制国家の揺籃期では、石材を積み重ねる王墓や焼成レンガを重ねる壁構造が実現し、やや遅れて石造の柱と梁の構造体が誕生するなど、さまざまな工夫が現れた。その様相は地域によって異なり、発達した壁構造と柱・梁構造を複合させていった世界も、瓦葺と木造躯体を守りながら耐久性を追求した文明も現れる。

専制国家は、農耕の効率的な制御のために精度の高い太陽暦を編纂しようと試みた。天文観測の過程で得た四方位の概念は、前アジアの双分制の時代の対(つい)概念を、中心と周縁の対立へと組み換えて理念的な全世界のイメージを構築し、王権の居所をその中心に位置づけた。おそらくエジプト起源のこの世界像は、世界各地に伝播して多様な解釈を加えられながらも、それぞれの王権に積極的に受け入れられた。四方位と中心の概念は、古代的造形デザインの基調となって、記念碑的形状である四方相称や左右対称の建築形状を生み出す機軸として機能した。

巨大な文明圏がいくつも台頭し、せめぎ合うようになった地域では、神々の激しい習合や同一視が起こり、有力な神々は、それぞれの属する文明圏を超えて広大な地域に伝播し拡散していった。この傾向は、さまざまな文明が交錯し影響し合った西アジアや地中海北岸などにとくに顕著だが、土着の文明がつくりあげた神殿に外来の神を祀ることが、おそらくもっともよくみられる情景であった。

＊

各地に巨大な勢力が乱立すると、国家間の大規模な衝突が起こり、国々の興亡が繰り返される。国家の内部では、階級間の権利や経済力の格差が一段と拡大する。この時代、自然界の脅威に加え、極端な階級格差、苛烈で大規模な国家間抗争、国家の運営能力の未熟さなどが原因となって深刻な社会不安が蔓延しつつあった。このような状況に呼応して、個人の救済を最大の目的とする新しい宗教が生まれ始める。

国家運営や階級格差に起因する問題とみえるものも、社会不安をよび起こす直接の契機は天候不順による飢饉、疫病の流行、耕地拡大のための環境破壊に由来する災害など、自然の脅威とみえる場合も少なくない。したがってこれら新しい宗教は、いずれも社会問題を超えて人間存在の根本問題と向き合い、哲学的思索を重ねた。世界規模で各地に哲人たちが現れたいわゆる「枢軸時代」は、人類が初めて経験する、文明に起因する深刻な社会不安が恒常化しつつあった時代である。

この時代に現れた新しい宗教は、地縁的共同体の守護神とその神官団が維持してきた宗教とは根本的に異なっている。多様な役割を分担し合っていた前時代の神々に対し、「アフラ・マズダー」「仏法」「天」などの世界原理、世界の根本因としての単一の超越者が創出された。これらの神格は人格をもつとは限らず、超越的な世界法則とみなされるものも含まれる。これはただちに一神教の成立を意味するものではなく、宗教という同じ枠組みの中にあっても前時代と異なるカテゴリーに区分すべきものである。しかし、個人救済の思想を民族の救済と受け止め、その伝統的な守護神へ救済を求めたユダヤ一神教の成立と、民族の枠を越えて個人救済の思想が純化していったキリスト教成立の一連の過程は、上記のような古代宗教の本質的な区分を曖昧なものにみせている。とはいえ、原アーリアの宗教儀礼を否定し、専横な上位階級を批判したザラシュトラの思想、バラモンを頂点とする階級社会に強く対立した初期仏教などの古代インドの諸宗教、儒教をはじめ、東アジアの諸子百家の乱立などを俯瞰すれば、古代の宗教が「枢軸時代」を挟んで劇的な変化を遂げたことが明らかである。

各地に勃興した新宗教は、当初、国家や共同体の支配的階層と鋭く対立する性格が認められる。しかし、とりわけ東アジアの新宗教では、国家との距離のとり方に多様性が認められた。高い倫理意識をもつ為政者を立てることが個人の救済に繋がるとする儒教の主張から、人間社会から離れ、すべてにおいて非作為を実践することで個人の救済が実現するとした老荘の思想まで拡がっている。

＊

これら新宗教は、当初、専用の施設をもつ存在ではなかった。ヘロドトスの記す「ペルシア人の風習」では、西アジアの拝火教徒は火種を壺に入れてもち歩き、草原で火を熾して礼拝を行っていた。仏教教団は托鉢のため広域にわたる徘徊を常とし、キリスト教徒はそれぞれの住居で小さな集会を開いた。孔子は各地を遍歴して教えを説き、老子は隠遁を理想としていた。

新たに台頭した宗教運動の様相は、国家の上位階級からみれば程度の差はあれ反社会的な活動と映ったであろう。これらの宗教は、最初から土地や国家、民族などの枠組みから自由な存在であり、その普遍性がかえって為政者や旧宗教からの反発を受けるが、一方その自由さは、旧来の宗教にない可能性でもあった。新しい宗教に共通する高い倫理意識とこれを実践する集団の価値が理解されるようになると、国家はこれを積極的に擁護するようになる。この過程は、それぞれの新宗教を多少とも変質させることに繋がったが、一方、多民族を擁する巨大国家の中にあって倫理の統一基準を示すことは、国家体制や法整備の未熟さを補い、社会の安定を支える力となった。民族を超える倫理基準を示すとともに、これを実践する集団を擁していること、有力な国家がこれを積極的に支援し諸国がこの体制に倣っていった。こうして世界宗教が誕生したのである。

イスラム教の場合は、既存の国家がこの新しい宗教を認めたのではなく、宗教共同体が旧国家を打倒し建国するという前例のない事態となった。本来は僧侶も神官も存在しない宗教だが、厳しい戒律を守り合うことが共同体に安定と強固な紐帯を与え、このことが世界各地に伝播する力となった。

前アジアの王権は宗教と一体であり、専制国家の王権は神々との特別な関係を強調し続けた。しかし新宗教と王権の関係は、王をはじめ為政者たちもただの一人の信徒にすぎない。新宗教が成立して以後、王権と宗教は、初めて相互に独立した存在となった。この状況は宗教国家であるイスラム教においても原理的に同様で、ムガル帝国のような体制を生む素地ともなった。

＊

国家による積極的な擁護は新宗教に専用の施設を与える契機となった。専制国家成立以後の宗教建築の第二段階は、新宗教の建築の成立である。これらは拝火壇を覆う素朴な施設、仏塔と僧坊が並ぶ簡素な伽藍、個人の住宅を転用した集会所など、ごく素朴なものから始まっている。

東アジアでは旧宗教の上に新宗教を構築した儒教が支配的になったため、宗教建築は王権の建築と一体となったままゆるやかな発達を遂げた。

一方、南アジアでは新旧の宗教が併存し、仏教は新たに誕生した仏像を安置する仏堂を生み、門と周壁で囲まれた聖域を中心に伽藍を整えていく。旧来の宗教を引き継いだヒンドゥー教は仏教の影響のもとで神像をつくるようになり、仮設の祭場から恒常的な神殿、付属する拝殿や周辺施設などを生み出す。南アジアでは、国家が新宗教を認めるようになって以後、初めて恒常的な施設である宗教建築の誕生をみることになった。

西アジアでは、拝火壇を中心とした簡素な伽藍が繰り返し建造された。国土の全域に夥しい拝火壇が造営され、国土の守護を担う特別な拝火神殿もつくられた。

地中海では、四世紀半ばになってキリスト教の大規模な礼拝堂が各地に造営された。これらは儀礼用の内部空間を重視する特徴がみられる。初期の宗教建築は、いずれも祭祀を執行する神官に限定された施設であり、主要な建築の内部空間はごく限られた人間が占有していた。しかし、個人の救済を目指す地中海発の新宗教は、夥しい数の信者を、儀礼の傍観者ではなく参加者とすることを前提としたためである。

＊　＊　＊

専制国家がつくろうとした記念建築は、歴史上意図してデザインされ、組織的に造営された最初の建築である。これらの建築は、その初期の段階では造営に従事する不特定多数の誰であっても同じ結果を実現できること、つまり、度制に従った平易な寸法制御の方法と再現可能な「幾何学的」形状をもつ必要があった。大きさと形は計画案の忠実な実現が可能であるよう、あらかじめ綿密に検討された。そして、大量の労働力を動員し、材料の調達、運搬、構築の手順などを組織し統制する運営計画に従って、建築の記念性を初めて実現したものである。

設計計画から運営計画に至る統制は、実現までの組織化と管理の能力をもった官僚、職能として建築家というべき存在に支えられていた。したがって国家ないし王権の力量を造形で示すことが、この時代の建築デザインの目標であった。具体的な目標は記念性の実現であり、その記念性は「巨大さ」「恒久性」「記念碑的形状」を備えて実現した。

そしてこれら三つの特徴をあわせた枠組みに従い、再現可能な「幾何学的」形状が工夫されたが、このことが建築の形式を限定し、造形に洗練の過程を与える契機となった。形式美的洗練過程を経た建築の質の高さは、早い時期から王権の力量を表すための重要な目標として認識され、実現されるべき記念性の一角に組み込まれていった。

これらの記念性は、その根幹に大きな変化のないまま近隣や後発の文明に伝えられたが、諸文明それぞれの状況に合わせてさまざまな変奏が試みられた。文字通りの「巨大さ」の実現が必ずしも容易でない場合、高さを獲得することでその記念性を維持しようとした。高さを追求した建築形状は、建築材料と技術が許す範囲で積極的に階層を重ねていった場合、材料と構法に起因して必然的、結果的に塔状化する場合などが混交している。しかしいずれも、天と地を繋ぐ存在という宗教的象徴を帯びていった。そして小規模な建築では、均衡美の追求とともに精緻な細部意匠やレリーフ、絵画、彩色などを各所に施すことで建築の価値を高め、特別な存在へと押し上げ、記念性を獲得しようとした。彫刻や絵画は、それぞれの宗教的背景に従い、その物語性を刻印しようとする。

木造架構を石造の柱・梁構造へ転換した地域では、柱を中心とした細部意匠などに宗教的意味が与えられ、さらに壁構造やアーチ、半球ドームなどと合体することで、内観に宗教儀礼の執行に相応しい蒼穹を戴く小宇宙をつくり出した。そして装飾による記念性の獲得は、これら内部空間の荘厳においても積極的に引き継がれた。

木造建築の恒久性を追求した東アジアでは、架構上のさまざまな工夫を組み合わせることで、瓦葺の大屋根と深い軒を実現する。伽藍の中心を占めて基壇上に建つ壮大なシルエットは、木造建築の長寿化を目指したさまざまなアイデアと技法が積み重なって辿り着いた姿である。具体性のある宗教的象徴は内観の壁画や荘厳に限られ、建築のシルエットにははっきりと反映したものではない。しかしここに、人の手によってつくられた「聖域」がたしかに実現している。

*

宗教建築の成立過程を検討していけば、その姿は専制王権が目指した記念性と再現性、建築材料に則した架構の必然などによって実現した姿である。しかしここに早い時期から宗教的象徴が重なっていった。

建築の記念性、そして度制など技術の基調をつくりあげた王権、その前提に立って技術を駆使しデザインを担った建築の世界、実現した対象に象徴的な意味を与えていった宗教世界。それぞれ独立する世界が呼応し重層する過程を経たことで、私たちの知る古代の宗教建築が誕生したのである。

そして宗教建築は、王権の世界像と文明それぞれの建築材料や架構法による枠組み、さらに宗教的象徴を帯びた枠組みを積極的に引き受け、さまざまな改良と工夫を重ねながら実践を繰り返した。この過程はデザインの経験と模索を積み重ねて学習し、修練を重ねていった歴史である。古代世界が生んだ宗教建築の枠組みは、造形感覚を研ぎ澄ます契機となり、洗練への道程を導くものとなった。

現在でもなお、私たちが古代の宗教建築に強く惹かれる理由は、長期にわたる洗練過程を経たことで、つきつめた架構のメカニズムや造形の均衡を実現した建築美の高みへ到達しているためであろう。過去に実現した完成度の高い美の世界は、今日においても、ときに省察を促しつつ建築の世界に重要な示唆を与え続けているように思われる。

注

第一章

＊1　最近の研究は、定住の起源が農耕にあるとする従来の見解を疑うようになり、定住が先行することで農業が始まったとする説が有力である。定住は、漁業に起源をもつとも考えられている。

＊2　E・E・エヴァンス＝プリチャード、向井元子訳『ヌアー族の宗教下』平凡社、一九九五

アニミズム、プレ・アニミズム、トーテミズム等々の概念は、たんなる推測に過ぎない意見として否定的にみている。

＊3　混同されがちだが「擬人化」と「人格神」は同じことではない。他者（霊的存在）を交感の対象と理解する段階の「擬人化」は、受けとる側の姿勢であって必ずしも対象に人格の存在を認めることにはならない。「人格神」は、神話や説話等をもって人間的意思や行動を想定された存在、あるいは言語的な交換（巫術者を介した応答など）が可能とみなされた対象を示すであろう。

＊4　人工的に加工された石であっても、超自然的な力をもつと捉えられるものも多い。悪霊の侵入を防ぐ「石敢当」などが好例である。また、たとえばセイロン島のヒンドゥー寺院遺跡やタイの僧院のボート（布薩堂）では、堂の周囲八方に「シーマ石」ないし「バイセマ石」を置いて呪的な結界を張る様子がみられる。この境界石はセイロン島のものは棒状で、タイの僧院では小基壇上に、通例は二葉の蓮弁の形状を立てて丁寧に装飾を加えたものである。しかし、これはたんなる指標に過ぎない。真に呪的な力をもつものは直下に埋設されて目に触れない、大まかに球形に整形された石塊であり、より自然の形状に近いものである。

＊5　大津忠彦・常木晃・西秋良宏『西アジアの考古学』同成社、一九九七

＊6　ジャン・ボテロ、松島英子訳『メソポタミア　文字・理性・神々』法政大学出版局、一九九八

同書の端的な説明は、以下のようである。「不死という点を除いて、人々はあたかも人間を見るごとく神々を思い描いた」

＊7　H・フランクフォート他、山室静・田中明訳『古代オリエントの神話と思想　哲学以前』社会思想社、一九七八

＊8　初期の農耕の時代の「家族」の意識は容易に想像できるものではないが、私たちがイメージする血縁のイメージとは異なっていたと思われる。しかし、家族を核として氏族、部族が生まれ、王権が血縁的関係を強く維持しようとしたこともよく知られている。一方、灌漑用水の維持や管理を含め、農耕作業は多くの労働力を要する共同作業であった。血縁的関係から生まれた祖霊への認識が、早くから共同体に認められて地縁化し、土地神となりえたことを説明するものであろう。

＊9　歴史的事件としての「出エジプト」は、エジプトからの奴隷の脱出事件とみられているから、ユダヤ民族（この時点ではまだこの名称はない）が支配的であったとしても多様な民族が含まれていた可能性が考えられている（山我哲雄『一神教の起源』筑摩書房、二〇一三）。そうであれば、ヤハウェの唯一神としての性格は、この雑多な集団の紐帯を強固にするための方策であった可能性が高い。他の神々への信仰に対する不寛容な態度も、結局、同様の原因に根ざしている。いずれにしても、旧約聖書の記録は、ヤハウェが家族神の立場から、より大きな集団の神へ「昇格」したことを示している。

＊10　死者がただちに守護霊に昇華すると考えられたわけではないであろう。世界各地に残る複葬が示すように、死後には二つの様相、遺体が腐敗していく過程と遺骨だけが残って以後の時期とがある。バリ島はインドの風習を受けて火葬が行われているが、現在でも火葬までの期間（数年を経ることも多い）の死霊をピラタ、火葬後の霊をピタラ（ヒンドゥー教のピトリ＝祖霊）として区別し、ピラタの段階を悪霊とみなしている。これは腐敗が進行する遺体の様相に由来する連想である。我が国では縄文時代から副葬の風習があり、土葬ののち数年を経て遺骨を集め、あらためて埋葬する風習はごく最近まで残っていた。死者をミイラとする世界各地の風習も、遺体が腐敗する過程を忌み嫌う前提が存在するためで、遺体を（ミイラとして）残さないと悪霊になるとした古代エジプトの風習も、同様の文脈で捉えることができる。

　これらの様相は、短期的であるとしても、忌むべき悪霊が存在する理由を説明してくれる。悪霊のイメージもまた、家族神から徐々に乖離し、独立した存在に変貌していったと考えられる。

＊11　「世界は謎と不可思議な現象に満ちている。また不条理な事象に溢れている。これらに説明を与えようとして、背後にある力や意思を想定して神話がつくられていった」とするのが、神話学や宗教学の比較的一般的な解釈であろうか。このこともあらためて検討してみる必要がある。

　小規模な共同体が拡大する過程で特定の家族神が共同体全体の守護神に「昇格」していく過程は、相対的に私的な家族神としての限定や性格を失っていく。そのような守護神、シュメールの都市神などに「昇格」していく過程では、その神の偉大さを示すことが重要なテーマになったであろう。神の偉大さを誇示しようとする意図が、世界の説明付けが付随するとしても、普遍的存在である天地や日月星辰などと結び付け、偉大さを示すエピソード、つまり神話を紡ぐ原動力だったとみられる。つまり、「世界を説明する」ために神が生まれたわけではない。

＊12　前掲書：注5

　メソポタミアの神像については、考古学的な資料がほとんどないばかりでなく、ヘロドトスの記録の中にも、神像がなかったかも知れないことを想像させる一文がある。それは、バビロンのジグラトの最上階に載せられた神殿の描写に関するもので「この神殿の中に美しい敷物をかけた大きい寝椅子があり、その横に黄金の卓が置いてある。神像のようなものは一切ここには安置していない。……神が親しくこの神殿に来て、この寝椅子に休むのだという」（巻一、一八二）。しかし彼は、「このバビロンの神域には、下手にもう一つ神殿があり、ここにはゼウス（ベル）の巨大な黄金の座像が安置され……」（同、一八三）とも記している。ベルあるいはベール（神々の王）は、バビロンの都市神であり、前一八世紀バビロン第一王朝の時代に国家神となったマルドゥク神の別名。

＊13　松島英子『メソポタミアの神像　偶像と神殿祭儀』角川書店、二〇〇一

＊14　ジャン・ボッテロ、松本健監修『バビロニア　われらの文明の始まり』創元社、一九九六

＊15　アンソニー・グリーン監修、ＭＩＨＯ　ＭＵＳＥＵＭ編『メソポタミアの神々と空想動物』山川出版社、二〇一二

＊16　J・チェルニー、吉成薫・吉成美登里訳『エジプトの神々』六興出版、一九八八

　ヴェロニカ・イオンズ、酒井傳六訳『エジプト神話』青土社、一九九一

＊17　ジャン・ボテロ、松島英子訳『最古の宗教　古代メソポタミア』法政大学出版局、二〇〇一

＊18　ロザリー・デイヴィッド、近藤二郎訳『古代エジプト人　その神々

と生活』笠間書房、一九八六
同書によれば、ナイルの谷で農耕を続けるための灌漑工事（耕地を区画し土手をつくり、これを維持し管理する作業）は、個々の村落共同体の範囲でできるものではなく、早くから共同体どうしの協力が必要であったとする。したがって共同体間の深刻な衝突よりも、相互に協力しあう体制が、早い時期に国家群の統合へ向かった原因であったのかもしれない。古代エジプトの集落は、メソポタミアのように城壁で囲まれる例がみあたらないことも、共同体間の関係が大きな紛争を起こすほどのものではなかったことを示すようである。しかしその相互協力関係の背後に、一方が他方を、武力を誇示することによって半強制的に支配するような関係が潜在していたであろうことも予想される。

＊19　前掲書：注13

第二章

＊1　溝口明則『数と建築　古代建築技術を支えた数の世界』鹿島出版会、二〇〇七
ものさしと度制について、また再現性を目指した形状とのちの幾何学の関係について詳述している。

＊2　鄒衡・北京大学考古学研究室編、宇都木章訳『商周考古学概説』燎原書店、一九八九

＊3　Nancy A.Winter：*Greek Architectural Terracottas from the Prehistoric to the End of the Archaic Period*, Clarendon Press, 1993

＊4　発達過程をみると、深い軒をつくりこれを支持するために軒先に柱を立てたものである。その結果、外周の柱筋の先はほとんど軒の出がない。第三章参照。

＊5　中埜肇『空間と人間　文明と生活の底にあるもの』中央公論社、一九八九

＊6　大林太良『北方の民族と文化』山川出版社、一九九一

＊7　たとえば、万葉集・巻一「藤原宮御井歌」では、藤原京の四方の門から望まれる大和三山と吉野山について、以下のように歌っている。

やすみしし　わごおほきみ　たかてらす　ひのみこ　あらたへの　ふぢゐがはらに　おほみかど
はじめたまひて　はにやすの　つつみのうへに　ありたたしめしたまへば
やまとの　あをかぐやまは　ひのたて（日縦＝東）の　おほみかどに
はるやまと　しみさびたてり
うねびの　このみづやまは　ひのよこ（日横＝西）の　おほみかどに
みづやまと　やまさびいます
みみなしの　あをすがやまは　そとも（背面＝北）の　おほみかどに
よろしなへ　かむさびたてり
なぐはし　よしののやまは　かげとも（影面＝南）の　おほみかどゆ
くもゐにぞ　とほくありける
たかしるや　あめのみかげ　あめしるや　ひのみかげのみづこそば
とこしへにあらめ
みゐのましみず

なお「ひのたて」「ひのよこ」は、本来は、それぞれ東西軸と南北軸を指す言葉であった。同様の混乱は『日本書紀・成務天皇』の項にもみられる。後代、「山の陽（みなみ）を影面と曰ふ　山の陰（きた）を背面と曰ふ」という一文が挿入されたことで生じた混乱とも考えられている。

＊8　コリン・マックフィー、大竹昭子訳『熱帯の旅人　バリ島音楽紀行』

河出書房新社、一九九〇

一九三〇年代のバリ島滞在中に経験した興味深い事実を記している。少年が、山を越えたため北（山）と南（海）の方位について混乱を起こす事例が記録されている。

＊9　吉田禎吾『バリ島民』弘文堂、一九九二

ミゲル・コバルビアス、関本紀美子訳『バリ島』平凡社、一九九一

鳴海邦碩他『神々と生きる村　王宮の都市』学芸出版社、一九九三

＊10　倉田勇「バリ島家屋の位置と方位観」『住まいの原形Ⅱ』所収、鹿島出版会、一九七三

＊11　「未開」文明の思惟の特徴として考えられた「双分制」は、エミール・デュルケム、マルセル・モースなどによっておよそ一〇〇年前に提唱された。その後、文化人類学などを中心に重要な手がかりであり続けている。提案後時間が経っているが、現在でもなお有効な捉え方であり、本書では、認識のあり方に焦点をあてて用いる。

＊12　H・フランクフォート他、山室静・田中明訳『古代オリエントの神話と思想　哲学以前』社会思想社、一九七八

同書では、本文で指摘した方位の議論以外にも、左右対称の形状がナイルの谷の景観に起因するとする指摘もある。しかし造形上の対称性の成立は、本文で述べるように四方位の概念の成立なしには考えがたい。

＊13　イー・フー・トゥアン、小野有五・阿部一訳『トポフィリア　人間と環境』せりか書房、一九九二

＊14　ケヴィン・リンチ、丹下健三・富田玲子訳『都市のイメージ』岩波書店、一九六八

リンチの分析は都市を対象とした一種の「民俗方位」を扱っていると捉えられる。なお、付録としてさまざまな民俗方位についてまとめており、これだけでも価値のある記録である。ただ、方位観を支える背後の世界像については関心を示さないから、集められた民俗方位や四方位のシステムに対する考察が不足している。彼の関心は都市の中のオリエンテーリングの指標にあり、この範囲に限定した議論である。

＊15　K・メンデルスゾーン、酒井傳六訳『ピラミッドを探る』法政大学出版局、一九八七

M・ヴェルナー、津山拓也訳『ピラミッド大全』法政大学出版局、二〇〇三

メンデルスゾーンは、メイドゥムの異形ピラミッドの姿が、崩壊した結果であることを初めて指摘した。さらにその崩壊は、完成前後のわずか数秒のうちに起きたと推定している。これに対し、ヴェルナーは、落下した石材の調査を踏まえ、ピラミッドの崩壊が段階を追って徐々に進んだとしている。

＊16　四方位の発生は、いわゆるコンパス（磁石）の発明に由来するように考えられがちだが、コンパスが確かな記録として現れるのは、『三国志』の「指南車」が最初である（伝説では黄帝の発明とされる）。紀元前後には、磁気を帯びた針を水面に浮かせた簡易なコンパスが工夫されたとも推測されているが（ジョセフ・ニーダム『中国の科学と文明』、藪内清『中国の科学文明』など）、そのようにみても、スネフェル王のピラミッドの造立後、実に二六〇〇年後のことである。また、磁北と真北は、現在、偶然にも両者がほぼ同じ方向にあるが、本来は別物である。磁極は短期的には小さな揺れを起こしながら、長期間にわたって移動を続けている。さらに、磁北を示す器具であるコンパスはそれだけのものであり、東や西の概念が別に存在していなければ、私たちの知るコンパスの姿は実現していなかった。したがって四方位の「発明」は、コンパスに由来するものではない。

なお、第三王朝後期の未完成の階段ピラミッドのうち、セケムケト王

のピラミッドは正方形の平面をもつようだが、やや斜方位をとっている。一方、これに続くザヴィエド・エル＝アリアンのカーバ王のピラミッドと推定された未完成の階段ピラミッドは、スネフェル王のピラミッドに先行する、正方形の底面と正方位をとる初めてのピラミッドである。フニ王の治世の直前には、すでに四方位の概念が明確になりつつあったらしい。ただ、スネフェル王の時代および直後に建てられた小型のピラミッド（セイラの階段ピラミッド、ナカダの階段ピラミッドなど）では、ナイルの流れに平行するなど斜方位をとる例もある（M・ヴェルナー、津山拓也訳『ピラミッド大全』法政大学出版局、二〇〇三）。

＊17　J・P・ロエール、酒井傳六訳『ピラミッドの謎』法政大学出版局、一九七三

＊18　J. P. Allen : The Ancient Egyptian Pyramid Texts. *Society of Biblical Literature*, 2005

本書には、第五王朝最後のピラミッドであり、最初のピラミッド・テキストをもつウナス王のピラミッドのほか、第六王朝の全ピラミッド（テティ、ペピ一世、メルエンラー、ペピ二世の各ピラミッド）およびペピ一世の娘でペピ二世の王妃であったネイトのピラミッド（ペピ二世ピラミッドの衛星ピラミッド）の各テキストを掲載している。

＊19　杉勇他訳『古代オリエント集』筑摩書房、一九七八

＊20　ヘル＝メスウト（ホルスの四人の息子）はピラミッド・テキストに現れるが、必ず四神が並列して記されながらも、直接方位にかかわる言及は見当たらない。四神が一つのセットとなる理由は、カノプス壺の数に起因するから、当初から四方位とかかわっていたのかどうか判然としない。

＊21　ピラミッド・テキストに四神の女神について言及があり、四神をセットとして扱う表現が確認される。しかしヘル＝メスウトと同様に、方位と直接かかわる表現は見当たらない。古王国時代の簡素なカノプス壺（平たい蓋の付いた簡単な壺）やカノプス棺（簡単な直方体の箱）からは手がかりがないが、新王国時代には方位との関係が明瞭になる。四柱の神をセットとして扱うからピラミッド・テキストが記された時代に、すでに方位神であった可能性があるが明確ではない。

＊22　前田徹『メソポタミアの王・神・世界観　シュメールの王権観』山川出版社、二〇〇三

＊23　小林文次『建築の誕生　メソポタミヤにおける古拙建築の成立と展開』相模書房、一九五九

大津忠彦・常木晃・西秋良宏『西アジアの考古学』同成社、一九九七

＊24　松島英子『メソポタミアの神像　偶像と神殿祭儀』角川書店、二〇〇一

＊25　L・ウーリー、P・R・S・モーレー改訂、森岡妙子訳『カルデア人のウル』みすず書房、一九八六

ウル・ナンムとシュルギが建立したジグラトは、ウル第一王朝の時代の基壇の上に被せるようにしてつくられたと考えられている。ただ、未完成であったものを、バビロニアのナボニドス（在位、前五五六～前五三九年）が完成させた旨の銘（焼粘土製の円筒）が発掘されている（第三章参照）。なお、各王の在位期間は『バビロン』（J・G・マッキーン、岩永博訳、法政大学出版局、一九七六）によった。

＊26　ロミラ＝ターパル、山崎元一・成沢光訳『国家の起源と伝承　古代インド社会史論』法政大学出版局、一九八六

＊27　辻直四郎訳『リグ・ヴェーダ讃歌』岩波書店、一九七〇

＊28　中村元訳『仏陀最後の旅　大パリニッバーナ経』岩波書店一九八〇

＊29　井狩弥介訳「アーパスタンバ・シュルバスートラ」矢島道雄編『イ

ンド天文学・数学集』所収、朝日出版社、一九八〇
　祭場の大きさを決定する手順は以下の要領である。祭祀のクライアントがバラモンのとき、東西軸に合わせてクライアントの歩幅で二四パダ（歩）をとり、クシャトリアのときは二六パダ、ヴァイシャの場合は二八パダとして祭場の東西の長さを決定する。カーストが低いほど、東端にある至聖の祭火までの距離が開く。

＊30　『南伝大蔵経・相応部二二・八七』に以下のような描写が掲載されている。

「世尊は遠くから、長老ヴァッカリが寝台の上に身体をふせてよこたわっているのをごらんになった（三六）そのとき、一面（にわかに）立ち込めた黒雲が東に走り、西に飛び、北に走り、南に飛び、そら高く舞い上がり、低く這い下がり、四維に走るのであった（三七）……中略……「比丘たちよ、これは悪魔（魔波旬）が、善男子ヴァッカリの魂はどこへいったのかといって、その魂を探し求めている姿である……」（三八）」（長尾雅人編『世界の名著1　バラモン経典／原始仏典』中央公論社、一九六九）。

　東と西の対、北と南の対に合わせた表現は、四方位を二つの対で構成されたものと捉えていたことを示しており、それぞれの優劣の順も表現している。この順番は二つの対の価値が同等ではなかった時代の気配を残しているが、後の時代に四方を一つのセットとして捉え、東、南、西、北の順で表現する「プラダクシナ（右繞）」の順と入れ替わっていった。

＊31　中村元『世界宗教史叢書6　ヒンドゥー教史』山川出版社、一九七九

＊32　渡瀬信之訳『サンスクリット原典全訳　マヌ法典』中央公論社、一九九一

＊33　前掲：注31に掲載した著作の注による。

＊34　『マヌ法典』の方位神は古層と思われる四方位神（東：インドラ帝釈天、南：ヤマ閻魔、西：ヴァルナ水天、北：ソーマ月天）の記述と、八方位神の記述とが混在している。方位の名称は、八方位神それぞれに与えられていないが、四方位神を手がかりに東：インドラ帝釈天、南東：アグニ火天、南：ヤマ閻魔、南西：スーリヤ日天、西：ヴァルナ水天、北西：ヴァーユ風天、北：クベーラ金毘羅、北東：ソーマ月天と判断される。後のマンダラの構成からみて八方位神のソーマの位置が北から北東に移り、北にはクベーラが配当されたと考えられる。

＊35　プラサナ・クマル・アチャルヤは、『マーナ・サーラ』の当該の箇所を〝Architect meditates his own Siva〟と訳している。

＊36　文化人類学者である馬淵東一は、「マンダラの源流」（宗教学論集五輯所収、駒沢大学、一九八二）の中で、E・デュルケムの「双分制」とW・J・マッギーの『数学の起源』を手がかりに、以下のように述べる。

「……少なくとも、〝中級原始文化〟（middle-primitive culture）において最も広く分布する聖数または神秘的な数は四であって、それは南アメリカ、アジアおよびアフリカにわたって見出されるとともに、方位、色彩、社会組織（とくに親族組織）、その他の諸種の慣行と結びついている。四という数は完全なもの、完結したもの、且つ万能のものだといえるであろう。しかし、未開人に共通の自己中心主義および主観主義のため、たとえば東西南北というような方位も、中央に位置する自己（個人でも集団でも）をぬきしにしては、まとまった観念形態となりえない。これは色彩その他についても同様であって、四という数は五という形をとることによって、統一性ないし総合性を備えてくる、といえるであろう。このような自己中心主義は、中級原始文化の水準に到達しないオーストラリアの原住諸種族にも見られ、そこで

は双分制が支配的であるにかかわらず、さまざまな場面において、暗黙のうちに三分制が認められる。かくして、二にして三、四にして五、というような思考様式の発展系列が考えられるのである……」。

「聖数四」は一種の数秘術とみなすべき議論であり、この種の観念がたしかに実在したかどうか疑わしい。一方、双分制は数の自律性が明確になる以前に遡る観念である。もし「中級原始文化」の双分制が自然に三分制に移行し「四にして五」というような観念が生まれたのであれば、私たちは最初から三分制だけをみて、双分制を観察することはなかったであろう。

本書で述べるように、四方位と中心の概念はシステムとして意図的に構築されたものであって、自然に発生するようなものではない。「中級原始文化の水準に到達しない」ものに「暗黙のうちに三分制が認められる」とすれば、これは観察者による先入観の反映とみるべきである。大変興味深い議論だが、歴史の複数の段階に属する事象を一元的に扱ったため問題の所在が曖昧になり混乱を招いている。

＊37　白川静『甲骨文の世界』平凡社、一九七二

「東」の文字の形は神話に基づいている。世界の東の果てにある暘谷に温泉があり、十の太陽のうち九つがここで休んでいる。残る一つは、巨大な扶桑の木を登って天空に飛び出し、一日をかけて天空を移動する。したがって「東」の文字は、扶桑の「木」の中程に「日」が重なった姿であり、早朝の情景である。古代中国では、太陽（sun）と日（day）が同一の文字で表されたことで、一〇日を単位とする暦法（旬）に合わせてそれぞれの日に名称（甲、乙、丙、丁……などの十干）が付けられ、それぞれに対応する一〇個の太陽が存在すると考えられた。

＊38　「殿堂」の南面にとりつく三つの階段様の痕跡について、いずれも階段と推定した復原図面もある（たとえば黄石林・朱乃誠、高木智見訳『中国考古の重要発見』日本エディタースクール出版部、二〇〇三）。しかし痕跡はかなり曖昧なようで、スロープとみて差し支えないであろう。

＊39　楊寛、尾形勇・高木智見共訳『中国都城の起源と発展』学生社、一九八七

「……「坐西朝東」すなわち西を上位として東に向くという礼制」と説明する。

＊40　白川静『中国の神話』中央公論社、一九八〇

＊41　小倉芳彦訳『春秋左氏伝』岩波書店、一九八八

＊42　楠山春樹訳『新訳漢文体系　淮南子　上』明治書院、一九七九

＊43　袁珂、鈴木博訳『中国の神話伝説　上』青土社、一九九三

＊44　司馬遷、小竹文夫・小竹武夫訳『史記一　本紀』筑摩書房、一九九五

第三章

＊1　ギルバァト・マレー、藤田健治訳『ギリシア宗教発展の五段階』岩波書店、一九七一

＊2　ジャン・ボテロ、松島英子訳『最古の宗教　古代メソポタミア』法政大学出版局、二〇〇一

ボテロは、都市国家群の時代に由来する膨大な神々が習合し整理されて、少数の有力な神々だけの世界へ集約されていく過程について詳細に述べている。神格の習合や同一視は世界各地にみられるが、シュメールにその萌芽がみられる。

＊3　前田徹『メソポタミアの王・神・世界観　シュメールの王権観』山川出版社、二〇〇三

＊4　ジョルジュ・デュメジル、松村一男訳『神々の構造』国文社、

一九八七

＊5　カール・ヤスパース、重田英世訳『世界の大思想　3-Ⅱ　ヤスパース』河出書房新社、二〇〇五

ヤスパースは「この世界史の軸は、はっきりいって紀元前五〇〇年頃、八〇〇年から二〇〇年の間に発生した精神的過程にある」とし、「枢軸時代」とよぶ。そして「この時代には、驚くべき事件が集中的に起こった。シナでは孔子と老子が生まれ、シナ哲学のあらゆる方向が発生し、墨子や荘子や列子や、そのほか無数の人びとが思索した、――インドではウパニシャットが発生し、仏陀が生まれ、懐疑論、唯物論、詭弁術や虚無主義に至るまでのあらゆる哲学的可能性が、シナと同様展開されたのである。――イランではゾロアスターが善と悪との闘争という挑戦的な世界像を説いた、――パレスチナでは、エリアからイザヤおよびエレミアをへて、第二イザヤに至る予言者たちが出現した、――ギリシャではホメロスや哲学者たち――パルメニデス、ヘラクレイトス、プラトン――更に悲劇詩人たちや、トゥキュディデスおよびアルキメデスが現われた。以上の名前によって輪廓が漠然とながら示されるいっさいが、シナ、インドおよび西洋において、どれもが相互に知り合うことなく、ほぼ同時的にこの数世紀間のうちに発生したのである」とする。

ギリシア哲学の台頭も、世界原理の探求という古代の新宗教と共通する性格をもち、プラトンの「イデア」やピタゴラスの「数」の認識などに非人格的な超越的存在を認めることも可能である。しかし、これらの思想が宗教ではなく「哲学」となった最大の理由は、当時のギリシアの宗教が前アジア的な土地神の性格を強く残した素朴な存在であったため、彼我の距離が大きく離れていたことに起因すると思われる。

なお今日では、ザラスシュトラの思想は、ユダヤ教や仏教に影響を与えたと考えられており、ザラスシュトラの名はプラトンなど古代ギリシアの哲学者たちにもよく知られていた。したがって「枢軸時代」は「どれもが相互に知り合うことなく」成立した偶然の所産、と考えることは難しい。

＊6　ミロスラフ・ヴェルナー、津山拓也訳『ピラミッド大全』法政大学出版局、二〇〇三

＊7　吉成薫『エジプト王国三千年　興亡とその精神』講談社、二〇〇〇

アテン神が生まれた原因について、アメンヘテプ四世の個性的な情熱に起因する宗教改革という理解とともに、冷静な政治的判断として実行したとする説など、従来の研究史の成果をまとめ、たんなる宗教上の改革として捉えるべきではないとしている。

一方、代々のファラオを王家の谷に埋葬した理由は、新王国時代に官僚制度が完成の域に達し、古王国時代のような不安定な王権から安定した王権へ移行したことが、ピラミッドのような巨大な王墓を必要としなくなったためとも考えられている（都出比呂志『王陵の考古学』岩波書店、二〇〇〇）。これは反面、古王国時代のように大規模な神格や神話の再編を必要としなかったことでもあり、このことが地方神に過ぎなかったアメン神の神官集団をそのまま残し、過剰な権限をもつ集団に成長させてしまった遠因かもしれない。古代の専制王権が祭祀権を掌握できないという状態は例外的であり、アメンヘテプ四世の宗教改革の動機を形成したと考えられる。

＊8　岸本通夫他『世界の歴史2　古代オリエント』河出書房新社、一九八九

右の文献では、インド・アーリアが北方からイラン高原に南下した後、イラン・アーリアが第二波として同様に南下してきたため、インド・アーリアは東西に別れてさらに移動することになり、東は現インドへ、西は北メソポタミアを越えてミタンニ王国をつくったとする可能性を述べて

いる。ミタンニは、インド・アーリア民族が土着のフルリ人たちをまとめて王国を立てたと考えられた。

＊9　L・ウーリー、P・R・S・モーレー改訂、森岡妙子訳『カルデア人のウル』みすず書房、一九八六

最下層は「ナボニドゥスは、古い塔の最下壇がおどろくほどよく保存されているのを発見した。それからさらに二五〇〇年の歳月がながれた今日でさえ、焼煉瓦と瀝青よりなるウル・ナンムの壁はなお時の流れを受け付けない」としている。つまり状況は、最下層より上の残存状態が極度に悪かった、ということである。したがってウーリーの復原は、限られた文字記録、上部に残るわずかな手がかり、ヘロドトスの記録したバビロンのジグラトの描写（八層の塔で螺旋階段と踊り場があることを記している。巻一、一八〇）などから推定したものである。

＊10　インドの聖典などから、祭祀階級が求めたシャーマンの能力は、倫理的行動規範を守り続けることで保証される、とみなされていたことがわかる。しかしこれは、特別な階級に限定されたものであった。祭祀階級の出身であったザラスシュトラの主張は、行動規範の内容はともかく、階級を超えて一般化しようと試みたことにあり、宗教を個人の救済の問題として捉え直すという、宗教史上の大きな転換であったと思われる。

祭祀階級が法的な基準を示し、自ら実践することが常態である環境であれば、ザラスシュトラのような主張はおそらく現れることがなかった。彼の主張の背景には、王権と宗教的権威が分離し、世俗の側に法的権限が移るとともに、その法的整備が不十分で機能しない状況が存在したのであろう。

一方、階級の分化が進み財力の偏重が顕著になり、宗教界も供犠を伴う豪華な祭礼を繰り返して富裕化しつつあった状況は、「ガーサー」で厳しく批判された「カラパン僧」や「カウィ王侯」が権勢をもつ世界であった。とすればザラスシュトラの時代は、前アジアの段階を脱しつつも専制国家の統制がいまだに不安定な時代であったと考えられる。原アーリア諸国の動向はほとんどわからないが、イラン系の大国家が成立し始める前後の時代だったと想像される。

＊11　ジョルジュ・デュメジル、丸山静・前田耕作編『デュメジル・コレクション3』筑摩書房、二〇〇一

＊12　ペルシアのゾロアスター教に類似する宗教については多様な意見がある。エミール・バンヴェニストは「マズダー教」という区分を用いる（エミール・バンヴェニスト、ゲラルド・ニョリ、前田耕作編・監訳『ゾロアスター教論考』平凡社、一九九六）。ズルワーン教についても、ゾロアスター教から派生した異端（ジョン・R・ヒネルズ、井本英一・奥西俊介訳『ペルシア神話』青土社、一九九三）とも、ゾロアスター教以前から存在した宗教ともみられており一定しない。しかし一般に、日本の研究者たちはこのような分類を用いない。どのような宗教も変遷の過程があり、その総体をもって一つの宗教と捉えられるから細分することに意味はなく、全体をゾロアスター教と捉えるべき（岡田明憲『ゾロアスター教　神々への讃歌』平河出版社、一九八二）とするきわめて妥当な議論もある。私見は、後の注15に記すように「マズダー教」というゾロアスター教に先行する宗教が存在したとする主張には、たしかな根拠がないと受け止めている。

＊13　六柱の分神はウォフ・マナフ（善思）、アシャ（天則、宇宙の普遍的秩序、真、義）、クシャスラ・ワイリヤ（正しい力、善き統治、善が支配する世界、王国）、アールマティ（随心、敬虔）、ハルワタート（完全性）、アムルタート（不死性）である。対立する悪魔アカ・マナフ、ドゥルジなどは、六柱の善神に対立する存在だが数的に対応しているわけではない。

＊14　伊藤義教「アヴェスター」辻直四郎編『世界古典文学全集3』所収、筑摩書房、一九六七

＊15　エミール・バンヴェニストは、ザラスシュトラのゾロアスター教以前に、アフラ・マズダーを最高神とするマズダー教なる宗教が成立しており、これをアケメネス朝ペルシアの宗教と考えている（前掲書：注12、『ゾロアスター教論考』）。またジョルジュ・デュメジルは、ザラスシュトラの宗教改革が、すでに進められた改革があり、これをさらに改革したものだとする（前掲書：注11）。

ゾロアスター教聖典『アヴェスター』の最古層の詩編「ガーサー」では、アフラ・マズダーは「アフラ・マズダー」ばかりでなく「マズダー・アフラ」や「アフラ」と「マズダー」が分離する表現、「アフラ」と「マズダー」がそれぞれ単独で使われる表現など一定しない（前掲書：注14）。このうちよびかけの「マズダー」（「マズダーよ」）が「ガーサー」全体で神名が現れる二五〇例程の半数を占め、同様の「アフラ」（「アフラよ」）とする例が四分一である。「アフラ・マズダー」の呼称はわずかに四例程で二%に届かない。一方、『アヴェスター』の新層に至ると、神名として「マズダー・アフラ」とともに「アフラ・マズダー」の呼称も多く見出される。

「アフラ・マズダー」は「全知の神」ないし「叡知の神」と訳されるから、右記の多様な表現は、詩編の中で「叡知の神（よ）」「神なる叡知（よ）」あるいは「叡知（よ）」「神（よ）」とよびかけていることになる。六柱の分神名の表記も含め、抽象名詞か神名かの判断、解読の難しさについては訳者である伊藤が指摘している。聖典に記された神の固有名とみれば、多様な呼称の存在は不可解だが、神格の特徴である抽象名詞によるよびかけと捉えれば無理のない表現である。

この神は世界の摂理、道理、万物の理法を創り、これを司る至高の神格である。このためヴァルナと重なる性格（規則や盟約を司る）が指摘され、後代ではヴァルナと同じようにミトラと対をなすことも指摘されている。しかしヴァルナをたしかな起源とするなら、この神名の一部でも残る方が自然であり、『アヴェスター』で神格の抽象的な特徴を神名のように呼称していることは不自然である。

バンヴェニストは、また別に「アフラ・マズダー」が固有名ではなく一般名詞である可能性を指摘した議論に賛同し、アケメネス朝ペルシアの宗教を論ずる別の議論では「マズダー教とゾロアスター教は等価の用語である」としている（当該の文献は「論集」のため一貫性に欠ける）。先述のように『アヴェスター』の最古層で神の呼称が固定しないのであれば、今まさに生まれつつある神名と捉えるべきであろう。つまり、ゾロアスター教に先行する「マズダー教」などが存在したとする仮説は『アヴェスター』には根拠がみられず、ヴァルナを起源とする想定も、相似的な性格から推測されたこと以上の根拠はない。

したがって、碑文に記されたアケメネス朝ペルシアの王権の宗教は、最高神「アウラマズダー」の加護を得ていることを示すから、これはゾロアスター教以外のなにものでもないであろう。とすれば、この神格に付随する倫理的側面こそ注目すべきである。

多数の宗教を認める施策をとったアケメネス朝ペルシアは、先行文明に圧倒されて既存の宗教を容認せざるをえなかったとする意見が一般的なようである。アッシリアなどの例外もあるが、各地の神々を認める施策は、古代の専制王権では一般的であり、その上で王権の宗教を強要した。しかしアケメネス朝ペルシアは王権の宗教（ゾロアスター教）を強要しない。この施策をとったことだけが古代世界では異例の事態といえる。

アケメネス朝ペルシアの「宗教融和策」は、ゾロアスター教が、この

宗教を信仰するかどうかの個人の自由選択を認める立場をとる教義であるから、強制は想定し難い。他のアフラ（アスラ）の神格、メソポタミア以来の神々、ギリシアやエジプト由来の神々、シリア、ユダヤの神々への信仰についても、ゾロアスター教の側から干渉することも教義の主旨ではない。とはいえ、この特質は布教という視点に立てば弱点ともみえる。このことが、後になってゾロアスター教がミトラやアナーヒターなどの神々を容認しとり込んでいく変質の内的原動力であったと思われる。

*16　ヘロドトスは「私の知る限り、ペルシア人の風習は次のようなものである。ペルシア人は偶像をはじめ神殿や祭壇を建てるという風習を持たず、むしろそういうことをする者を愚かだとする。思うにその理由は、ギリシア人のように神が人間と同じ性質のものであるとは彼らは考えなかったからである」（歴史、巻一、一三一）としている。大筋としてアケメネス朝ペルシアの様相、専用の宗教施設もたなかった原因の一つを示していると考えられる。

*17　青木健『ゾロアスター教史』刀水書房、二〇〇八

ペルセポリスで発掘された「エラム語の帝室経済収支文書」によると代々の王の祭礼は、アウラマズダーとアーリア系の神々のほか、エラム、メソポタミアの神格まで含むことから、「とてもザラスシュトラの教えを信奉していたとはいえないことが確認された。たとえ原始教団が原始アーリア民族の宗教に妥協を繰り返したとしても、エラムやメソポタミアの神々まで包括するとは考えられないのである」としている。しかし、これはまず、各民族への融和策として考えなければならず、注15に記したゾロアスター教の教義の性格も考慮すべき問題であろう。ペルセポリスは、ペルシア全土から集まる多様な民族の代表に向けた朝貢（納税）、謁見、祭礼の施設であり、王家の私的な宗教施設ではない。したがって「帝室経済収支文書」の内容が不自然とは思えない。

また、引用した指摘の背景には、ゾロアスター教が一神教とみなされてきた経緯があると思われる。P・R・ハーツは一神教であったと明言し（P・R・ハーツ、奥西俊介訳『ゾロアスター教』青土社、二〇〇四）、デュメジルも同様の見解である（前掲書：注11）。

最高神を戴くことと他の神格を認めないことは同じことではない。『ガーサー』は他の神々についてほとんど言及していないが、供犠を取り上げて厳しく否定する姿勢は、かえって供犠を受ける神格の存在を、暗に肯定しているともみえる。『ガーサー』は、倫理と因果応報の世界の仕組みの中に存在するものとして、「悪」であるダエーワ（デーヴァ、悪魔）を記すから、その反対項の「善」であるアフラ（アスラ、神々）についても、存在を明記しないが、認めていたと読むべきであろう。世界の仕組みを生み出した救済の神と仕組みの中に存在する旧来の守護神とは、次元の異なる存在として位置づけられていたと思われる。

*18　前掲書：注17

*19　伊藤義教『ゾロアスター教論集』平河出版社、二〇〇一

*20　青木健『ゾロアスター教』講談社、二〇〇八、および前掲書：注17

*21　ジョルジュ・デュメジル、丸山静・前田耕作訳『デュメジル・コレクション1』筑摩書房、二〇〇一

デュメジルは、マルセル・モースの『贈与論』などを手がかりに、友愛と贈与にかかわる契約的性格は本来一体のもので、インドとイランでは「先史時代の*mitra-という概念が二つに引き裂かれたようだと理解できるだろう。……*mitra-という語はかつてポトラッチ的なタイプの操作、すなわち「贈り物の義務的交換」を行う手段か主体を意味していたに違いない」としている。

*22　前掲書：注17

＊23　山我哲雄『一神教の起源　旧約聖書の「神」はどこからきたのか』筑摩書房、二〇一三

＊24　個人の救済を目指して始まった宗教が、後に国家宗教として認められる過程は、世界各地で起きたことである。ただ、古代前半に成立した国家神や民族神を母体としながら、個人救済の性格を帯びるようになった宗教はごく限られている。ヘレニズム時代に編纂された黙示文学は、民族宗教の性格をもたず、終末論と個人の救済を主題にしたが、ユダヤ教正統派から批判を受けて徐々に消滅していった（小川英雄『ローマ帝国の神々』中央公論新社、二〇〇三）。直接の批判は、善悪二元論的な視点に向けられたものであったが、背後に、民族宗教と個人救済宗教の二重性に起因する葛藤が存在したと思われる。

＊25　山田耕太『新約聖書の礼拝　シナゴーグから教会へ』日本キリスト教団出版局、二〇〇八

＊26　F・G・ヒュッテンマイスター、H・ブレードホルン、山野貴彦訳『古代のシナゴーグ』教文館、二〇一二

シナゴーグの起源については、この言葉がギリシア語であることから、ヘレニズムの時代に始まったとみる意見が多い。しかし捉え方によって多様な議論がある。右記の文献は、シナゴーグが集会や共同体の意ではなく施設を意味する例は新約聖書になって表れるとし、碑文では前一世紀の例を最古と考え、バビロン捕囚の時期まで遡るとする議論を否定している。尚樹啓太郎は、詩編第七四編の記述にみられる、バビロニア軍の破壊したエルサレム神殿とともに「国のうちの神の会堂」も破壊されたとする記録から、シナゴーグの前身がバビロン捕囚以前から存在したとする。ただ、捕囚とそれに続く時代に、シナゴーグは大きな変化を経て、神殿では犠牲奉献の儀式を、シナゴーグでは言葉による祈りの儀式を行い、両者が並行して存在したとしている（尚樹啓太郎『教会堂の成立　キリスト教世界の歴史的記念碑序説』東海大学出版会、一九六八）。

＊27　前掲書：注26

＊28　ミュケナイの時代の国家は不明な点が多いが、「王のもとに初歩的な古代的官僚制が生まれていた」（村川堅太郎他『ギリシア・ローマの盛衰』講談社、一九九三）。出土した夥しい線文字Bの文書のほとんどが官僚の記録とみられている。しかし、私有地の存在も指摘されていることから、前アジア的性格も残っていたようである。

＊29　線文字Bは、クレタ島とギリシア本土で発見された最初期のギリシア文字である（年代については、前一二〇〇年頃に降る可能性も報告されている。高津春繁・関根正雄『古代文字の解読』第六章、岩波書店、一九六四）。この文字体系は、無文字時代を挟んで、楔形文字から派生した私たちの知る古代ギリシア文字に置き換わったと考えられている。その時期については、前八世紀後半とする説から前一〇〇〇年に遡るとする説もあり明確ではない（ヨセフ・ナヴェー、津村俊夫他訳『初期アルファベットの歴史』法政大学出版局、二〇〇〇）。線文字Bが解読されたことで、二種類の文字は同一の言語（時代による多少の変化が指摘されている）を表記したものであったことが確かめられた。したがってミノア文明と後のギリシア文明とは、別な文明ではない。

＊30　アテネに関しては、市民はほぼ全員が農民であった。ただ、農作業は奴隷によって行われていたから、実体は、農地と奴隷の所有者である。手工業や商業の従事者は、主に外国人（他のポリス出身者）で、通常、市民権を与えられなかった。

＊31　ジェーン・E・ハリソン、船木裕訳『ギリシアの神々』筑摩書房、一九九四

たとえばアテナ神の正式の呼称「アテナイア」は、「アテナイの（女神）」という意味であり、先史時代から続く土地神、蛇体の神に起源をもつと

考えられている。古代ギリシアでは蛇体の神が多く、いずれも明確な名をもたず、古層に属する非人格的な精霊であった可能性が高い。アテナイの古神は、ミノア文明を象徴するポセイドンとの争いに勝利した神話をもち、暗黒時代以後、ゼウスの娘である戦女神として人格神へと昇格し、古代ギリシアの神々の中でも、とりわけ重要な神となる。つまりアテナ神を守護神としたことで都市国家アテナイの名称が生まれたのではなく、古都アテナイがアテナ神の名を生み出したと考えられている。

＊32　神名に限れば、ミュケナイの線文字B文書の中にゼウス、ヘラ、アテナ、アルテミスなどが認められている。しかし神話などの記述は未発見であり、神話の存在そのものも不明である。時代が比較的明確な最古期の神話は、ホメロス作とされる『イリアス』『オデッセイア』、および後述するヘシオドスの『神統記』などに限られる。ホメロスは前八世紀の詩人とされている。ヘロドトス（前四八四〜前四三〇年頃）はホメロスの生涯を詳細に記している（松平千秋訳「ホメロス伝」『イリアス　下』所収、岩波書店、一九九二）が、古くから実在を疑う説もある。また、前七〇〇年頃の詩人ヘシオドスの著述に比定された『神統記』は、ヒッタイト、アッカド、フェニキアなど、オリエントの王位継承神話の影響が反映していると考えられている（ヘシオドス、広川洋一訳『神統記』岩波書店、一九八四）。前八世紀に至って、ギリシア神話は大きく整理された可能性が高い。

＊33　前掲書：注1

本来の土地神の信仰が祭礼の様相などに残されているとする見解は、二〇世紀前半から予想されていた。外来の神々との習合は先住民とドーリア人との融合の結果と考えられているが、個々の都市で起きた状況をそれぞれ復原的に捉えることは難しい。

ゼウスのような汎ギリシア的な神であっても、祭礼の上では土地神や民族神としての性格を残していたようである。たとえばヘロドトスは、ミュラサの「アリアのゼウス」の古い神殿について「この神殿には、ミュシア人もリュディア人も、ともにカリア人と兄弟関係の民族というので参与を許されている。……中略……それ以外の民族に属するものは、たとえカリア人と同じ言語を話すものでも、参与が許されない」と記している（『歴史』巻一、一七一）。これは過去に土地神とゼウスの習合があったことを示唆するものかもしれない。古代ギリシアでは、神話に登場する有力な神々であっても、土地神や民族神の性格を残していた可能性を予想すべきであろう。

＊34　古代ギリシアの祭礼は「ある種のデモンストレーションのようなもので、そこではすべてのギリシア人たちが、同じ神々を崇拝することにより、あるレベルで合一されるといった体のものだった。したがってそれは、おだやかで当たり障りのないものへと移行していく傾向にあった」（トマス・ケイヒル、森夏樹訳『ギリシア人がきた道』青土社、二〇〇五）。古代ギリシアの宗教的な熱狂を帯びた祭礼は、エレウシスで執行されていたデメテル信仰、ペルセポネ両女神を祀る「秘教」やデュオニソス神の狂的な秘義など特別な存在に限られていたようである。ただ、その祭礼の実態は判明していない。

＊35　水野有租訳「ポリティコス」『プラトン全集　3』所収、岩波書店、一九七六

専門の神官職が存在しなかったわけではない。ただ、これらの専門職をプラトンは「召使」とみなしている。「エジプトの国では、国王は神官職をかねなければ統治しえないことになっている」ことに対し、アテナイでは「予言術にたずさわることによって、召使として奉仕するために必要な一種の知識の部門を身につけているような人々」、また「神官たちから成る一群の者」は「犠牲物を用いて神々に供える捧げ物を神々

の嘉したまうように奉納する方法にも……中略……祈願によって請願する方法にも、どちらにも精通している……中略……こういう方法というものは、両方ともそれぞれ、たんに、召使として奉仕するための技術というものの構成要素にであるにすぎない」としている。

＊36　桜井万里子『古代ギリシア社会史研究　宗教・女性・他者』岩波書店、一九九六

＊37　周藤芳幸『ギリシアの考古学』同成社、一九九七

＊38　Mark Wilson Jones : *Origins of Classical Architecture*, Yale University Press, 2014

＊39　二世紀後半にギリシアの聖地を記録した、おそらく小アジア出身のローマ市民であったパウサニアスは、エピダウロスのアスクレピオス神域を説明する記述の中で「実は「コテュスの列柱館」とよばれる列柱館があったのだが、日干し煉瓦で造られていたため屋根が抜け落ちて……」と記している。日乾レンガの壁体が水分に弱く脆いため、これが原因で屋根が落ち建物が崩壊する、という状況がよく理解されていたことがわかる（馬場恵二訳『ギリシア案内記　下』岩波書店、一九九二）。

＊40　切妻屋根の妻壁両斜辺に載って延びる軒を傍軒とよぶが、傍軒を伸ばして妻壁を守ろうとする工夫は雨量の多い地域ほど顕著である。伊勢神宮正殿などに形式が残る「棟持柱」も傍軒を張り出すための工夫である。アプシダルビルディングにポーチが付属する理由は、妻壁を守る傍軒を延ばそうとした工夫と考えられる。

＊41　矩形の平面をもち前後三部（入口からポーチ、前室、主室）に分かれた「メガロン」とよばれる建築は、ミュケナイの宮殿跡などにみられる。主室中央に大きな炉が施設されているため宗教施設と判断された。この建築の平面が後のギリシア神殿に影響を与えたとも考えられているが、不明な点も多い。

＊42　木造の長材の木口は、繊維の切口が露出するため毛細管現象を起こして水分を吸い込み、捕まえて木材を腐朽させる。木造建築の大きな弱点の一つである。木造建築が発達した地域では、これを被覆しようとする工夫が必ずみられる。母屋桁の木口に付属する日本建築の懸魚（破風板に付属する）も装飾化が進んでいるが同様の主旨の部材である。

＊43　いわゆるエンタシス（「胴張」と訳されてきた）は明治時代、建築史学の創始者である伊東忠太によって、古典主義建築の最高峰とみなされたパルテノン神殿と法隆寺金堂が距離の近い存在であることの根拠の一つとして取り上げられた。しかし、法隆寺金堂のエンタシスは、柱の下から五分の二程の位置を最大径とし、柱頂と柱底ともに径をやや小さくとる一方古いドリス式神殿の石造柱は、柱の最下部を最大径とし、パルテノン神殿は下から三分の一まで最大柱径を保って垂直とするから、二つの柱の形状は同じものではない。

法隆寺金堂の柱形状は、柱の中ほどで折れる座屈（瓦葺屋根の積載荷重に起因）に対応した工夫が形式として固定し、太い柱を用いても踏襲されたと考えれば不自然ではない。また、形骸化した状態は禅宗様の柱の「粽（ちまき。柱の上端と下端を丸めて細くする形式）」にみることができる。

なお、私見の素朴な思いつきに対し、構造学を専門とされる大塚貴弘先生（名城大学工学部建築学科）にモデルの加力試験による変形をみせていただき、さらに専門的なご教示をいただいた。

古代ギリシア神殿では、木造柱から石造柱への移行期に、いったん座屈への耐性が弱まった可能性がある。古代ギリシアの石造柱が過剰ともみえる太さとエンタシスをもつ理由は、石造柱として座屈へ対処するとともに、地震等への対処を重ねて安定を求めたものであろう。両者の形状は必ずしも同じものではないが、共通する主旨が含まれていると考え

られる。

＊44　パイプ状の三角柱から一面を外したようなカバータイルをつくり、これに合わせてパンタイルの両端を屈曲させるコリンシャンスタイルの瓦は、日本の本瓦葺にみられる丸瓦（半円の断面）と平瓦（本来は四分一の円弧状断面）の組み合わせに比べると余裕がなく、緻密な寸法計画が求められたであろう。垂木の間隔はパンタイルを掛けるためその全幅に合致していたはずだが、日本建築の場合、古代では潜在し中世になって顕在化した、平行垂木の間隔を単一としてこれを寸法単位とする「枝割制」の技法に通ずるものである。瓦の発明は、瓦と屋根や小屋組、柱位置などを統一して掌握する寸法計画を求めるものであった。ただ、古典期までの神殿では中央の壁体で囲まれた矩形平面の壁体の真（心）を踏む規準線と柱の真（心）とが一致していない。中央部の計画と軒を支持する柱配置を含む屋根計画とが、別なものとして認識されていたことを示している。

＊45　伊藤重剛、熊本大学『ギリシア古代都市メッセネのアスクレピオス神域の建築及び考古学的国際共同調査　中間報告』二〇〇七

　メッセネ（ラコニア地方）のアスクレピオス神域（前二一五年頃）では、最近になって神殿の四周を囲むストア（列柱廊）にコリント式の柱が並んでいたことが確かめられた。木造部材を掛けた仕口痕跡などを手がかりに、小屋組を含めたストアの復原案が提出されている。

＊46　「帝国主義」は当該の国家が「帝国」であることが必要条件ではない。軍事力による侵略的な領土拡大政策が「帝国主義」の核心である。

＊47　小川英雄『ローマ帝国の神々　光はオリエントより』中央公論社、二〇〇三

＊48　前掲書：注37

＊49　森田慶一訳註『ウィトルーウィウス建築書』東海大学出版会、一九七九

＊50　一八世紀まで、古典建築としての古代ギリシアと古代ローマは区別なく捉えられていた。しかし古代ギリシアについて理解が進むと、古代ローマの建築はギリシア建築の亜流とみなされるようなった。しかし古代ギリシアの建築生産は、少数の技能労働者（家内奴隷）に依存することに対し、古代ローマでは主に技術力の低い大量の労働力（戦勝奴隷）に依存している。両者の建築生産組織と技術の特質、相違を重視するようになったことで、現在ではそれぞれの建築文化の価値を独立して捉えるようになった。

＊51　ルネサンスの建築家ヴィニョーラ（一五〇七〜一五七三年）によって古代のオーダーは五つに整理された（ジャコモ・B・ヴィニョーラ、長尾重武編『建築の五つのオーダー』中央公論美術出版、一九八四）。

＊52　フランツ・キュモン、小川英雄訳『ミトラの密儀』平凡社、一九九三

　ミトラは軍神として受け止められており「カッパドキアやコマゲネの準蛮族から招集され、ヨーロッパに連れてこられたミトラの密儀加入者たち」であるローマ軍の兵士たちは、「排他的ではなく、出身地にかかわりなく軍の同僚を進んで受け入れた」。このためこの信仰は「古代世界の辺境にまで急速に拡がっていった」としている。

＊53　前掲書：注47

＊54　R・S・シャルマ、山崎利男・山崎元一訳『古代インドの歴史』山川出版社、一九八五

＊55　辻直四郎訳『リグ・ヴェーダ讃歌』岩波文庫、一九七〇

＊56　角田文衛他監修『古代王権の誕生Ⅱ　東南アジア・南アジア・アメリカ大陸編』角川書店、二〇〇三

＊57　前掲書：注54

＊58　増谷文雄、梅原猛『仏教の思想1　知恵と慈悲』角川書店、一九六八

＊59　中村元「インドにおける神と仏の交渉」雲井昭善他編『神と仏　源流をさぐる』所収、平楽寺書店、一九七九

＊60　原始仏教々団はつねに移動を繰り返していたが、移動が難しい夏の雨季は留まって修業を行った。この修業期間を夏安居（雨安居）とよび、僧たちは友人や知人を頼って分散し、それぞれの場所で行を続けながらこの期間を過ごした。

＊61　Julia Shaw : Buddhist Landscapes in Central India Sanchi Hill and Archaeologies of Religious and Social Change, C. Third Century BC to Fifth Century AD, *The British Association for South Asian Studies*, London, 2007

第一塔は、シュンガ王朝の時期にほぼ現在の（復原された）形になったと考えられているが、東入口にやや後のサータヴァーハナ朝の王サタカルニの碑文が残っている。この王の治世の年代も明確ではないため、第一塔が拡張された過程はやや不明な点が残る。

＊62　前掲注61文献では、最初期にはストゥーパ以外の施設がなかった可能性を指摘している。『律』（『四分律』『五分律』『摩訶僧祇律』など）に、デーヴァダッタと彼が率いた集団が原始仏教教団から「破僧」（僧団から離脱すること）する際の五つの主張のうちに「比丘は一生、外で暮らさねばならない」とする項目が記されている（佐々木閑『インド仏教変移論　なぜ仏教は多様化したのか』大蔵出版、二〇〇〇）。仏陀はこれを退けているから、僧坊や布薩堂にあたる施設が一切存在しなかったとも考えにくい。木造の簡素な施設などが存在し、伽藍を形成していた可能性が高い。

＊63　高田修『仏像の誕生』岩波書店、一九八七

＊64　タイの仏教寺院では本堂と布薩堂を同規模でつくる。しかし布薩堂には周囲四辺の中央と四隅、計八か所に境界石を配置し結界を設けている（第一章注4参照）。上座仏教では、僧侶が僧侶である条件としての戒律とその保守、定期的な点検がもっとも重要であることを物語っている。

＊65　ジョルジュ・セデス、辛島昇他訳『インドシナ文明史』みすず書房、一九六九

「王は地上における神であり、神の中の王者たるインドラを具現するものと考えられた。この考えにしたがって、城壁と堀をもった王が住まう都は、海と山脈にとり囲まれた世界をそのまま縮小して表現されたものとなっていた。都の中央には宇宙の山であるメール山（須弥山）をかたどったものがあった。これが階段状の形をした山寺である」としている。そしてこのイメージがクメール王国時代の碑文の中に確認できるとする（ジョルジュ・セデス、三宅一郎訳『アンコール遺跡　壮大な構想の意味を探る　改訂版』連合出版、一九九三）。碑文では特定の寺院を対象に象徴する意味（須弥山であること）を述べており、引用の主旨も具体的な都市（アンコール・トムの前身都市）と寺院（バプーオン）について述べたものである。

＊66　石造化された寺院建築から木造時代の建築を推定する議論では、植物系材料を葺いた屋根を想定した意見が多く（J・ミッチェル、神谷武夫訳『ヒンドゥ教の建築　ヒンドゥ寺院の意味と形態』鹿島出版会、一九九三、など）、それ以上の議論がみあたらない。草葺屋根の姿を形象化したとみえる遺構も多いが、もし草葺屋根だけが存在したのであれば、柱頂に肘木を載せる柱形式が生まれた必然を説明することが難しい。インド建築も瓦を葺いた時代があり、大荷重の屋根を載せた木造架構が工夫された時代を経ている。

*67 一六世紀頃編纂されたインドの建築技術書『マヤ・マタ』などに本尊の位置を中心から外す指示が記されている。

*68 小倉泰『インド世界の空間構造 ヒンドゥー寺院のシンボリズム』春秋社、一九九九

小倉は自ら調査した一二例の本殿のうち、四例については本尊がガルバグリハの中心に位置していたと報告している。時代や地域によって本尊の位置を巡る解釈が多様であった可能性があるが、私たちの東南アジア遺構の調査の経緯からみると、これら四例については本殿が伽藍の中心線を外して建っていた可能性も予想される。

*69 中川武・溝口明則監修『コーケーとベン・メアレア アンコール広域拠点遺跡群の建築学的研究』中央公論美術出版、二〇一四

クメール寺院の伽藍計画では、建物の中心を貫く中軸線を、伽藍輪郭の中心線から外すための技法がみられるが、現在のところ三種類の技法を確認している。東面する伽藍の輪郭は東西に長い矩形を形成するが、一・この北辺をわずかに切り取る、二・南辺をわずかに拡げる、三・中心線から北へ少し距離をとって中軸線を用意する、以上の三種類である。

*70 小野邦彦『古代ジャワのチャンディの伽藍構成に関する研究 ヒンドゥー教寺院の非対称伽藍について』私家版（博士学位論文）、二〇〇四

インドネシアのヒンドゥー教寺院の伽藍では中心的祠堂を伽藍の中心を避けて配置するが、この特徴はオランダの研究者などによって早くから注目されていた。しかし、この現象について積極的に解読を試みた議論は限られている。小野はこの現象が現れる原因を、シヴァを中心にブラフマー、ヴィシュヌの三神を並べて祀ること、神格の配置に求めている。興味深い議論だが、インドネシアの伽藍に限定した解釈であり、広域のヒンドゥー教文化圏にみられる多様な現象全体を説明することは困難である。

*71 中川武監修『スリランカの古代建築』早稲田大学建築史研究室、一九九二

*72 ただしインドに限定すれば、仏教は一二世紀以後いったん廃絶し一九世紀になって復活した。

*73 林巳奈夫『中国古代の神がみ』吉川弘文館、二〇〇二

*74 北天の周極点は殷代の「上帝」の座所であったが、後になって周の「天」が「上帝」と交代してこの座を占めた、と考えるよりも、両者の相違が曖昧になって同化した結果、周極点に「天」が座すことになったとみる方がよさそうに思われる。

*75 明治以後、儒教を道徳思想として受け止め非宗教とみなす議論が多い。しかし孔子の主張を、もし非宗教とすれば、初期仏教も宗教ではなく、ゾロアスター教も見方によっては宗教とはいいがたくなるであろう。孔子の主張は、プラトンのイデア論と異なり、既存の神格である「天」に依存する主張であるから、これはたしかに宗教である。

*76 アンリ・マスペロ、川勝義雄訳『道教』平凡社、一九七八

*77 『礼記・月令』では、一二か月に合わせて、順にその月の天文（日月や二八宿星）の様子、自然界の様子、天子の為すべきことなどを記している。このうち明堂に関する記録をあげる。

孟春の月（一月）、天子は青陽殿の左个（東の北室：个は屋根）にて起居する。外出時には青塗りの専用車を用い、蒼い馬に挽かせ、青旗を立てる。青の衣を着て青玉を佩び、主として麦飯と羊肉を食べる。食器は質素で簡素なかたち。

仲春の月（二月）、天子は青陽殿の大廟（東の中央室）にて起居する。外出時には……（孟春月と同）……。

季春の月（三月）、天子は青陽殿の右个（東の南室）にて起居する。

外出時には……（孟春月と同）……。

孟夏の月（四月）、天子は明堂の左个（南の東室）にて起居し、外出時には赤い車を赤馬に挽かせて赤旗を立てる。朱衣を着て赤玉を身に付ける。主として鳥と豆を食べるが食器は背の高い質素な焼物を用いる。

仲夏の月（五月）、天子は明堂の大廟（南の中央室）にて起居し、外出時には……（孟夏月と同）……。

季夏の月（六月）、天子は明堂の右个（南の西室）にて起居し、外出時には……（孟夏月と同）……。

孟秋の月（七月）、天子は総章の西个（西の南室）にて起居し、外出時には兵車を白馬に挽かせて白旗を立てる。白衣を着て白玉を佩び、主として麻の実と犬の肉を食べる。食器は角型で深いつくり。

仲秋の月（八月）、天子は総章の大廟（西の中央室）にて起居し、外出時には……（孟秋月と同）……。

季秋の月（九月）、天子は総章の右个（西の北室）にて起居し、外出時には……（孟秋月と同）……。

孟冬の月（一〇月）、天子は玄堂の左个（北の西室）にて起居し、外出時には黒塗りの車を用い、鉄色の馬に挽かせて黒畑を立てる。衣服は黒として黒玉を佩び、主として黍（きび）と豚を食べる。食器は中が広く口が小さいもの。

仲冬の月（一一月）、天子は玄堂の大廟（北の中央室）にて起居し、外出時には……（孟冬月と同）……。

季冬の月（一二月）、天子は玄堂の右个（北の東室）にて起居し、外出時には……（孟冬月と同）……。

以上をみると、「明堂」という名称は、建物そのものと建物の南の部位と両方の意をもっている。建物の構成は、四方に面した四つの部位からなり、それぞれ三室に分かれていることがわかる。ただ「个」（発音は「か」。屋根の意）と表現するので、屋根が分離し、そのことが内部空間の区分を間接的に意味するものであったとみられる。天子の居室は季節と月に従い、一年を経て北東から右回りに一巡する。以上の様子から、明堂の平面は四方相称と考えるのが自然であろう。しかし「礼器図」では、やや東西に長い平面を記している。

＊78　楊鴻勛『建築考古学論文集』文物出版社、一九八七

＊79　鄒衡・北京大学考古学研究室編、宇野木章訳『商周考古学概説』療原書店、一九八九
柱穴等細部の寸法値は本文記載の数値による。

＊80　柱穴径は四〇cm程と報告されているから、最大径でも柱間寸法三・八mに対し一〇分の一程の値である。近世初頭に編纂された木割書である『匠明』の仏堂の木割では、中央間が三・六m程のとき柱径を四四cm程とするから、日本の仏堂にみられる太い柱に比べ、最大径の場合でもやや細身である。

＊81　図74の右に掲載した発掘平面図と従来の復原案は、注78文献の記載図面による。

＊82　コリンヌ・ドゥーベーヌ＝フランクフォール、工藤元男監修、南條郁子訳『古代中国文明　長江文明と黄河文明の起源を求めて』創元社、一九九九

＊83　リチャード・ベル、医王秀行訳『コーラン入門』筑摩書房、二〇〇三
イスラム以前のアラブの神々は「呼び名を除いてほとんど何も分かっていないが、天体信仰にまつわる神（ウッザーは金星を、ラートは太陽を象徴する女神らしい）、運命や宿命をつかさどる神（マナートはこの分類に入るだろう）、原始的なアニミズムに由来する神に分かれていた。

地域色を強く反映しており、粗削りな石造で表現されたり、古くから崇められていた神秘的な形の石を象徴とした」としている。

＊84　実際には、イスラム教徒たちに教説を説いて導く立場の「ウラマー」とよばれる職能がある。これに類する立場は共同体として当然求められたであろうから、初期から存在した職能だと思われる。

＊85　牧野信也訳『イスラム伝承集成　ハディースⅥ』中央公論新社、二〇〇一

　イスラム教の二つの聖典である『クルアーン』と『ハディース』の相違について、同書の解説によれば『ハディース』は、「コーランに次ぐイスラームの根本文献である。すなわち、コーランが、イスラームの始祖である預言者ムハンマドが受けた啓示、つまり神の言葉の集合体であるのに対して、ハディースは、預言者ムハンマドが人間として語った言葉およびした行いの記録の集大成である」としている。そしてさらに、ムハンマドの記録に対し、夥しい注釈が付されている。

　当時のアラブ諸族は、ユダヤ歴と同様の一九年に七度の閏月を入れる太陽太陰暦（メトン法と同様のものであろう）を用いていた。しかし、『ハディース』では、純粋な太陰暦に引き戻している。砂漠を舞台に牧畜を行う半定住生活は、農耕生活と異なり、太陰暦であっても生活に大きな支障がなかったためである。

＊86　ジョン・D・ホーク、山田幸正訳『図説世界建築史6　イスラム建築』本の友社、二〇〇一

＊87　深見奈緒子『イスラーム建築の世界史』岩波書店、二〇一三

あとがき

中川武先生から本書とそのシリーズのお話をいただいたのは、二〇一五年の夏、カンボジア現地調査の折にシエムレアップのＪＡＳＡオフィスで調査資料を整理していたときであった。当時受けた正直な印象は、これは到底私の手に負える仕事ではない、というものだった。

古代の宗教建築というテーマは、古代の地理的広がりと時間の長さを想像するだけで、目も眩むほどの壮大な世界を対象とする。さらに歴史学、社会学、宗教学、考古学、美術史学、建築史学などに跨がる学問分野の広さと奥行き、蓄積された学識と研究成果に思いを向ければ、とても私個人の手に負えるテーマではないと思われた。しかし、古代建築をそれぞれの地域や分野を専門とする人たちが分担して執筆すれば、それぞれの執筆者が考える歴史観や宗教観、建築観の相違によって、まとまりのある視点を実現することはなかなか難しい作業とも思える。一人で執筆すれば不足が目立ち、分担して執筆すれば視点の一貫性に欠ける傾向にあっていずれも一長一短であるとすれば、学識や力量の不足を十分承知した上で、あえて執筆を試みることにも、少しは意味があるように思えた。

本書の執筆にあたり考察の中心に据えた課題は、序文に記したように宗教建築のなりたち、成立過程を探求することであった。このことは、それら宗教建築のシルエットが現れた過程に蓋然性、必然性を見出すことであり、当時の建築に対する考え方、捉え方を復原的に捉えようとする試みである。

かたちの蓋然性、必然性を問うことは、宗教建築をつくり出し変遷を促した社会状況、造形の基調となって構想をおおもとで支えたイメージ、そして造形に与えられた宗教的象徴、建築材料などの制約下で目指された構築物としての目標、そしてこれを解決しようとした各種の技術等々、多岐にわたる問題に答えようとすることである。とくに、建築の構想から実現に至る過程に注目することは、各地の古代文明の宗教建築がめざした目的と方法を、筋道を立てて復原的に捉えようとする作業を意味した。これらの検討は、つまりは建築の源流を探る試みだと思われた。

古代における宗教建築の継時的変遷を捉えるためには、建築の創出から発達まで、その背景を支えた宗教や王権の変遷について、宗教建築の変遷に対応する整理を行う必要があった。前アジア的な群小国家の乱立の時代、統合された巨大専制国家の成立という事件、ゾロアスター教のテキスト『アヴェスター』の記述などを手がかりとして古代の宗教史を三段階（祭祀王の土着的宗教、専制国家の広域を覆う宗教、個人救済の世界宗教）に区分することになった理由は、そのように捉えることで、建築の変遷をよく見通すことができると思われたためである。宗教史と思想史、社会、国家の状況が一体となったこのような区分は、従来の宗教学の研究史からみてどのような位置づけになるのか、寡聞にしてよくわからない。関連分野の研究者諸兄には、建築の変遷からみた試みとして受け止めていただきたいと考えている。

古代王権が生み出した四方位システムと建築の造形的対称性の成立については、以前に小論を発表したことがある（「建築と方位の邂逅」『住空間の冒険4　風水とデザイン』所収、INAX、一九九二）。その後、このテーマに基づいて進めていた資料収集と考察結果をもとに、本書第二章をまとめることになった。

それぞれの古代文化圏の建築の成立に寄与した技術の様相は、建築の耐用年限を延ばそうとする普遍的なテーマの下に、それぞれの文明によって異なる主な建築材料の特質に合わせて工夫された。これらの技術の様相はそれぞれの建築文化の一部を担い、その文化はまた技術の方向を決定づける要因となった。こうして各文明の建築は、王権が要請した対称性などの共通項の上に、際立つ個性を屹立させる。それぞれの文明の建築生産は、構想から技術に至る一定の枠組みを得て洗練美を醸す器となった。そして醸成され辿り着いた文明ごとの至高の建築美は、現在においても鮮烈な魅力を保ち続けている。この建築美の背景をなした古代的思惟、器の内容を、少しでも描いてみることが本書のささやかな目標であった。

限られた紙幅のなかで記したためにどの章も足早の記述に終始している。増長ともみえる注を付し、説明の不足を補うよう努めたつもりだが、それでも個々の不足は少なくないと感じている。本書では、古代世界を俯瞰する視点の構築を最優先課題としたためである。読者諸兄のご寛恕をいただきたい。

本シリーズの方向性を示し、機会を与えていただいた中川武先生とともに、他巻の執筆を担当される西本真一先生、太田敬二先生、柏木裕之先生、小岩正樹先生たちと繰り返した編集会議は、刺激的で有意義な機会であった。そして本シリーズの企画にも参画された丸善出版・企画編集部の渡邊康治氏には、編集会議のとりまとめや本書の完成に至るまでさまざまな労をいただいた。また刊行の最終段階では、同編集部の萩田小百合氏に支えていただいた。あらためて皆さんに感謝の意を表したい。

二〇一八年六月　著　者

は行

拝火壇……112, 216
拝殿……176
パガン王朝……212
柱・梁構造……4, 97, 145
バジリカ形式……156
八守護者……67
『ハディース』……207
バビロン捕囚……101, 117
バベルの塔……58, 102
『ハムラビ法典』……106
バラモン教……**59**, **159**, 174
パルテノン神殿……28, 30, 127, 137
版築……194
ヒエログリフ……39
ビザンチン帝国……151, 206
碑文……66, 112, 164
日乾レンガ……3, 54, 96, 129
ピラミッド……25, **43**, **45**, 95
ヒンドゥー教……**66**, **174**, 188, 216
ファサード……137
ファラオ……12, 95
仏教……19, 60, 93, **161**
仏歯寺……165
仏舎利……164, 204
仏足石……173
仏典……**63**, 162
仏塔……**166**, 180, 216
フルーティング……149
ペディメント……152
ペルセポリス……107, 200
ペンデンティヴ・ドーム……158, 211
方神（方位神）……74
ポーチ……148, 178
卜占……15, 77, 189
菩提樹寺……170
掘立柱……2, 198, 204
ポリス……122, 124
本瓦葺……27, 130, 181

ま行

『マーナ・サーラ』……69
マウリヤ王朝……19, 60, 162, 216
マッカ（メッカ）……206
『マヌ法典』……64, 71
マンダラ……68
三斗組（秤肘木）……202
ミトラ教……110, **115**, **151**
ミナレット……209
民俗方位……34, 50, 60, 87
ムガル帝国……211
メソポタミア……1, 47, **51**, 84, 103, 143
木材腐朽菌……2
木造建築……5, **29**, **180**
モスク……158, 208, 217
モニュメント……110, 221

や行

ヤマ（閻魔）……65, 160
唯一神……91, 120, 207
ユダヤ教……92, 116, **120**
寄棟屋根……130, 136, 200
四つ辻……72

ら行

『礼記』……189, 193
『リグ・ヴェーダ』……59, 91, 165
陸屋根……128
領域国家……90, 122, 140
礼制建築……**193**, 216
レリーフ……10, 168, 172
レンガ造……3, 166, 176, 212
老荘思想……93, 192
ローマ帝国……115, 120, 154

国家神……15, 19, 101
小屋組……119, 131, 203
コラム……151
コンクリート……145, 215
権化……92
コンポジット式……147

さ行

ササーン朝ペルシア……**110**, 154, 206
坐西朝東……77
『左伝（春秋左氏伝）』……79
左右対称……31, 57, 70, 85, 182
寺院建築……203, 212
『史記』……**82**
ジグラト……57, **102**, 215
祠堂……169, 174, **179**, 216
シナゴーグ……**116**, 153
四方位……31, **36**, **50**, **84**
四方四維……**67**
四方世界……**52**
四方相称、四面相称……31, 85, 217
周柱式……129
修道院……166
儒教……92, 192, 216
守護神……8, 20, 48, 89, 94, 124
『出エジプト記』……9
シュメール……13, 52, 90
焼成レンガ……4, 146, 188
象徴二元論……35
上帝（帝、天帝）……76, 189
書経……78
神格……14, 45, 93, 189
神人同形観……**8**
神聖図形……61
新石器時代……**1**, 41
神像……**10**, **54**
スキンチ……113, 158
ストア……138
ストゥーパ（仏塔）……164, 169
世界像……35, **41**, 68, 80
石材……4, 113, 136
石窟寺院……180
迫出構造……3, 176, 212
善悪二元論……105
専制王権……**1**, 56, 141
専制国家……**5**, **16**, 23, 52, **89**
線文字Ｂ……121
洗礼堂……157, 216
僧院……166, 169, 216
宗廟……77
双分制……35, 221
礎石……29, 195
ゾロアスター教……92, 104, 111, 215

た行

『大般涅槃経』……61, 162, 171, 187
太陽暦……41, 126, 220
垂木……29, 109, 131, 203
柱頂……28, 132, 181, 200
柱頭……28, 98, 108, 132, **138**
柱列……96, 127, 180
帝政……107, 140, 153
天円地方……81
殿堂……77, 194
統一国家……15, 116
塔状建築……176, 179
ドーム……112, 148, 157, 210
都市国家……14, 52, **121**, 140
都市神……9, 12, 55, 90, 124
トスカナ式……149
土地神……8, 15, 90, 124
鳥居型（トーラナ）……166
ドリス式……130, 136, 138
度量衡……24, 57, 164
トロンプ……113, 158, 211

な行

軒桁……109
軒丸瓦……27, 204

索　引

＊見出し語の掲載頁は太字で示した。

あ行

アーケード……151
アーチ……3, 113, 146, 211
『アーパスタンバ・シュルバスートラ』……62
『アヴェスター』……104
アケメネス朝ペルシア……53, **103**, 110
アゴラ……124
アッカド……17, 52
アッシリア帝国……11, 99
アニマティズム……6
アニミズム……6
アプローチ……57, 76, 186
アポロ神殿……130, 137
アンコール……175
イオニア式……**138**, 148
イスラム教……**206**, 224
殷……74, 189, 195
ヴァルナ……65, 115, 161
ヴォールト……3, 147, 213
宇宙観……35, 195
『ウパニシャッド』……163
『ウルナンム法典』……106
『淮南子・地形訓』……**80**
エルサレム……116, 120
王権……**18**, **41**, **86**
王廟……210
王墓……**75**, 108, 221
オーダー……133, 147

か行

カーバ……112, 206
凱旋門……147
丸桁……29, 197, 200
型枠……146
壁構造……4, 96, 145
伽藍……**169**, 179, 216
カリフ……208
瓦……**26**, 130, 181, 195, **200**
漢……27, 78, 192, 200
幾何学……25, 87
帰属意識……126, 154
記念建築……138, 193, **204**, 211
記念性……**20**, **23**, **58**, **213**, **214**
記念碑……**20**, **31**, 85, 107, 169
旧約聖書……9, 116
境界石……6
仰韶文化……75
共和制……140
ギリシア神殿……27, 132, 136, 145
ギリシア文字……122
キリスト教……93, **120**, **153**, 223
切妻屋根……108, 127
空間秩序……32
楔形文字……10, 91, 104, 123
組物……29, 200
クリアストーリー……156
『クルアーン（コーラン）』……207, 214
群小国家……**5**, 89
『建築十書』……145
恒久性……**20**, **26**, 205, 215
『考工記』……193
甲骨文字……**73**
公定尺……23, 87
ゴープラ……183
ゴシック教会堂……156, 212
古代エジプト……3, 16, **36**, 76, 95, 124
古代ギリシア……27, 54, **121**, 140, 180
古代ローマ……**139**, 215
国家宗教……111, 115, 154, 193, 215

世界 宗教 建築史シリーズ
古代建築 専制王権と世界宗教の時代

平成30年10月10日 発 行

編 者 中 川 武

著作者 溝 口 明 則

発行者 池 田 和 博

発行所 丸善出版株式会社
〒101-0051 東京都千代田区神田神保町二丁目17番
編集：電話（03）3512-3266／FAX（03）3512-3272
営業：電話（03）3512-3256／FAX（03）3512-3270
https://www.maruzen-publishing.co.jp

組版印刷・中央印刷株式会社／製本・株式会社 星共社

ISBN 978-4-621-30316-0 C 0052 Printed in Japan